The Blue Book on the Quality of Industrial Development in China (2016-2017)

2016-2017年 中国工业发展质量 蓝皮书

中国电子信息产业发展研究院　编著

主　编／王　鹏

副主编／秦海林　关　兵

人民出版社

责任编辑：邵永忠　刘志江

封面设计：黄桂月

责任校对：吕　飞

图书在版编目（CIP）数据

2016－2017 年中国工业发展质量蓝皮书／王鹏 主编；

中国电子信息产业发展研究院 编著 . —北京：人民出版社，2017.8

ISBN 978－7－01－017982－7

Ⅰ.①2… Ⅱ.①王… ②中… Ⅲ.①工业发展—经济运行质量—研究报告—中

国—2016－2017 Ⅳ.①F424

中国版本图书馆 CIP 数据核字（2017）第 183380 号

2016－2017 年中国工业发展质量蓝皮书

2016－2017 NIAN ZHONGGUO GONGYE FAZHAN ZHILIANG LANPISHU

中国电子信息产业发展研究院 编著

王　鹏 主编

人 民 出 版 社 出版发行

（100706　北京市东城区隆福寺街 99 号）

三河市钰丰印装有限公司印刷　新华书店经销

2017 年 8 月第 1 版　2017 年 8 月北京第 1 次印刷

开本：710 毫米×1000 毫米 1/16　印张：19.25

字数：310 千字

ISBN 978－7－01－017982－7　定价：95.00 元

邮购地址　100706　北京市东城区隆福寺街 99 号

人民东方图书销售中心　电话（010）65250042　65289539

前　言

2016 年，是我国"十三五"规划开局之年，是我国工业经济开启新征程的重要一年。在党中央、国务院的坚强领导下，稳步推进供给侧结构性改革，"三去一降一补"成为推动我国经济结构转型升级的重要抓手，工业系统坚持稳增长调结构的总要求下，积极推进新旧动能平稳接续转换，全面落实"中国制造 2025"战略，我国工业总体上呈现出"缓中趋稳、稳中有进、稳中提质"的发展态势。

当前，我国工业发展环境充满了诸多不确定性。一方面，特朗普执政之后，"逆全球化"思潮和贸易保护主义倾向渐浓，全球贸易自由化进程面临巨大挑战，我国工业在全球价值链的优势地位也开始动摇；另一方面，我国工业下行压力仍然存在，工业转型升级和"去产能"任重道远，传统工业增长动能趋弱，新动能尚未发挥出支撑工业经济增长的主要作用，新旧动能转换尚需时日。我国工业经济在这样的发展背景下，需要继续深化推进"中国制造 2025"战略，围绕"质量为先"，加快工业结构调整升级步伐，提升我国工业发展质量，增强我国工业产品的国际竞争力。

本书通过研究"工业发展质量"，目的在于考量我国各省区市工业经济，以及各工业行业在上述新的发展背景和环境下，反映出各自的工业发展进程。"工业发展质量"，是指一定时期内一个国家或地区工业发展的优劣状态，综合反映了速度、结构、效益、创新、资源、环境及信息化等方面的关系的协调程度。本书通篇围绕"五大发展理念"，紧密结合"中国制造 2025"的主要目标，充分吸纳"供给侧结构性改革"对工业经济发展的新要求，全面剖析了工业发展质量的内涵，明确了构建评价体系的基本原则和主要思路，在往年评价体系的基础上，对 22 项指标进行了适时的调整，对过去十年全国及地方省区市的工业发展质量，以及工业主要行业发展质量进行了评价。

在研究过程中，我们深刻体会到，工业发展质量内涵丰富，构建一套相对合理的评价体系并对全国、各省（区、市）以及工业行业进行评价，是一项极富挑战性和创造性的工作，具有现实意义。《中国工业发展质量蓝皮书》前四版问世以来，引发了学术界的广泛关注和热烈反响，《2016—2017 年中国工业发展质量蓝皮书》在认真吸收和采纳了行业内专家和学者具有建设性的建议和意见的基础上，通过对 2016 年我国工业发展质量相关热点、重点和难点问题的进行了透析，期望能够引起更多国内外学术界有识之士共同关注。

囿于时间、精力、能力有限，虽谨思慎为、几经推敲，但不足之处实属难免，恳请业界同人不吝赐教。

目　　录

综 合 篇

行 业 篇

区　域　篇

展　望　篇

综 合 篇

第一章　理论基础

在我国推动产业结构调整与工业转型升级，着力振兴实体经济背景下，工业发展更加注重质量与效益的平衡，追求稳中有进，稳中提质。基于这一现状，本章主要从我国工业发展走势和研究成果出发，提出有关工业发展质量的概念，并认为工业发展质量的衡量是多维度的，主要体现在速度和效益有机统一、结构持续调整和优化、技术创新能力不断提高、资源节约和环境友好、两化融合不断深化以及人力资源结构优化和待遇提升六个方面。对工业发展质量进行评价，不但是衡量工业转型升级成果的需要，还是把握工业经济运行规律和正确指导地方工业科学发展的有效手段。

第一节　研究背景和文献综述

一、研究背景

改革开放 30 多年以来，我国经济建设取得举世瞩目的成就。自 2010 年至今稳居世界第二经济大国，2016 年 GDP 初步核算达到 74.4 万亿元。在长期经济高速增长过程中，我国工业经济取得迅猛发展：从总量看，2016 年全部工业增加值达到 24.8 万亿元，是 1990 年工业增加值的近 36 倍；从增速看，1991—2012 年间均保持在 8% 以上的高增速，近年来虽然我国工业增速放缓，但从全球角度来看增速依然处于高位，2016 年工业增加值同比增长 6.0%；从工业门类看，目前我国已形成全球最完备的工业体系与产业配套能力，我国是世界上唯一在联合国工业大类目录中拥有所有工业门类的国家。不过，我国工业经济发展也存在一些新情况，一是从增速看，2013 年后工业增速持续低于 GDP 增速；二是从结构看，工业对 GDP 增长的贡献率逐年下降，这固然与第三产业发展、产业结构优化有关，但 2010 年后该比率持续下降，2016年工业对 GDP 增长的贡献率仅占 30.7%。2016 年 12 月的中央经济工作会议提出，要以推进供给侧结构性改革为主线，大力振兴实体经济，以期帮助制造业等实体经济走出困境。

当前，我国经济发展已进入新常态，经济增速转向中高速增长，发展方式转向质量效率型集约增长，产业结构由中低端向中高端转换，增长动力由要素驱动向创新驱动、效率驱动转换。工业是振兴实体经济的主战场，是稳增长、转方式、调结构的主心骨，在新常态下应呈现如下特征：速度更加稳健、结构更加合理、动力更加多元、路径更加生态。为实现上述要求，就需要深入推进供给侧结构性改革，做好去产能、去库存、去杠杆、降成本、补短板五项重点任务。从 2016 年情况看，"三去一降一补"工作成效初显：钢铁、煤炭等传统产能过剩行业圆满完成全年去产能任务，全年原煤产量比上年下降 9.4%；全年规模以上工业企业产成品存货增速 3.2%，增速得到有效控制；工业企业资产负债率及成本均有所下降，但降幅并不明显，2016 年 12月末规模以上工业企业资产负债率为 55.8%，同比下降 0.4 个百分点，主营业务成本率 85.52%，同比下降 0.16 个百分点；短板领域投资加快，全年生态保护和环境治理业、水利管理业等投资分别比上年增长 39.9%、20.4%，分别快于全部投资 31.8 个、12.3 个百分点。

深化供给侧结构性改革，还要继续加快落实"中国制造 2025"战略，变制造业大国为制造业强国，实现中国制造向中国创造转变，中国速度向中国质量转变，中国产品向中国品牌转变。2016 年"中国制造 2025"由文件编制进入全面实施新阶段，"1＋X"规划体系相继发布。从具体工作完成情况来看，与"中国制造 2025"相关的 5 大工程实施指南以及服务型制造、装备制造业质量品牌提升、医药产业发展等 3 个行动（规划）指南均已发布实施，并配套出台了"中国制造 2025 分省市指南"，截至 12 月批复了 5 个城市和 3个城市群开展城市（群）试点示范工作。此外，两化融合工作继续推动，2016 年 5 月，《关于深化制造业与互联网融合发展的指导意见》（国发〔2016〕28 号）出台，把制造业、"互联网＋"和"双创"紧密地结合起来。该文件以激发制造企业创新活力、发展潜力和转型动力为主线，构建基于互联网的大型制造企业"双创"平台和为中小企业服务的第三方"双创"服务平台，营造大中小企业协同共进的"双创"新生态，积极培育网络化协同制造、个性化定制、服务型制造等网络化生产新模式，增强支撑制造业与互联网融合发展的基础技术、解决方案、安全保障等能力，激发制造业发展新动能。该文件与此前出台的"中国制造2025""关于积极推进'互联网+'行动的指导意见"形成了制造强国与网络强国战略的政策体系。

2017年，我国将着力振兴实体经济，工业发展将更加注重质量和效益，关注产业结构调整与工业转型升级。党的十八届三中全会明确提出，要完善发展成果考核评价体系，纠正单纯以经济增长速度评定政绩的偏向，加大资源消耗、环境损害、生态效益、产能过剩、科技创新、安全生产、新增债务等指标的权重，更加重视劳动就业、居民收入、社会保障、人民健康状况。2016年3月，第十二届全国人民代表大会第四次会议审查并通过了国务院提出的《中华人民共和国国民经济和社会发展第十三个五年规划纲要》，明确指出今后五年实现经济保持中高速增长，投资效率和企业效率明显上升，工业化和信息化融合发展水平进一步提高，产业迈向中高端水平，先进制造业加快发展，新产业新业态不断成长，坚持创新发展，着力提高发展质量和效益。2016年12月，中央经济工作会议指出，要着力振兴实体经济，坚持以提高质量和核心竞争力为中心，坚持创新驱动发展，扩大高质量产品和服务供给。振兴实体经济，提高工业经济发展质量和效益，对我国经济社会可持续发展既充满机遇，又不乏挑战。从机遇看，一是稳增长调结构实效显现，工业经济形势企稳，包括工业增速逐渐趋稳，工业生产系统性下滑的风险有所缓解，消费增速保持平稳，钢铁、煤炭等行业去产能效果显著；二是多方发力推进"中国制造2025"，产业结构转型与升级工作有序推进，包括《中国制造2025》"1+X"规划体系发布，"制造业+互联网"融合发展新业态初步形成，结合"互联网+"与"双创"行动积极培育新动能，促进新旧动能转换；三是优化完善创新生态系统，由投资驱动逐步转向创新驱动、效率驱动，包括积极布局建设制造业创新中心，打造制造企业互联网"双创"平台，推动互联网企业构建制造业"双创"服务体系，加大研发投入，企业创新能力显著提升。从挑战看，一是宏观经济下行压力依然存在，国内有效需求低迷与产能过剩依然是当前经济面临的基本环境，而美欧发达国家再工业化战略抢占制造业高端与东南亚、南亚发展中国家依靠廉价劳动力抢占国际市场带来的双重国际竞争压力依然存在，经济减速大背景下金融风险、产能过剩等矛盾将日益凸显；二是制造业大而不强，工业生产总体来看仍处于产业链低端，产品附加值低，技术含量低，工业技术过度依赖进口；三是工业生产成本走高制约企业发展，包括劳动力成本优势逐年递减，企业税负相对过重，近年来资本外流现象加剧；四是区域工业经济发展分化趋势加大，东部等工业强省提高布局转型升级，而中西部等省份工业经济增长依然主要靠投资拉动，部分过度依赖资源、产业结构单一的省份在转型阵痛期问题凸显。

二、文献综述

我国专家、学者围绕供给侧结构性改革，针对如何推进"中国制造2025"，实现新旧动能转换展开了深入探讨。李伟（2016）认为，经济新常态的核心是实现动力转换，我国过去依靠廉价优质劳动力等支撑经济增长的基本动力已经发生转折性变化，经济发展动力要从大规模要素投入驱动增长转向创新驱动增长。李伟（2016）认为培育经济增长新动力的关键是壮大、做优、提升实体经济：在供给侧要继续扩大制造业总规模，加快提升制造业产品质量，适应新技术革命蓄势待发的大趋势，营造良好的创新生态环境；在需求侧要提高劳动报酬在国民收入分配中的占比，扩大内需，加快中西部地区的工业化和城镇化步伐，在全球化背景下创造市场机会。江飞涛、武鹏、李晓萍（2014）等在研究中国工业经济增长动力机制转换时指出，由政府主导、投资驱动的工业经济增长方式后续增长乏力，工业增长方式必须实现向创新驱动、效率驱动增长方式的转变。隆国强（2016）认为培育经济增长新动能应理清创新的三个维度，即坚持全球视野，把握新技术革命的重大机遇以及进行相应的体制改革。李佐军（2016）将新动能培育概括为培育新主体、培育新要素、培育新市场、培育新产业、培育新区域等五大路径。刘世锦（2016）认为新动能不能只盯住新兴事物，传统经济领域通过改革创新，加上新体制、新机制、新技术、新商业模式也是形成新动能的主要途径。李伟（2017）指出，新动能的培育不仅要有量的要求，更要有质的要求，现阶段应把创新重点放在既有产业和产品的升级上。

工业发展质量方面研究主要集中在工业运行质量和工业全要素生产率两方面。在工业运行质量方面，王必香（2015）、陈卫灵（2010）等学者通过构建相应的工业运行质量评价体系，分别对云南省、广东省工业增长质量进行了总体测度。研究表明：工业发展注重的方向逐步由数量向质量转变，但还存在一些问题，如：资源利用效率不高、科技进步水平较低、创新意识不强等。在工业生产效率方面，丁黄艳（2014）、吴海民（2008）等学者采用数据包络分析方法、Malmquist 指数法等计量方法对我国工业经济运行效率进行了测度和研究，研究表明我国工业运行效率呈现不断提高的趋势，发达地区的工业运行效率通过技术进步实现，而欠发达地区更多的是通过提高组织管理水平来实现。同时，净莉（2014）、李玲（2012）、时春红（2011）等学者对我国工业全要素生产率进行了研究。研究表明，技术进步已经成为全要素生产率增长的核心动力，必须大力促进工业技术进步，有效提高生产要素组合质量与使用效率，由此提高我国工业全要素生产率，进一步实现我国工业经济向集约型增长方式转变。

工业绿色可持续发展广受国内外关注。工业绿色可持续发展始终受到很多工业化先行国家的重视，20 世纪 90 年代，为了经济与环境的和谐发展，英美等国家提出的绿色 GDP、绿色经济等，保障经济的可持续发展。联合国工业发展组织定期发布《工业发展报告》和《全球制造业增长报告》，旨在通过形势分析和竞争力评估，引导全球工业持续增长。我国学者和研究机构针对经济可持续发展也进行了大量研究，如中国社会科学院工业经济研究所课题组（2011）从剖析工业绿色转型升级面临的体制机制障碍入手，绘制了我国工业绿色转型升级的路线图，通过详细分析工业绿色转型的成本收益，提出了促进工业绿色转型升级的机制创新和政策支撑体系的相关对策建议。此外，王永瑜和郭立平（2010）、向书坚和郑瑞坤（2013）、王军和耿建（2014）、钱争鸣和刘晓晨（2014）等学者围绕绿色经济发展指数、绿色经济效率等问题进行了研究。面对近几年持续不断的雾霾天气，党中央、国务院和各级地方党委、政府都更加重视绿色发展。为贯彻落实党的十八届三中全会加快生态文明制度建设、完善发展成果考核评价体系的有关要求，2015 年 3 月，国家统计局研究建立了循环经济综合评价指标体系，并据此对我国循环经济发展状况进行了测算。测算结果表明，以 2005 年为基期计算，2013 年我国循环经济发展指数达到137.6，平均每年提高4个点，循环经济发展成效明显。其中，资源消耗减量化稳步推进、废物排放减量化效果明显、污染物处置水平大幅提高、废物回用进展较慢。党的十八届五中全会提出："坚持绿色发展，着力改善生态环境，支持绿色清洁生产，推进传统制造业绿色改造，推动建立绿色低碳循环发展产业体系，鼓励企业工艺技术装备更新改造。"2016年4月和9月，工信部分别印发《绿色制造2016专项行动实施方案》和《绿色制造工程实施指南（2016—2020年）》，推动绿色制造加快发展。

创新发展、循环发展等方面的研究成果不断问世，相关政策陆续出台。国家统计局构建了中国创新指数（China Innovation Index，CII），2015年中国创新指数为171.5，比上年增长8.4%，增速创十年来新高。分领域看，创新环境指数、创新投入指数、创新产出指数和创新成效指数分别为163.7、164.3、208.3和149.5，分别比上年增长5.3%、4.2%、17.6%和4.9%。其结果表明我国经济创新环境持续优化，国家和企业对创新投入力度继续加大，创新产出能力不断提高，创新成效进一步显现。在政策层面，2016年国务院出台了多项政策措施，营造创新的环境氛围，培育新业态，推动我国经济创新发展。2016年1月，国务院发布《关于促进加工贸易创新发展的若干意见》，加快推动加工贸易创新发展，提高发展质量和效益。2016年7月，国务院发布《关于印发"十三五"国家科技创新规划的通知》，明确"十三五"时期科技创新的总体思路、发展目标、主要任务和重大举措，是国家在科技创新领域的重点专项规划，是我国迈进创新型国家行列的行动指南。2016年10月，工信部发布《产业技术创新能力发展规划（2016—2020年）》，提出健全以企业为主体、市场为导向、政产学研用相结合的产业技术创新体系，着力突破重点领域共性关键技术，加速科技成果转化为现实生产力，提高关键环节和重点领域的创新能力。

综上所述，当前以及未来相当长的一段时期内，我国工业经济发展更加关注和重视工业发展质量和效益。就当前国内外复杂形势看，亟须构建一套合理、完善的评价体系，来客观、科学反映和评价我国工业发展质量，引导和推动工业产业结构向更加合理的方向调整。

第二节　工业发展质量的概念及研究意义

一、概念及内涵

工业发展质量的衡量是多维度的，涉及生态效益、经济结构、创新能力、民生水平等多个方面。赛迪智库工业经济研究所认为，广义上，工业发展质量是指一定时期内一个国家或地区工业发展的优劣状态；狭义上，工业发展质量是在保持合理增长速度的前提下，更加重视增长的效益，不仅包括规模扩张，还包括结构优化、技术创新、资源节约、环境改善、两化融合、惠及民生等诸多方面。现阶段其内涵主要体现在以下六个方面。

第一，速度和效益有机统一。工业发展要以一定的增长速度为基础，尤其对于尚处在工业化加速发展阶段的国家而言。高增速意味着工业规模的快速扩张，是一国工业实力的硬性指标。然而，忽视效益的盲目扩张很可能以资源高消耗，环境高污染为代价，并可能引致产业结构失衡等一系列严重问题，将影响到工业的良性循环和健康发展。提升工业发展质量的关键在于实现速度和效益的有机统一。

第二，结构持续调整和优化。工业结构反映了生产要素在产业间、地区间、企业间的资源配置情况，是工业总体发展水平的重要评价维度。工业结构的优化升级有助于提高工业发展质量。必须要统筹处理好传统产业和新兴产业、劳动密集型产业和资本技术密集型产业、重化工业与轻工业、东部地区与中西部地区、大集团大企业与中小企业、国有企业与非国有企业等重要关系，优化生产要素配置。

第三，技术创新能力不断提高。产业技术创新能力是推动工业发展质量提高的坚实动力，提高产业技术创新能力，有助于实现内涵式发展，推动工业转型升级。目前，技术创新能力已成为制约我国工业发展的重要瓶颈。提高工业发展质量，要求完善创新生态体系，实现创新链、产业链与资金链的有机统一，保障科研经费投入，促进科技成果的转化。

第四，资源节约和环境友好。绿色发展是工业发展质量的重要要求，也是工业经济效益的具体表现方面之一。实践证明，粗放利用资源的发展模式只会加剧资源约束矛盾，而以损害环境为代价的工业发展具有极强的社会负外部性，需要回头补课。提升工业发展质量，必须提高资源利用效率，发展循环经济，有效控制污染排放。

第五，两化融合不断深化。新一代信息技术在工业领域的应用，信息技术、信息产品、信息资源、信息化标准等信息化要素，在工业技术、工业产品、工业装备、工业管理、工业基础设施、市场环境等各个层面的渗透与融合，是推动工业转型升级的重要科技助力，也是优化工业系统管理水平的重要手段。

第六，人力资源结构优化和待遇提升。随着我国人口老龄化的加剧，劳动力成本上升，以廉价劳动力为特征的人口红利在不断消失。但随着改革开放后我国人均受教育水平的提高，劳动力质量呈现明显改善，成为我国人口红利的新特征。提高工业发展的质量，既要充分依托我国在人才和劳动力资源方面的巨大优势，特别是要关注人均受教育水平的提高。同时还要着眼于解决广大人民群众的就业与收入问题，实现发展成果人民共享的同时，扩大内需、增强国内购买力。

二、评价意义

党的十八大明确提出了关于全面深化改革的战略部署，党的十八届三中全会提出完善发展成果考核评价体系，纠正单纯以经济增速为主的片面考核，党的十八届五中全会提出创新、协调、绿色、开放、共享的新发展理念。结合实际情况，我们认为，未来我国工业发展质量的评价，不能片面追求高增速，而应综合考虑产业结构优化、协调发展、绿色发展、工业创新能力等多个维度，着力提高工业发展的质量和效益。加强对工业发展质量的评价和研究，是推进工业转型升级的重要基础性工作之一，也是深入贯彻落实党的十八届三中、四中、五中、六中全会及中央经济工作会议相关精神、实现"中国制造2025"战略的重要实践性工作之一，对经济新常态下我国工业实现健康平稳增长具有重要意义。

第一，研究和评价工业发展质量是科学衡量工业转型升级效果的迫切需要。加快工业转型升级已成为推进我国经济结构调整和发展方式转变的重大举措。工业转型升级主要体现在自主创新、结构优化、两化深度融合、绿色低碳、对外开放等诸多方面，其核心目标就是要实现工业发展质量的不断提升。工业转型升级是一个系统性工程，单一指标难以准确客观衡量转型升级的效果，当前亟须构建一套能够全面准确衡量工业发展质量的指标体系，引导地方政府和企业走内生增长、集约高效的发展道路。

第二，研究和评价工业发展质量是正确引导地方工业实现科学发展的有效手段。长期以来，片面追求规模、增速的指标扭曲了行业或地区工业发展的经济行为，一方面在推动工业规模高速扩张的同时，另一方面还造成了资源浪费、环境污染、产能过剩、产品附加值低、竞争力不强等深层次问题。加强对工业发展质量的评价，有利于引导各级政府实现工业增速与效益的统一，通过加大创新投入、优化产业结构、推进节能减排等措施改善工业整体素质，引导地方将工作重心转移到发展方式转变上来。

第三，研究和评价工业发展质量是准确把握工业经济运行规律的内在要求。通过对工业发展质量的长期持续跟踪评价，有利于全面分析工业经济运行的中长期特点、趋势及影响因素，深刻剖析工业经济发展中的深层次问题和矛盾，准确把握工业经济运行的客观规律。进而在把握规律的基础上指导实践，提高政府决策的科学性与合理性。

因此，了解和掌握 2016 年我国工业相关政策，构建我国工业发展质量的评价体系，分析全国及地方省区市的工业发展质量水平和工业细分行业的发展质量情况，探讨工业发展质量的热点和面临的问题，展望工业发展存在的机遇与挑战，对促进我国工业新旧动能平稳接续转换具有重要意义。

第二章   政策分析

2016 年是"十三五"规划的开局之年，也是推进全国产业结构性改革的攻坚之年。2016 年，中央和地方政府加快制定国民经济"十三五"规划，着力推动产业结构调整升级，深度推进国内经济的体制机制改革。本章就金融机制创新、对外开放、去产能、税制改革等几个方面对促进工业经济发展相关政策进行解读。

第一节   创新金融机制，引导工业稳增长调结构增效益

破解工业转型的融资瓶颈，助推供给侧结构性改革，2016 年 2 月 16 日，中国人民银行、国家发改委、工信部等八部委联合发布《关于金融支持工业稳增长调结构增效益的若干意见》（以下简称《意见》），对工业领域的信贷进行重点调整和部署。《意见》从加强货币信贷政策支持、营造良好的货币金融环境，加大资本市场、保险市场对工业企业的支持力度，推动工业企业融资机制创新，促进工业企业兼并重组，支持工业企业加快"走出去"，加强风险防范和协调配合等六个方面入手，提出了一系列支持工业转型升级、降本增效的具体金融政策措施。

一、三个亮点

第一，产业信贷两极分化，"有保""有压"差别调控。《意见》明确引导金融机构对工业企业有保、有压、有扶、有控，避免"一刀切"放贷行为，理性调整信贷结构，落实差别化工业信贷政策，促进化解产能过剩问题并助推传统产业转型升级。一方面，在整体工业领域，《意见》鼓励加大对战略性

新兴产业、传统产业技术改造和转型升级、高新技术企业、重大技术装备、工业强基工程、"中国制造2025"、新能源汽车等七大领域的扶持力度。同时，"压制"钢铁、有色金属、建材、船舶、煤炭五大产能过剩领域的发展。另一方面，针对五大产能过剩行业，《意见》力保仍然有效益、有市场和有竞争力的企业，将为其继续提供信贷支持，帮助企业渡过难关。对于长期亏损、失去市场竞争力的"僵尸企业"，环保不达标的落后产能以及手续不合法的新增产能建设项目，《意见》提出实施停贷、停授信、破产清理等措施进行强制淘汰。

第二，加强银企合作，支持融资机制创新。一方面，《意见》鼓励工业企业加大发行标准化债权产品，以替代其他高成本融资方式。对运作规范的工业企业，在完善偿债保障措施的基础上，支持其通过发行公司信用类债券用于调整债务结构。另外，鼓励企业扩大信用类债券发行规模，拓展可交换债券、可转换债券市场。积极发展绿色债券、高收益债券、绿色资产证券化等创新金融工具。另一方面，《意见》特别提出支持符合条件的工业企业集团设立财务公司，进行产融对接融合。在"互联网＋"行动实施以来，工业制造业与网络加速融合，伴随互联网金融的发展，集团财务公司可以积极探索延伸产业链金融服务试点。

第三，明确提出清理"僵尸企业"，启动风险防范机制。供给侧改革中工业去产能、去库存、降成本是改革的重点和难点，只有对落后产能彻底淘汰，对"僵尸企业"彻底清理，才能释放更多的人力和物资资源，使金融和信贷资源有效投资，工业结构的转型升级方能见到成效。在这个过程中，银行应做好充足准备，进行呆坏账核销和处理。《意见》提出，要积极做好"僵尸企业"的退出工作，维护银行信贷的资产安全。要求银行加快其核销进度，做到"应核尽核"。另外，督促各级金融监管部门完善风险监测体系，提高风险管控能力，及时化解风险隐患，严守不发生区域性、系统性金融风险的底线。

二、多措并举保障工业提质增效

首先，《意见》提出加大多层次直接融资力度。一是增加各类投资基金支持。尽快设立新兴产业创业投资基金，高效利用已有的国家中小企业发展基金和先进制造产业基金，加大对初创中小型企业、战略性新兴产业以及先进制造业的资金扶持力度；二是积极探索股权债权相结合的融资方式，推进信贷资产证券化发展。探索开展不良资产证券化，支持银行核销以及多方式化解不良贷款。

其次，《意见》鼓励国际间产能合作。一是支持企业对外经济活动使用人民币结算方式，优化对外人民币贷款项目的管理；二是大力简化国内企业境外融资核准程序，鼓励企业通过境外市场发行股票、债券进行融资；三是鼓励我国企业采用 PPP 模式开展境外合作项目，支持企业使用境外资产和股权等抵押获得贷款；四是鼓励工业企业通过"一带一路"倡议与沿线国家开展多方面合作。

最后，《意见》提出改善工业信贷管理制度。一是运用多种流动性管理工具，保持货币市场稳定；二是要求金融机构承担风险、让渡利益，通过无还本续贷、循环贷款等还款方式的创新，降低小微企业"过桥"融资成本；三是对资金周转暂时困难的仍具市场竞争力的大中型企业，可通过调整贷款还款方式、还款期限等措施，缓解企业债务压力；四是提高"白名单""黑名单"的参考价值。

第二节　自贸区外资准入放宽为工业发展提供新动力

近年来，我国大幅放开外商企业投资限制。2013 年，上海自贸区挂牌，外企注册由登记改为备案，实行 190 条负面清单管理；2014 年，负面清单减少为 139 条；2015 年，上海自贸区扩区，新增广东、天津、福建三个自贸区，同时负面清单减少至 122 条。近期，我国再度放宽自贸区外资准入。2016 年 7 月 19 日，国务院发布《关于在自由贸易试验区暂时调整有关行政法规、国务院文件和经国务院批准的部门规章规定的决定》，调整内容共计 51 项，除了对外资的多项变更事项由审批制改为备案制管理之外，对于外商投资限制领域以及比例也有所放开。

一、再度放开准入的背景

一是全球贸易格局不确定性增强。数据显示，2013年以来，全球贸易不断遇冷，2013年至2015年，全球商品和服务出口同比增速分别仅为1.3%、3.1%和1.7%。此外，受全球经济发展疲软、地缘政治等因素影响，一些标志性事件如TPP受累美国总统大选、英国"脱欧"导致欧盟面临解体危险，也导致全球贸易格局不定性增强。

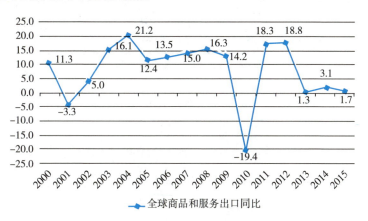

图2-1 全球商品和服务出口增速（%）

资料来源：世界银行，赛迪智库整理。

二是自贸试验区对外资的吸引力不断提升。2013年三星公司在中国的员工数为3.6万，至2015年已经降至8580人，相较之下，东南亚的员工数则大幅增加到14万。此外，近年来微软、诺基亚、松下、西铁城、夏普、优衣库等外资企业也纷纷转向东南亚和印度。数据显示，2016年1—7月实际使用外资金额（不含银行、证券、保险）4915.1亿元，比上年同期增长4.3%；其中，制造业实际使用外资为负增长，较上年同比下降了5.3%。尽管外资撤离的步伐不断加快，中国自贸试验区对外资的吸引力却在不断提升。2015年，上海自贸区新设企业数量达1.8万家，比上一年增长20%。

三是外资逐步向高技术领域转移。当前外资的重点正在从传统制造业向高技术领域转移。尽管外资在下滑，但信息技术服务、数字内容及相关服务、研发与设计服务，以及医药制造业、计算机制造等行业的外资投入依然保持了较高的增长速度，显示出外商重点关注的领域。例如，整个制造业实际利用外资为负增长的情况下，2014 年医药制造业利用外资名义同比增长 12.4%，通信设备、计算机及其他电子设备制造业利用外资名义同比增长 7.6%。

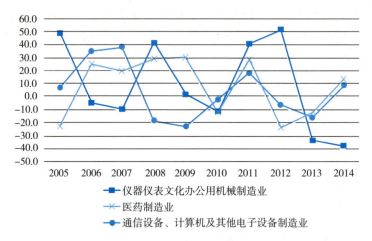

图 2 - 2　部分高技术行业实际利用外资同比增速（%）

数据来源：国家统计局，赛迪智库整理。

在这样的背景下，此次国务院对外资的政策调整显示了我国主动开放、主动融入全球化的决心，对于改善营商环境、增强贸易竞争力、提高全球化格局中的地位等各个方面，都具有长远意义。

二、调整的相关内容

一是审批制改为备案制。调整结果显示，在四个自贸试验区内，《指导外商投资方向规定》《外国企业或者个人在中国境内设立合伙企业管理办法》《国务院关于投资体制改革的决定》《国务院关于进一步做好利用外资工作的若干意见》等多项文件中相关需要审批或者核准的内容均统一调整为"在负面清单之外的领域，暂时停止实施外商投资项目核准（国务院规定对国内投资项目保留核准的除外），改为备案管理"。

二是外商投资领域扩大。《外商投资产业指导目录（2015 年修订）》中的部分内容得到调整扩大，四个自贸试验区内涉及钢铁、轨道交通、新能源汽车等领域的进一步放开，对于外商投资限制领域以及比例也有所放开。例如，在汽车电子装置制造与研发领域，"允许外商以独资形式从事汽车电子总线网络技术、电动助力转向系统电子控制器的制造与研发"；在轨道交通运输设备领域，"允许外商以独资形式从事与高速铁路、铁路客运专线、城际铁路配套的乘客服务设施和设备的研发、设计与制造，与高速铁路、铁路客运专线、城际铁路相关的轨道和桥梁设备研发、设计与制造，电气化铁路设备和器材制造，铁路客车排污设备制造"；新能源汽车关键零部件制造领域，能量型动力电池的生产也有所放开；交通运输领域，经营国际船舶运输、国际船舶代理业务的中外合资经营企业，企业中外商的出资比例上限由 49% 上调至 51%。

三是政策可操作性增加。我国自贸区对外资开放存在"大门开了、小门没开"的现象，很多领域虽然不属于负面清单中的内容，但都由于缺乏细则而导致难以落实。本次调整在自贸区负面清单和总体方案的基础上进一步明确了有关主管部门的职责，提高了政策的可操作性。例如，对《汽车产业发展政策》和《钢铁产业发展政策》的调整要求由国务院工业和信息化主管部门会同有关部门修订相关管理办法；对《中华人民共和国国际海运条例》和《中华人民共和国国际海运条例实施细则》的调整要求"由国务院交通运输主管部门制定相关管理办法"。

三、重要意义

一是提高外资便利化程度。当前国内固定资产投资尤其是民间投资不断下滑，外资也相当谨慎。因此，加大力度简化行政审批制度、提升外资便利化程度，增加我国市场对外资的吸引力十分紧迫。此次在多个领域放宽外资限制将有利于促进中央及各地区政府加大简政放权力度，进一步提升规范化水平及透明度，增强与其他国家和地区竞争外资的实力。

二是倒逼国有企业结构性改革。本次对外资政策的调整进一步放宽部分领域对外资的限制，表达了我国迎接国际竞争的决心。尽管此次自贸区放宽外资准入后一些行业如服务业、钢铁、农产品加工等可能会受到较大的冲击，但也为倒逼国内企业进行供给侧结构性改革、提升产品与服务质量提供了机遇，有利于我国经济的转型升级。

三是通过自贸区的先行先试探索经贸领域开放。上海、天津、广东、福建四个自由贸易试验区是中国探索改革开放新路径的试验田。自贸区在相关领域的探索直接关系到中国经济的未来，对于国内企业来说，虽然和外国企业之间的竞争难以避免，但在全球化市场中协作也十分必要，扩大开放将带来双赢的局面。通过外资管理在自贸区的先行先试，未来外资在全国范围内的限制也将有所放宽，助力我国经贸领域的进一步开放。

第三节　钢铁"十三五"规划重点去产能调结构

钢铁工业作为我国重要的基础性产业，为国家提供了原材料保障，为工业发展提供了有力支撑。为了进一步完善我国钢铁工业体系，解决当前产能过剩问题，提升产业创新发展能力，依据《中华人民共和国国民经济和社会发展第十三个五年规划纲要》《中国制造2025》和《国务院关于钢铁行业化解过剩产能实现脱困发展的意见》编制了《钢铁工业调整升级规划（2016—2020年）》（以下简称《规划》），是我国未来五年钢铁工业发展的纲领性文件。

一、产业背景

"十二五"期间，工业和信息化部公布了《钢铁产业调整政策》（征求意见稿），从企业的市场退出机制建设、强化环保手段、市场开放等方面深化改革。经过一段时期的调整完善，目前钢铁产业已呈现良性发展态势，对经济的支撑作用不断增强，并对完善产业发展链条、解决环境能源约束问题提出了更高要求。

一是钢铁产量与经济发展水平相匹配。当前我国经济由高速增长转变为中高速增长，2016年前三季度的GDP增速为6.7%，而"十二五"期间，在需求的带动下，我国粗钢产量由2010年的6.3亿吨增加到2015年的8亿吨，年均增长5%，钢铁行业发展的主基调就是扩大生产规模以满足消费的增长。近几年扩张规模的钢铁行业也提供了超过市场消费量的产品，钢材国内市场占有率超过99%，基本满足了我国国民经济和社会发展对钢材的需求。

二是钢铁产业节能减排效果显著。在国家大力推行绿色制造，力争环境与产业共同发展的背景下，"十二五"期间，共淘汰炼铁产能9089万吨、炼钢产能9486万吨。这些措施在一定程度上遏制了企业生产无度行为，对钢铁行业由于盲目追求产量而产生的无序、不稳定性的情况有所缓解，并通过一系列标准的制定对后续钢铁产业结构调整提供了根本保障。

三是钢铁产业布局规划日趋完善。在"一带一路"、京津冀协同发展、长江经济带三大战略和全国主体功能区规划引导下，我国钢铁工业布局日趋完善，在带动行业效率提升的同时，从根本上改变了我国钢铁"北重南轻"的总体布局。部分城区内大型钢铁企业已完成搬迁和转产，其他相关产业的搬迁改造或转型发展正在实施。这些都对整体钢铁产业布局更加合理产生了积极作用。

四是钢铁产业两化融合水平明显提升。"十二五"期间，随着信息化技术在制造业的广泛应用，钢铁企业在生产制造、企业管理、物流配送、产品销售等方面也引入了一批行业先进信息化设备，关键工艺流程数控化率超过65%，企业资源计划（ERP）装备率超过70%。同时选择技术成熟的企业为示范，开展智能制造工厂试点，涌现了南钢船板分段定制准时配送（JIT）为代表的个性化、柔性化产品定制新模式。

二、新政治理的重点

《规划》提出到2020年，钢铁工业供给侧结构性改革要取得重大进展，实现全行业根本性脱困。具体要求有效缓解产能过剩矛盾，在数量上体现为粗钢产能净减少1亿—1.5亿吨；增强产业创新驱动能力，建成国家级行业创新平台和一批国际领先的创新领军企业；能源消耗和污染物排放全面稳定达标，总量双下降；培育形成一批钢铁智能制造工厂和智能矿山；产品质量稳定性和可靠性水平大幅提高，实现一批关键钢材品种有效供给。

一是积极稳妥去产能去杠杆。要求停止建设扩大钢铁产能规模的所有投资项目，将投资重点放在创新能力、绿色发展、智能制造、质量品牌、品种开发、延伸服务和产能合作等方面。严格执行环保、能耗、质量、安全、技术等法律法规和产业政策，对达不到标准要求的，要依法依规关停退出。这些措施都对钢铁企业在供给侧实施了强有力的产量控制，结合供给侧改革发力，同时依据节能减排规定，严格执行行业准入管理，是推动绿色制造发展的有力保障。

二是合理调整钢铁产业布局。统筹考虑市场需求、交通运输、环境容量和资源能源支撑条件，结合化解过剩产能，深化区域布局减量调整。《规划》针对不同地域钢铁产业发展情况，提出了详细的整治方案，针对东北老工业基地、中西部地区，主要以压缩落后产业，提升产业质量为主；针对京津冀及周边地区、长三角地区相对发达产业，要求继续升级改革，以先进产业带动内陆发展，并在适当时机研究城市钢厂整体退出置换，实现区域内减量发展。这种分情况分区域调整布局的行动，将加快和提升行业调整的步伐和效率，实现区域范围内的"大换血"。

三是提升创新能力，发展智能制造。要求发挥企业的创新主体作用、设计单位的桥梁和推广作用、大学和科研院所的基础先导作用，实施产学研用相结合的创新模式，提高原始创新、自主集成创新能力。此次特别强调了产学研模式的应用，并更加强调企业的创新主体地位。在智能制造发展方向上，主要加快推进钢铁制造信息化、数字化与制造技术融合发展，并把智能制造作为两化深度融合的主攻方向，这就与《中国制造2025》相关发展重点相结合，并鼓励利用总结试点示范经验和模式，提出钢铁智能制造路线图。

四是推动服务型制造快速发展。全面确立以用户为中心的产品理念和服务意识，推进钢铁企业由制造商向服务商转变。工业与服务业发展是相辅相成的，因此配套相关工业调整升级也需要服务业进行改革。《规划》鼓励钢铁企业与下游用钢企业主动对接，围绕用户需求，完善物流配送体系，提供材料推荐、后续加工使用方案等一系列延伸服务，创造和引领高端需求，这就延长了工业产业链条，加强了产业链条衔接，并推动了与工业配套的加工、物流等服务业的发展。

三、几点思考

"十二五"时期，钢铁产业转型升级是我国产业发展的重要任务，同时在政府和企业的共同努力下，取得了阶段性成果。《规划》提出的正是在已有成果基础上，总结成功经验，并对未来发展做出规划布局的阶段性指导措施。而《规划》的顺利执行，离不开政府和市场以及企业的共同努力。

一是加快推进钢铁产业升级调整。目前我国钢铁产业去产能工作取得初步成效，但以东北老工业基地、中部工业城市为代表的一大批钢铁产业仍需进一步整合，提升行业效率。第一，要提出未来五年时间去产能总体目标，细化去产能量级，根据各省份实际情况分配任务；第二，要结合供给侧结构性改革、"中国制造 2025"等政策要求，提升钢铁行业整体竞争力，引入更多先进技术和绿色制造元素；第三，提升行业发展集中度，通过龙头企业兼并重组本区域内其他中小雷同企业，实现产业优化。

二是鼓励钢铁企业创新优化工程。钢铁产业调整离不开政府与市场的共同作用，依托企业带动行业发展，是未来五年政府工作的重中之重。第一，鼓励钢铁支柱企业和龙头企业引进先进技术，开发高端钢铁产品，延伸产业链，提高产品附加值；第二，对于生产基础型产品的中小企业实施兼并重组，防止低端产品过度集聚现象发生；第三，引导传统钢铁企业走创新路线，对企业内部管理和生产情况进行整改，适应新时期的钢铁产业需求。

三是鼓励智能制造产业先行。提升产业生产效率，需降低生产成本，提升智能制造应用范围。第一，夯实智能制造技术基础，在现有钢铁产业生产条件下，提高信息化、自动化水平；第二，在全行业范围推进开发智能制造新模式行动，重点培育新模式试点示范；第三，鼓励对外合作，积极探索同德国、英国等工业强国的技术交流，引进先进智能制造工艺。

在政府和企业共同努力下，也可引入行业协会等形式，对钢铁产业布局和规划进行监督，推动升级计划的顺利进行。总体来说，《规划》对未来五年钢铁工业形式和布局进行了较为全面的预判，对产业发展有积极的推动作用。

第四节　全面推进资源税改革，合理布局工业生产

深化财税体制改革，响应党中央、国务院全面推进资源税改革的决策，财政部于 2016 年 5 月 9 日发布《关于全面推进资源税改革的通知》（以下简

称《改革通知》），同时印发一系列资源税改革具体实施办法。此次《改革通知》主要面向矿产资源改革，明确了资源税改革的指导思想、基本原则和主要目标，并从扩大资源税征收范围、实施矿产资源税从价计征、清理矿产资源收费基金、合理确定资源税税率水平、矿产资源税收优惠政策管理、收入分配体制和经费保障六个方面进行全面改革与调整。全面推进资源税改革是经济形势的发展需要，同时也加强资源节约集约利用，加快生态文明建设的重要举措。

一、资源税改革的背景和意义

我国自 1984 年开始对石油、天然气、煤炭三种资源征收资源税以来，至今已有 30 多年资源征税历史。这期间资源税改革不断发展，从原来仅为调节地区级差收入为目的，逐步演变成为加强资源管理、加大节能环保、规范企业资源开采和使用行为等综合调节模式，征税范围也不断扩大。改革运行平稳，对经济调节，税费关系的规范以及资源的合理运用起到了积极作用。然而，随着我国经济发展，资源枯竭和环境污染问题加重，原有资源税征收体系也暴露出诸多问题：一是资源税征收范围窄，税率低，对资源节约保护效果有限；二是计税依据缺乏弹性，计税方式较为单一，不能合理有效地调节资源收益；三是税费共存，重复征收，加重企业负担。此次《改革通知》针对我国资源税体系现有问题，以清费立税、合理负担、适度分权、循序渐进为基本原则，致力于通过有效改革措施调控经济、促进资源节约和保护环境。

全面推进资源税改革有利于促进产业转型升级，激发市场活力。在财税改革的大背景下，资源税改革不但能够促进资源税节约集约利用，而且有利于释放改革红利，是建立现代治理结构、发挥市场对资源配置决定性作用的有力保障，同时支撑着改革的全局，倒逼经济改革与利益关系格局重构。首先，资源税改革能够助推产业转型。长期以来，我国部分高耗能产业依靠大量资源投入拉动发展，而资源的过度消耗不可避免地引发环境污染、生态破坏等问题，通过税收这一宏观调控手段影响资源产品的开发利用和价格，规范资源企业的行为，是推进产业转型升级的关键。其次，资源税能够促进产业提高资源利用率。全面推进资源税改革将倒逼我国传统企业加快转型升级步伐，舍弃以往凭借廉价资源取胜的方式，转变为通过生产高附加值产品的手段寻找新的利润增长点，实现企业可持续发展。

全面推进资源税改革有利于规范税费关系，调节财政收入区域差异。第一，1986年颁布的《中华人民共和国矿产资源法》提出对矿业资源采收资源税和资源补偿费，形成了"税费共存"的资源税体系，也造成现在税费重叠问题。此次改革确立"清费立税"原则，实行矿产资源补偿费的费率降为零、停止征收价格调节基金等措施，规范了税费关系，进而减轻资源企业负担。第二，此次资源税改革计价方式，合理确定资源税税率水平，对过度消耗资源起到抑制作用，有利于区域、代际间的平衡发展，实现区域收益的有效补偿。第三，此次改革充分给予省级人民政府一定权限，要求其根据地方情况合理设置税率，酌情进行减税、免税，有利于缩小地方财政收入差距。

二、一"扩"两"改"三"完善"，改革全面推进

第一，扩大资源税征收范围。我国原有资源税采用"普遍征收、级差调节"的税制，仅对煤炭、石油、天然气等具有经济效益的资源征税，旨在调节级差收入，保证资源企业间公平竞争，而对水资源、森林、草场等生态资源并无具体征税措施。此次改革首次提出在河北省开展水资源改革试点工作：一是水资源费改税，施行从量定额计征，对地表水和地下水进行征税；二是实行差别化征税标准，对高耗水行业、超计划用水行业适当提高税额标准。另外，鼓励各地区根据本地资源开发利用实际情况，对森林、草场、滩涂等资源提出征税具体方案建议，上报国务院后经批准实施。

第二，对矿产资源税实行两项改革。一方面，对21种矿产资源由"从量计征"改为"从价计征"，范围包括铁矿、铜矿、金矿、铝土矿、石墨、石灰石、煤层（成）气、海盐等多项资源品目（详见《资源税税目税率幅度表》），计税依据由原矿的销售量调整为原矿、精氯化钠初级产品或金锭的销售额。对《资源税税目税率幅度表》未列明产品，施行从价计征为主，从量计征为辅的原则，由省级人民政府决定计征方式。另一方面，全面清理有关矿产资源的收费基金，规范税费关系。一是矿产资源补偿费费率降为零。二是停止征收价格调节基金。三是取缔地方违规设立的矿产资源收费基金项目。

四是一律取消不符合国家规定越权出台的收费基金。

第三，完善税收优惠政策管理和分配体制，合理确定资源税税率水平。一是实行资源耗竭补偿机制，对采用填充开采方式的矿产资源，减征资源税50%；对衰竭期矿山开采的矿产资源，资源税减征30%；对利用低品位矿、尾矿、废石等提取的矿产品，鼓励省级人民政府酌情减税或免税。二是规定纳入改革的矿产资源税税收收入全归地方财政所有。三是要求省级人民政府在规定的税率幅度内提出合理的税率建议，应充分考虑当地矿产企业的实际情况、企业负担能力等因素。

此次资源税改革是继2014年煤炭资源税改革后又一重要举措，是贯彻落实创新、协调、绿色、开放、共享的新发展理念的重要改革任务。面对不断变化的生态环境以及资源产品的价格波动，资源税改革仍需不断推进，从而更加有效地配置资源，实现经济社会的可持续发展。

第五节　发展战略性新兴产业，培育工业新增长点

在我国工业转型升级的重要时期，战略性新兴产业代表新一轮科技革命和产业变革的方向，其发展水平对我国工业发展质量和速度有重要影响，是培育发展新动能、获取未来竞争新优势的关键领域。国务院2016年12月印发了《"十三五"国家战略性新兴产业发展规划》（以下简称《规划》），提出到2020年，形成新一代信息技术、高端制造、生物、绿色低碳、数字创意等5个产值规模10万亿元级的新支柱，并在更广领域形成大批跨界融合的新增长点，平均每年带动新增就业100万人以上，把战略性新兴产业摆在经济社会发展更加突出的位置，大力构建现代产业新体系，推动经济社会持续健康发展。

一、三个亮点

第一，提出"两新"，打造新常态下经济社会发展新引擎。过去我国工业发展主要依靠传统产业基础上升级改造和提升工业生产率完成发展指标，这

是工业化初期的主要路径。目前我国工业生产进入中后期，经济进入中高速发展，需要更强大的引擎支撑产业升级。战略性新兴产业的发展，是重大科技突破和新兴社会需求二者的有机结合，同时也将突破传统产业发展瓶颈，为中国提供弯道超车机遇，在国际竞争中占据有利地位。《规划》提出，到2020年，战略性新兴产业增加值占国内生产总值比重达到15%。2015年，我国战略性新兴产业增加值占国内生产总值比重为8%左右，因此在长期经济转型背景下，未来五年新兴产业势必迎来发展春天。

第二，扩充战略性新兴产业范围，将数字创意纳入其中。在《"十二五"国家战略性新兴产业发展规划》中，就明确提出要加快培育和发展节能环保、新一代信息技术、生物、高端装备制造、新能源、新材料、新能源汽车等七大战略性新兴产业。经过五年时间发展，结合目前我国战略性新兴产业实际情况，此次《规划》中体现了大量产业新增长点更迭涌现、产业融合态势明显等趋势，将"十二五"战略性新兴产业涵盖的"7大领域24个重点方向"合并增补为"5大领域8大产业"，既有对过去工作的总结，也有对未来发展的创新，并明确提出到2020年形成5个产值规模在10万亿元级别的新的支柱产业，将"壮大"作为未来五年战略性新兴产业工作的核心要务。

第三，以创新和开放为主体，推动战略性新兴产业不断发展。《规划》指出，创新、包容、开放是推动战略性新兴产业发展，实现既定目标的关键因素。创新作为我国社会经济发展的关键词，不仅是推动经济稳步提升的重要力量，更是战略性新兴产业发展的灵魂。未来五年也将建立更加包容性的政府监管规范模式，为新产业新技术发展营造良好的生态环境，同时在合理布局本国产业基础上，坚持开放理念，利用国际市场和国际技术资源推进发展。具体要以21个重点工程作为推动战略性新兴产业发展的抓手，通过政策落实和试点等带动引领战略性新兴产业取得发展，推动我国形成全球产业发展新高地。

二、多领域推动战略性新兴产业布局发展

首先，《规划》提出实施网络强国战略。从"十二五"完成至今，网络的发展带动了一批新兴产业快速崛起，不论是工业生产、销售，还是与工业

有关的物流、生产性服务业，都越来越多融入网络元素。因此提出加快建设"数字中国"，推动物联网、云计算和人工智能等技术向各行业全面融合渗透，构建万物互联、融合创新、智能协同、安全可控的新一代信息技术产业体系。具体到 2020 年，要力争在新一代信息技术产业薄弱环节实现系统性突破，同时开发新的发展领域，提升旧的发展能力，最终实现新一代信息技术总产值规模超过 12 万亿元。

其次，《规划》提出培育"双向"动力，高端装备与新材料产业突破发展。顺应制造业智能化、绿色化、服务化、国际化发展趋势，目前我国传统工业发展需要寻求新增长点，围绕"中国制造 2025"战略实施，结合发展十大关键领域的提出，将在"十三五"期间加快突破关键技术与核心部件，推进重大装备与系统的工程应用和产业化，提升工业生产附加值，延长工业生产产业链，促进产业链协调发展。力争"中国制造"向"中国创造"的平稳过渡，塑造中国制造新形象，带动制造业水平全面提升。力争到 2020 年，高端装备与新材料产业产值规模超过 12 万亿元。

最后，《规划》要求培育可持续发展新模式，壮大新能源和节能环保产业。目前绿色产业和循环发展是世界性的工业主题，各国把这一领域作为一个新竞争点。通过把握全球能源变革发展趋势和我国产业绿色转型发展要求，重点着眼生态文明建设和应对气候变化，提出要以绿色低碳技术创新和应用为重点，围绕这一主题引导绿色消费，推广绿色产品，大幅提升新能源汽车和新能源的应用比例，提升生产材料利用效率，节约不可再生资源，全面推进高效节能、先进环保和资源循环利用产业体系建设。使新能源汽车、新能源和节能环保等绿色低碳产业成为支柱产业，到 2020 年，产值规模达到 10 万亿元以上。

第六节　完善投资监管，提升工业生产效率

为贯彻落实《中共中央国务院关于深化投融资体制改革的意见》，进一步加大简政放权、放管结合、优化服务改革力度，贯彻市场在资源配置中起决定性作用方针，更好发挥政府作用，配合市场工作，同时切实转变政府投资

管理职能，加强和改进宏观调控，确立企业投资主体地位，激发市场主体扩大合理有效投资和创新创业的活力，2016 年 12 月国务院发布了《政府核准的投资项目目录（2016 年本）》（以下简称《目录》），对投资项目目录进行了调整。此次修订《目录》是继 2013 年、2014 年两次修订后，国务院第三次作出修订。连同此前两次修订，中央政府层面核准的企业投资项目削减比例累计达到原总量的 90% 左右。

一、调整内容

第一，增加取消、下发权限，缩减核准事项。同前两次修订目标一致，此次修订仍然以取消和下放为主线，力求在合理范围内简化投资流程，提升投资效率，最大特点是更重视"放管服"的整体性。从具体内容看，此次修订共取消、下放 17 项核准权限，其中，取消核准改为备案 2 项、下放地方政府核准 15 项。对于其他剩余未调整的核准项目，在经过前期改革和过渡期后，一旦条件成熟时还有进一步下放的空间。与《中共中央国务院关于深化投融资体制改革的意见》相对应，《目录》确立了企业投资主体地位，坚持企业投资核准范围最小化。对极少数关系国家安全和生态安全、涉及全国重大生产力布局、战略性资源开发和重大公共利益等项目，政府仍然从维护社会公共利益角度依法进行审查把关，并将相关事项以清单方式列明，最大限度缩减核准事项。

第二，强化政策引导，提倡事中事后监管。《目录》指出，要充分发挥发展规划、产业政策和准入标准对投资活动的规范引导作用，在条件允许范围内鼓励以此种形式对投资活动进行监管，而逐渐弱化政府条款的约束作用。对于政府方面，主要强化事中事后监管，坚持"谁审批、谁监管，谁主管、谁监管"的原则，注重发挥地方政府就近就便监管作用，合理划分监管界限，其他例如行业管理部门和环境保护、质量监督、安全监管等部门，可以发挥其专业优势进行协同监管，投资主管部门主要履行综合监管职能。各省级政府主要负责制定本行政区域内统一的政府核准投资项目目录，坚持下放层级与承接能力相匹配，对涉及本地区重大规划布局、重要资源开发配置的项目，原则上不下放到地市级政府、一律不得下放到县级及以下政府核准。

第三，严格控制过剩产能项目，合理发展新能源项目。对于钢铁、电解铝、水泥、平板玻璃、船舶等产能严重过剩行业的项目，《目录》要求严格执行《国务院关于化解产能严重过剩矛盾的指导意见》（国发〔2013〕41号），各地方、各部门不得以其他任何名义、任何方式备案新增产能项目，各相关部门和机构不得办理土地（海域、无居民海岛）供应、能评、环评审批和新增授信支持等相关业务，并合力推进化解产能严重过剩矛盾各项工作。对于煤矿项目，从2016年起3年内原则上停止审批新建煤矿项目、新增产能的技术改造项目和产能核增项目；确需新建煤矿的，一律实行减量置换。同时严格控制新增传统燃油汽车产能，原则上不再核准新建传统燃油汽车生产企业。积极引导新能源汽车健康有序发展，新建新能源汽车生产企业须具有动力系统等关键技术和整车研发能力，符合《新建纯电动乘用车企业管理规定》等相关要求。

二、重要意义

首先，《目录》提出符合我国简政放权执政要求。自习近平总书记履职以来，中央和地方严格执行提升政府效率、简政放权重要举措，并在政府层面取得了良好成效。对于工业生产领域来说，烦琐的审批和申请事项严重制约了工业生产效率提升，打压企业投资积极性，因此为提升工业生产效率，简政放权是必经之路。只有将更多的权力交给市场主体，将更多的便利提供给投资主体，才能在经济转型过程中激励市场主体投资，并节约政府监管成本，使政府将精力集中于监管环节，更好地为市场主体服务。

其次，《目录》是淘汰过剩产能，培育工业新动能的有力支撑。对于目前我国产能过剩现状，《目录》从源泉上对这一情况进行了严格控制，对投资主体从事相关落后产能行业行为进行了规范，合理引导相关资金流入更加合理的工业发展领域。这一举措从硬性条件上制约了过剩产能的继续生产，同时对逐步淘汰落后产能作出了严格的时间限定。在规范落后产能投资行为的同时，《目录》提出鼓励发展新能源环保产业，增添了相关投资项目，给工业投资提供了其他备选方案，提供了工业发展新动能。

最后，《目录》明确了中央和地方政府职能，强调了市场主体地位。在这次《目录》修订中，更加明确地体现了我国社会主义市场经济国家职能，对于中央和地方政府监管职能进行了严格划分，力求地方区域划分精细，对投资审核和监管职责明确到市级以下部门，同时对于非主体监管部门的协同工作进行了规划。总体来看，市场仍是投资主体选择的主导力量，政府更多在监管层面参与投资活动，对于必须加以干预的投资行为，必须严格按照先地方处理，报备中央的流程，简化中央事务，给地方更多的自主权，这也将是未来其他领域政府职能划分的趋势。

第七节　积极利用外资，支撑制造强国战略实施

当前，全球跨国投资和产业转移呈现新趋势，各国都高度重视引资工作，我国经济深度融入世界经济，经济发展进入新常态，利用外资面临新形势新任务。在这一背景下，提出了《中共中央国务院关于构建开放型经济新体制的若干意见》，要求改善投资环境，放宽市场准入，转变管理模式，营造规范的制度环境和稳定的市场环境。为配合这一政策实施，国务院于 2017 年 1 月出台了《国务院关于扩大对外开放积极利用外资若干措施》（以下简称《若干措施》），进一步部署全面做好利用外资工作。《若干措施》着眼于国内外形势变化，强调要进一步积极利用外资，营造优良营商环境，继续深化简政放权、放管结合、优化服务改革，降低制度性交易成本，更好地实现互利共赢、共同发展。

一、《若干措施》出台背景

一是利用外资是我国对外开放基本国策和开放型经济体制的重要组成部分。党的十一届三中全会后，我国正式开启了对外开放的进程。在过去的 30 多年，我国不断提高开放水平，促进投资便利化，完善投资环境，逐步成为全球跨国投资主要目的地之一。截至 2016 年底，我国累计吸引外资超过 1.77 万亿美元。外资在我国经济发展和深化改革进程中发挥了积极作用。我国作为配套齐全的制造业基地和快速增长的消费市场，也为广大外资企业提供了发展机遇，在发展中实现了互利共赢。

二是全球跨国投资和产业转移呈现新趋势，我国利用外资面临新形势和新任务。《中共中央国务院关于构建开放型经济新体制的若干意见》（以下简称

《若干意见》）提出，要改善投资环境，放宽市场准入，转变管理模式，营造规范的制度环境和稳定的市场环境。为贯彻落实《若干意见》，进一步部署全面做好利用外资工作，国务院于 2017 年初出台《若干措施》，拿出含金量最高的产业宣布对外资进一步开放，放宽银行、券商、保险等机构外资准入限制。

三是特朗普在国际推行"新贸易保护主义"，而且其贸易战的最大对象将是中国。特朗普政府的"新贸易保护主义"，既实施高关税政策，又实施一系列非关税壁垒措施。特朗普认为，美国工人失去就业岗位最大的原因是中国制造业的发展，并多次在不同场合谈到要把中国定位为汇率操纵国。贴出这个标签后，就有理由打贸易战，即便不立即打贸易战，美国也会以该理由为谈判砝码，对我国国有企业、知识产权保护等进行施压。而我国在 2017 年 1 月 17 日公布了这份"高含金量"的《若干措施》则表明了不愿意打贸易战的态度。

二、三大创新举措

一是进一步扩大开放的新举措。《若干措施》指出，要通过修订《外商投资产业指导目录》以及相关的政策法规，大幅度放宽服务业、制造业、采矿业领域的外资准入限制。"中国制造 2025"战略的政策措施，要同等适用于内外资企业，鼓励外商投资高端制造、智能制造、绿色制造，改造提升传统产业。支持外资依法依规以特许经营方式参与基础设施的建设，并且同等适用相关的支持政策。支持外商投资设立研发中心，与内资企业、科研机构开展研发合作。特别需要指出的是，《若干措施》指出，支持海外高层次人才在中国创业发展，为其依法依规提供出入境管理方面的便利，这将为促进引资和引智引技相结合创造更好条件。

二是促进内外资公平竞争的新举措。《若干措施》强调各地区、各部门要确保政策法规执行的一致性；不得擅自增加对外商投资企业的限制；促进内外资企业公平参与中国标准化工作，参与政府采购招标投标工作，依法依规对外商投资企业在中国境内生产的产品一视同仁；强化对外商投资企业知识产权的保护，加强知识产权对外合作机制建设；支持外商投资企业拓宽投融资渠道，落实内外资企业统一注册资本制度；等等。

三是加大吸引外资力度的新举措。《若干措施》提出，各个地区要按照新发展理念的要求，积极开展投资促进活动，支持中西部地区、东北地区承接产业转移；促进资金双向流动，提高资金的使用效率，提高外商投资企业境外融资能力；深化外资管理体制改革；等等。同时，《若干措施》也重申，允许地方政府在法定权限范围内制定出台招商引资政策，依法保护外商投资企业及其投资者的权益，这是营造良好投资环境的需要，也是贯彻落实《中共中央国务院关于完善产权保护制度依法保护产权的意见》和《国务院关于加强政府诚信建设的指导意见》的具体措施。

三、几点思考

一是要正确处理扩大开放和确保安全的关系。在进一步扩大开放的同时，一些敏感行业也会进入到开放的领域。现在改革开放进入到深水区，在开放的时候要确保既对外开放、吸引外资，同时也要确保安全可控，确保风险可控。国家安全审查在全世界都是一个惯例，发展经济不能够损害国家安全，这是国际上共同的认识，因此在进一步扩大对外开放的同时，也需要进一步完善国家安全审查制度，在提供给我国更多的发展机遇同时，也要确保本国经济发展的安全性。

二是要提升我国整体工业竞争力。在《若干措施》提出后，为配合相关政策顺利实施，提升我国工业投资环境是重中之重。当前全球制造业成本有局部下降趋势，我国原有劳动力和资源优势在逐步消失，因此走成本优势老路会直接削弱我国对其他国家投资者的吸引力。在工业技术和科技含量等方面应增强企业的优化意识，引导企业突破原有路径，寻求更具有本土特色的发展方式，同时延伸工业生产链条，打破基础产品生产路径依赖，提升工业产品附加值。

三是要多元化投资合作方式。过去我国引进外资方式较为单一，一般作为跨国公司代工厂形式合作，在我国现有科技水平下，可以尝试更加多元化的合作方式，摆脱劳动力和资源发展模式，寻求更多技术领域合作。例如在生产设备、管理系统等方面共同研发，对知识产权和专利实施共享，一方面吸收了更多国外先进科技，另一方面也为我国本土工业发展提供了更广阔的空间。通过投资合作，缩短国家之间的贸易隔阂，减少贸易摩擦，形成互惠互利、共同发展的良性模式。

第三章 评价系统

"十三五"是推动供给侧结构性改革、加快推进新旧动能转换的关键时期，必须将发展作为第一要务，牢固树立和贯彻落实创新、协调、绿色、开放、共享的发展理念，不断提高发展质量和效益。本章将基于工业发展质量的基本内涵来确定评价指标体系的基本框架和主要内容，并按内在逻辑要求来选择具有代表性的指标；同时，坚持以指标数据的可获得性为前提来保证评价结果的客观性。在构建评价体系时坚持系统性、可比性、可测度、可扩展等原则，最终选取的指标涵盖速度效益、结构调整、技术创新、资源环境、两化融合、人力资源等六个方面，包含 22 项具体指标。本章详细介绍了工业发展质量评价指标体系的指标选取、指标权重、指标数据来源以及工业发展质量时序指数和截面指数的测算方法，是后续测算工业发展质量指数的基础。

第一节 研究思路

党的十八届三中全会指出，要完善发展成果考核评价体系，纠正单纯以经济增长速度评定政绩的偏向，加大资源消耗、环境损害、生态效益、产能过剩、科技创新、安全生产、新增债务等指标的权重。《国民经济和社会发展第十二个五年规划纲要》明确提出，要"弱化对经济增长速度的评价考核，强化对结构优化、民生改善、资源节约、环境保护、基本公共服务和社会管理等目标任务完成情况的综合评价考核"。《中国制造2025》将质量为先与创新驱动、绿色发展、结构优化和人才为本并列为其五大基本方针之一，提出实现制造强国的战略目标，必须加快制造业转型升级，全面提高发展质量和核心竞争力。党的十八届五中全会再次明确提出"十三五"时期仍要坚持发展是第一要务，以提高发展质量和效益为中心，加快形成引领经济发展新常态的体制机制和发展方式。《国民经济和社会发展第十三个五年规划纲要》提出要"切实转变发展方式，提高发展质量和效益，努力跨越'中等收入陷阱'，不断开拓发展新境界"。要"坚持发展是第一要务，牢固树立和贯彻落实创新、协调、绿色、开放、共享的发展理念，以提高发展质量和效益为中心，以供给侧结构性改革为主线，扩大有效供给，满足有效需求，加快形成引领经济发展新常态的体制机制和发展方式"。为深入贯彻落实这些国家宏观经济政策，更好地落实《中国制造2025》发展规划的战略目标，我们以构建工业发展质量评价指标体系为途径，以科学监测我国工业经济的发展质量，准确分析工业经济运行实力与潜力为目标，实现工业发展方式转变，工业结构整体优化提升。

评价体系的构建需要认真研究、不断尝试和逐步完善，必须在明确工业发展质量内涵的基础上，选取能够反映现阶段我国工业发展水平和能力的指标，对数据进行处理，并对初步测算结果进行分析与验证，然后根据验证结果再对指标体系进行必要的修改和调整，确立适合我国国情和工业化发展阶段的评价指标体系，最终用于全国及地方省市的工业发展质量评价（见图3－1）。

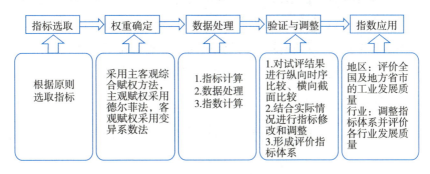

图3－1　中国工业发展质量研究思路

资料来源：赛迪智库整理，2017年1月。

指标选取。首先应根据工业发展质量的基本内涵，确定评价指标体系的基本框架和主要内容，并按内在逻辑要求选择重要而有代表性的指标组成初步的指标框架体系。在确立指标框架体系的基础上，按照系统性、可比性、可测度、可扩展的原则，选取具体指标。为保证评价结果的准确性和客观性，本书所需数据全部来源于国家统计局等权威机构发布的统计年鉴和研究报告。

权重确定。采用主客观综合赋权法，主观赋权选用德尔菲法，客观赋权选用变异系数法，这样不仅能够充分挖掘数据本身的统计意义，也能够充分利用数据指标的经济意义。主客观综合赋权法，能够客观、公正、科学地反映各指标所占权重，具有较高的可信度。为便于逐年之间的比较，采用2010—2015年主客观权重的平均值作为统一权重。

数据处理。首先计算无法直接获取的二级指标，如R&D经费投入强度、主要污染物排放强度、就业人员平均受教育年限等。对于截面指数，将所有指标进行无量纲化处理，利用无量纲化数据和确定的权重，得到地方省市的工业发展质量截面指数；对于时序指数，将所有指标换算为以2010年为基期的增长率指标，然后进行加权，得到全国及地方省市工业发展质量时序指数。

验证与调整。指标体系确定后，对全国及地方省市的工业发展质量进行试评。利用试评结果对工业发展质量进行纵向时序分析和横向截面比较，并结合全国及地方省市的实际情况，发现指标体系存在的问题，对指标体系进行修改和调试，直至形成科学、全面、准确的评价指标体系。

指数应用。利用调整后的指标体系，对全国及地方省市的工业发展质量进行评价。通过分析评价结果，发现我国及各省市工业发展过程中存在的问题，并据此提出促进工业发展质量提升的对策建议。针对行业的实际情况，对部分不适合指标和不可获得指标进行剔除，得到适用于行业之间比较的评价指标体系，并利用实际数据评价行业发展质量。

第二节　基本原则

一、研究的指导原则

以创新、协调、绿色、开放、共享的发展理念为指导，以提高发展质量和效益为中心，以推进供给侧结构性改革为主线，坚定不移地走好中国特色新型工业化道路。紧紧围绕新型工业化道路和供给侧结构性改革的内涵，聚焦《中国制造2025》规划的主要目标，在保证一定增长速度的前提下，工业应实现更具效益的增长，结构不断调整和优化，技术创新能力不断提升，资源环境不断改善，信息化与工业化融合不断加深，人力资源优势得到更充分发挥。

二、指标的选取原则

指标的选择，首先应根据工业发展质量的基本内涵，确定评价指标体系的基本框架和主要内容，并按内在逻辑要求选择具有代表性的指标。同时，以指标数据的可获得性为前提并保证评价结果的客观性，指标数据应全部来源于统计年鉴或权威机构发布的研究报告。

三、体系的构建原则

构建评价指标体系是开展工业发展质量评价工作的关键环节。针对工业发展质量的内涵和特征，在构建评价指标体系的过程中，要遵循以下四个原则。

第一，系统性原则。工业发展质量涉及经济、社会、生态等诸多方面，但评价指标体系不可能无所不包，只有那些真正能够直接反映工业发展质量内在要求的要素才能被纳入指标体系之中。同时，评价指标体系不应是一些指标和数据的简单堆砌与组合，而应当是一个安排科学、结构合理、逻辑严谨的有机整体。

第二，可比性原则。指标的选择必须充分考虑到不同地区在产业结构、自然条件等方面的差异，尽可能选取具有共性的综合指标，并且代表不同经济含义、不同量纲的指标，在经过无量纲化处理后，可以相互比较。考虑到总量指标不具备可比性，指标选择尽量采用均量指标，兼顾采用总量指标；尽量采用普适性指标，兼顾采用特殊指标。

第三，可测度原则。要求所选择的指标应充分考虑到数据的可获得性和指标量化的难易程度，定量与定性相结合，既能全面反映工业发展质量的各种内涵，又能最大限度地利用统计资料和有关规范标准，采取各种直接的或间接的计算方法能够加以量化，否则就会失去指标本身的含义和使用价值。

第四，可扩展原则。指标的选取要突出现阶段工业发展的战略导向，构建出符合工业转型升级、两化深度融合等新形势新要求的指标体系。同时，由于受统计指标、数据来源等多种因素制约，建立评价指标体系不宜过分强调它的完备性。对于暂时无法纳入本评价体系的指标，要根据实际需要和可能，逐渐补充和完善。

第三节　评价体系

一、概念

工业发展质量评价指标，是指能够反映工业经济发展质量和效益等多方面的各项具体数据。这些数据按照一定的目的和方式进行组织而形成的指标集合，构成了工业发展质量评价指标体系，它能够比较科学、全面、客观地向人们提供工业发展质量的相关信息。

二、作用

工业发展质量评价体系，能够反映我国工业经济与社会发展的健康程度，能够指导我国走好新型工业化道路，有利于我国国民经济的持续稳定增长。

工业发展质量评价体系具有三大作用：

第一，描述与评价的功能，可以将工业经济的发展质量利用相关的指标进行具体描述，使工业经济可持续发展的现状一目了然。

第二，监测和预警的功能，可以监测战略目标的完成情况和政策实施的效果，为防止经济、社会和资源环境危害的产生，提供预警信息。

第三，引导和约束的功能，对于各地区的工业发展具有一定的导向作用，可以与周边类似省份互设标杆进行比较。

总之，工业发展质量评价体系提供了评价工业经济与社会、资源、环境等之间关系的量化工具。为了实现工业经济可持续发展的目标，我国有必要利用好这一工具，对工业发展的过程进行监测和评价、指导和监督、规范和约束。当然，工业发展阶段和水平是动态变化的，其评判标准并非一成不变，工业发展质量评价体系的内容也将与时俱进。

三、框架设计

1. 指标选取

评价指标体系的框架设计，必须建立在准确理解和把握工业发展质量内涵的基础上。根据对工业发展质量内涵的理解和指标选取的基本原则，本书初步建立了由速度效益、结构调整、技术创新、资源环境、两化融合、人力资源共六大类、22 项具体指标组成的评价指标体系（见表 3 − 1）。

表 3 − 1　中国工业发展质量评价指标体系

总指标	一级指标	二级指标
工业发展质量	速度效益	工业增加值增速
		工业总资产贡献率
		工业成本费用利润率
		工业主营业务收入利润率
	结构调整	高技术产业占比
		500 强企业占比
		规模以上工业小企业主营业务收入增速
		工业制成品出口占比
	技术创新	工业 R&D 经费投入强度
		工业 R&D 人员投入强度
		单位工业 R&D 经费支出发明专利数
		工业新产品占比
	资源环境	单位工业增加值能耗
		工业主要污染物排放强度
		工业固体废物综合利用率
		工业污染治理投资强度
	两化融合	工业应用信息化水平
		电子信息产业占比
		互联网普及率
	人力资源	工业职工平均工资增速
		第二产业全员劳动生产率
		就业人员平均受教育年限

资料来源：赛迪智库整理，2017 年 1 月。

需要说明的是，由于工业发展质量的内涵十分丰富，涉及领域较多，并且关于工业发展质量的研究尚处在探索阶段，目前社会各界对如何评价工业发展质量也还没有形成统一的认识。因此，构建评价指标体系是一项需要不断探索和长期实践，且极富挑战性的工作。经过近几年的摸索和调整，目前指标体系已相对稳定，本版仍沿用上一版的评价指标体系，但仍不排除未来会根据经济发展需要和数据获取情况进行微调。

2. 指标阐释

根据评价体系的框架设计，主要分为六大类指标：

一是速度效益类。发展速度和经济效益是反映一个国家和地区工业发展质量的重要方面。这里主要选取了工业增加值增速、工业总资产贡献率、工业成本费用利润率和工业主营业务收入利润率四项指标。

表3-2　速度效益类指标及说明

指标	计算公式	说明
工业增加值增速	$\left(\dfrac{当年工业增加值}{上年工业增加值}\right)\times100\%$	反映工业增长的速度
工业总资产贡献率	$\dfrac{利润总额+税金总额+利息支出}{平均资产总额}\times100\%$	是企业经营业绩和管理水平的集中体现，反映企业全部资产的获利能力
工业成本费用利润率	$\dfrac{工业利润总额}{工业成本费用总额}\times100\%$	反映企业投入的生产成本及费用的经济效益，同时也反映企业降低成本所取得的经济效益
工业主营业务收入利润率	$\dfrac{工业利润总额}{工业主营业务收入}\times100\%$	反映工业企业的获利能力

资料来源：赛迪智库整理，2017年1月。

二是结构调整类。产业结构的优化和升级是走新型工业化道路的必然要求，对于工业经济的高质量增长具有重要意义。这里主要选取了高技术产业占比、500强企业占比、规模以上工业小企业主营业务收入增速和工业制成品出口占比四项指标。

表 3 – 3　结构调整类指标及说明

指标	计算公式	说明
高技术产业占比	$\dfrac{\text{高技术产业主营业务收入}}{\text{工业主管业务收入}} \times 100\%$	在一定程度上反映了我国产业结构的优化程度
500 强企业占比	评价全国时为世界 500 强企业中的中国企业数量占比；评价地方省市时为各省市制造业企业 500 强占全国比重	反映具有国际竞争力的大中型工业企业发展状况以及产业组织结构
规模以上工业小企业主营业务收入增速	$\left(\dfrac{\text{当年规上小企业主营业务收入}}{\text{上年规上小企业主营业务收入}} - 1\right) \times 100\%$	反映小型工业企业的发展活力
工业制成品出口占比	全国：$\dfrac{\text{工业制成品出口}}{\text{全球出口总额}} \times 100\%$　地方：$\dfrac{\text{地方工业出口交货值}}{\text{全国工业出口交货值}} \times 100\%$	反映一国/地区工业产品的出口竞争力

资料来源：赛迪智库整理，2017 年 1 月。

三是技术创新类。增强技术创新能力，是走内涵式发展道路的根本要求，也是我国工业转型升级的关键环节。这里主要选取了工业 R&D 经费投入强度、工业 R&D 人员投入强度、单位工业 R&D 经费支出发明专利数和工业新产品占比四项指标。

表 3 – 4　技术创新类指标及说明

指标	计算公式	说明
工业 R&D 经费投入强度	$\dfrac{\text{工业企业 R&D 经费支出}}{\text{工业企业主营业务收入}} \times 100\%$	反映国家对工业企业研发的资金投入规模和重视程度
工业 R&D 人员投入强度	$\dfrac{\text{工业企业 R&D 人员数}}{\text{工业企业从业人员年平均人数}}$	反映科技人员对地区工业企业发展的支撑水平
单位工业 R&D 经费支出发明专利数	$\dfrac{\text{工业企业发明专利申请数}}{\text{工业企业 R&D 经费支出}}$	反映工业企业单位研发经费投入所创造的科技成果的实力
工业新产品占比	$\dfrac{\text{新产品主营业务收入}}{\text{工业企业主营业务收入}} \times 100\%$	反映工业自主创新成果转化能力以及产品结构

资料来源：赛迪智库整理，2017 年 1 月。

四是资源环境类。加强资源节约和综合利用，积极应对气候变化，是加快转变经济发展方式的重要着力点，也是实现工业可持续发展的内在要求。这里主要选取了单位工业增加值能耗、工业主要污染物排放强度、工业废物综合利用率和工业污染治理投资强度四项指标。

表3-5 资源环境类指标及说明

指标	计算公式	说明
单位工业增加值能耗	$\dfrac{工业能源消费总量}{工业增加值}$	反映工业生产节约能源情况和利用效率
工业主要污染物排放强度	指二氧化硫、氮氧化物、化学需氧量和氨氮排放量占工业增加值的比重	反映工业生产对环境产生的不利影响
工业废物综合利用率	$\dfrac{工业废物综合利用量}{工业废物产生量+贮存量}\times100\%$	反映工业生产的资源再利用情况
工业污染治理投资强度	$\dfrac{工业污染治理投资}{工业增加值}\times100\%$	反映工业生产过程中对环境改善的投入力度

资料来源：赛迪智库整理，2017年1月。

五是两化融合类。信息化与工业化融合是我国走新型工业化道路的必然要求，也是提高工业发展质量的重要支撑。目前，工信部赛迪研究院已经连续多年发布《中国信息化与工业化融合发展水平评估报告》，企业数据采集量由首次评估的2300多家扩大到当前的6000多家，两化融合评价指标体系包括基础环境、工业应用、应用效益三类，其中工业应用指数涵盖重点行业典型企业ERP普及率、重点行业典型企业MES普及率、重点行业典型企业PLM普及率、重点行业典型企业SCM普及率、重点行业典型企业采购环节电子商务应用、重点行业典型企业销售环节电子商务应用、重点行业典型企业装备数控化率、国家新型工业化产业示范基地两化融合发展水平八个方面，很好地反映了工业企业的两化融合水平。根据数据可获得性原则，本书还选取了电子信息产业占比和互联网普及率来辅助衡量两化融合水平。我们认为，电子信息产业发展的好坏，与地方产业结构轻量化、高级化有高度相关性，且一般来说电子信息产业发达地区信息化应用水平也较高。互联网普及率来源于中国互联网络信息中心（CNNIC）定期发布的《中国互联网络发展状况调查统计报告》。

表 3 – 6　两化融合类指标及说明

指标	计算公式	说明
工业应用信息化水平	由重点行业典型企业 ERP \ MES \ PLM \ SCM 普及率、装备数控化率以及采购、销售环节电子商务应用等合成	反映工业企业生产经营管理过程中应用信息化技术的程度，用以体现工业化进程中企业的可持续发展情况
电子信息产业占比	$\dfrac{电子信息制造业收入}{工业主营业务收入} \times 50\% +$ $\dfrac{软件业务收入}{GDP} \times 50\%$	反映地区电子信息制造业和软件业的发展程度和水平，体现工业化与信息化的发展水平
互 联 网 普 及 率	$\dfrac{网民数}{当地年末常住人口数} \times 100\%$	指报告期行政区域总人口中网民数所占比重，是反映互联网普及和应用水平的重要指标

资料来源：赛迪智库整理，2017 年 1 月。

六是人力资源类。人力资源是知识经济时代经济增长的重要源泉，也是我国建设创新型国家的基础和加速推进我国工业转型升级的重要动力。这里主要选取了工业职工平均工资增速、第二产业全员劳动生产率和就业人员平均受教育年限三项指标来反映人力资源情况。

表 3 – 7　人力资源类指标及说明

指标	计算公式	说明
工业职工平均工资增速	$\left(\dfrac{当年工业企业职工平均工资}{上年工业企业职工平均工资} - 1\right) \times 100\%$	体现一定时期内工业企业职工以货币形式得到的劳动报酬的增长水平，反映工业发展对改善民生方面的贡献
第二产业全员劳动生产率	$\dfrac{第二产业增加值}{第二产业就业人员数}$	综合反映第二产业的生产技术水平、经营管理水平、职工技术熟练程度和劳动积极性
就业人员平均受教育年限	就业人员小学占比 ×6 + 就业人员初中占比 ×9 + 就业人员高中占比 ×12 + 就业人员大专及以上占比 ×16	能够较好地反映出就业人员的总体素质

资料来源：赛迪智库整理，2017 年 1 月。

第四节　评价方法

一、指数构建方法

统计指数是综合反映由多种因素组成的经济现象在不同时间和空间条件下平均变动的相对数（徐国祥，2005）。从不同的角度，可以对统计指数进行不同的分类：按照所反映现象的特征不同，可以分为质量指标指数和数量指标指数；按照所反映现象的范围不同，可分为个体指数和总指数；按照所反映对象的对比性质不同，可分为动态指数和静态指数。

本书通过构建工业发展质量时序指数来反映全国及地方省市工业发展质量历年的时序变化情况，旨在进行自我评价；通过构建工业发展质量截面指数来反映地方省市工业发展质量在某一时点上的截面比较情况，旨在进行对比评价。在评价各行业时，我们拟采用截面指数来衡量各产业的发展质量，待数据库补充完整之后再构建时序指数。按照统计指数的分类，工业发展质量时序指数即为动态指数中的定基指数，工业发展质量截面指数即为静态指数，并在上述过程中计算了速度效益、结构调整等六个方面的分类指数，即个体指数。

1. 时序指数的构建

首先，计算2010—2015年30个省（区、市）各项指标的增速（已经是增速的指标不再计算）；然后，将增速调整为以2010年为基期；最后，加权求和得到各地区工业发展质量时序指数及分类指数。

2. 截面指数的构建

首先，按照公式（1）将2010—2015年30个省（区、市）的原始指标进行无量纲化处理；然后，按照公式（2）和公式（3）进行加权求和，分别得到各地区工业发展质量截面指数和分类指数。

$$X'_{xjt} = \frac{X_{xjt} - \min\ \{X_{jt}\}}{\max\ \{X_{jt}\}\ - \min\ \{X_{jt}\}} \tag{1}$$

$$IDQI_{it} = \frac{\sum\limits_{j=1}^{22} X'_{ijt} W_j}{\sum\limits_{j=1}^{22} W_j} \qquad (2)$$

$$I_{it} = \frac{\sum X'_{ijt} W_j}{\sum W_j} \qquad (3)$$

公式（1）至公式（3）中，i 代表 30 个省（区、市），j 代表 22 项三级指标，X_{ijt} 代表 t 年 i 省 j 指标，$\max \{X_{jt}\}$ 和 $\min \{X_{jt}\}$ 分别代表 t 年 j 指标的最大值和最小值，X'_{ijt} 代表 t 年 i 省 j 指标的无量纲化指标值，I_{it} 代表 t 年 i 省的分类指数，$IDQI_{it}$ 代表 t 年 i 省的工业发展质量截面指数，W_j 代表 j 指标的权重。

需要说明的是，因为全国工业发展质量无须做截面比较，因此全国工业发展质量指数是时序指数。

二、权重确定方法

在指标体系的评价过程中，权重的确定是一项十分重要的内容，因为权重直接关系到评价结果的准确性与可靠性。从统计学上来看，权重确定一般分为主观赋权法和客观赋权法，前者一般包括德尔菲法（Delphi Method）、层次分析法（The Analytic Hierarchy Process，AHP）等，后者一般包括主成分分析法、变异系数法、离差及均方差法等。主观赋权法的优点在于能够充分利用专家对于各指标的内涵及其相互之间关系的经验判断，并且简便易行，但存在因评价主体偏好不同有时会有较大差异这一缺陷；客观赋权法的优点在于不受人的主观因素的影响，能够充分挖掘指标数据本身所蕴含的信息，但存在有时会弱化指标的内涵及其现实意义这一缺陷。为避免主观赋权法的经验性较强以及客观赋权法的数据依赖性较强，本书利用德尔菲法和变异系数法进行主客观综合赋权的方法。选择变异系数法的原因在于，从评价体系中的各项指标来看，差异越大的指标越重要，因为它更能反映出各地区工业发展质量的差异，如果全国各省市的某个指标没有多大差别，则没有必要再将其作为一项衡量的指标，所以对差异越大的指标要赋予更大的权重（曾五一、庄赟，2003）。

权重的测算过程如下，首先按照公式（4）计算各项指标的变异系数，然后按照公式（5）和公式（6）计算各项指标的客观权重，最后利用由德尔菲法得到的主观权重和由变异系数法得到的客观权重进行平均，得到各项指标的最终权重。

$$V_{jt} = \frac{Q_{jt}}{\overline{X}_{jt}} \qquad (4)$$

$$W_{jt} = \frac{V_{jt}}{\sum\limits_{j=1}^{22} V_{jt}} \qquad (5)$$

$$W_j = \sum\limits_{t=2010}^{2015} W_{jt}/6 \qquad (6)$$

V_{jt} 代表 t 年 j 指标的变异系数，Q_{jt} 代表 t 年 j 指标的标准差，$\overline{X}_{jt}$ 代表 t 年 j 指标的均值，W_{jt} 代表 t 年 j 指标的权重，W_j 代表 j 指标的最终权重。

第五节　数据来源

一、数据来源

本书所使用的数据主要来源于国家统计局发布的历年《中国统计年鉴》《中国科技统计年鉴》《中国高技术产业统计年鉴》《中国工业统计年鉴》（2013 年以前为《中国工业经济统计年鉴》）、《工业企业科技活动统计年鉴》（2012 年以前为《工业企业科技活动统计资料》）、《中国劳动统计年鉴》《中国环境年鉴》，各省市统计局发布的历年地方省市统计年鉴，工信部发布的《中国电子信息产业统计年鉴》，工信部赛迪研究院发布的《中国信息化与工业化融合发展水平评估报告》和中国互联网络信息中心（CNNIC）定期发布的《中国互联网络发展状况调查统计报告》。

二、数据说明

1. 对象

由于西藏缺失指标较多，故不参与本评价；加之港澳台地区的数据来源有限；因此，本书的最终研究对象为全国及 30 个省（区、市）。

2. 指标说明

由于历年统计年鉴没有直接公布全国及各地区 2010—2015 年的单位工业增加值能耗数据，为保证工业发展质量时序指数在时间维度上的可比性，我们利用各地历年统计年鉴中的工业增加值、工业增加值指数和工业能耗数据，计算得到 2010—2015 年 30 个省（区、市）以 2010 年为不变价的单位工业增加值能耗。

本书在计算第二产业全员劳动生产率和工业主要污染物排放强度这两项指标时，第二产业增加值和工业增加值数据都调整为 2010 年不变价，以保证时序指数能够真实反映走势情况；单位工业 R&D 经费支出采用 R&D 价格指数进行平减，该指数由固定资产投资价格指数和消费者价格指数等权合成。500 强企业占比这一指标，在衡量全国工业发展质量时是指世界 500 强企业中的中国企业数量所占比重，在衡量地方省市工业发展质量时是指中国企业联合会和中国企业家协会联合发布的历年中国制造业企业 500 强各省数量所占比重。

此外，由于单位工业增加值能耗和工业主要污染物排放强度均为逆向指标，在计算过程中我们对其进行取倒数处理以便于统一分析。

需要补充说明的是，本版在评估工业发展质量时将数据的基期调整为 2010 年（前几版都是以 2005 年基期），最主要的考虑是"十二五"以来我国工业发展速度、结构等都发生较大变化，以 2010 年为基期，能够更好地反映这些年出现的一些新情况、新变化和新趋势。

第四章　全国工业发展质量分析

在第三章构建的工业发展质量评价指标体系的基础上，本章测算了2010—2015年全国工业发展质量指数及分类指数，并分析了分类指数对总指数增长的贡献情况。结果显示：2010—2015年，全国工业发展质量指数呈逐年提升趋势，从2010年的100.0提高至2015年的133.6，年均增速为6.0%；表明自2010年以来，我国工业发展质量稳步提升。从分类指数看，六个分类指数整体呈上升趋势，其中，结构调整指数、人力资源指数和两化融合指数快速增长，年均增速分别高达8.9%、7.9%和6.6%，增速均快于工业发展质量指数；资源环境指数和技术创新指数增长较快，年均增速分别为5.7%和4.7%，增速略低于工业发展质量；速度效益指数有所放缓，年均下降0.6%。从分类指数对总指数的影响看，与2010年相比，2015年六个分类指数对工业发展质量指数增长的贡献率和拉动作用差异较大，结构调整指数贡献率最高，超过40%；资源环境、人力资源、两化融合和技术创新指数的贡献率都在15%左右，而速度效益指数的贡献率为负。

第一节　全国工业发展质量指数走势分析

利用本书所构建的评价体系，根据主客观综合赋权法，按照时序指数计算方法，得到2010—2015年全国工业发展质量指数及分类指数，结果见表4-1。根据表4-1中最后一行绘制全国工业发展质量指数走势图，结果见图4-1。需要说明的是，由于全国工业发展质量无须作截面比较，因此该指数即为时序指数。

结合表4-1和图4-1，2010—2015年，全国工业发展质量指数呈逐年提升趋势，从2010年的100.0提高至2015年的133.6，年均增速为6.0%。表明自 2010 年以来，我国工业发展质量稳步提升。

表 4 – 1　2010—2015 年全国工业发展质量指数及分类指数

	2010	2011	2012	2013	2014	2015	2010—2015 年年均增速
速度效益	100.0	100.7	97.7	99.0	97.0	97.2	– 0.6
结构调整	100.0	108.5	119.9	135.2	143.1	153.1	8.9
技术创新	100.0	107.4	115.5	119.3	123.2	125.7	4.7
资源环境	100.0	96.9	103.9	124.1	135.8	132.0	5.7
两化融合	100.0	106.1	115.3	120.9	127.4	137.5	6.6
人力资源	100.0	111.3	119.0	128.5	137.3	146.1	7.9
工业发展质量指数	100.0	105.1	112.4	122.6	128.9	133.6	6.0

资料来源：赛迪智库整理，2017 年 1 月。

从增速看，2010 年以来我国工业发展速度明显回落，全口径工业增加值增速从 2010 年的阶段性高点 12.6% 回落到 2015 年的 6.0%，规模以上工业增加值增速从 2010 年的 15.7% 回落到 2015 年的 6.1%，增速明显放缓。2016年，我国全口径工业和规模以上工业增加值都比上年增长 6%，实现平稳发展，增速继续排在世界主要经济体最前列。当前，我国对世界经济增长的年均贡献率超过 30%，当之无愧地成为世界经济增长的第一引擎。

从结构看，2010 年以来我国产业结构不断优化，行业新动能加速释放。2016 年，我国高技术产业增加值较上年增长 10.8%，高出规模以上工业 4.8个百分点，增速较上年加快 0.6 个百分点；装备制造业增加值较上年增长9.5%，高出规模以上工业 3.5 个百分点，增速较上年加快 2.7 个百分点。2016 年，我国部分工业行业一直保持两位数增长，计算机通信和其他电子设备制造业增加值增长 10%，汽车制造增长 15.5%，医药增长 10.8%；符合消费升级发展方向的智能手机、智能电视、集成电路、光电子器件等也增长较快。

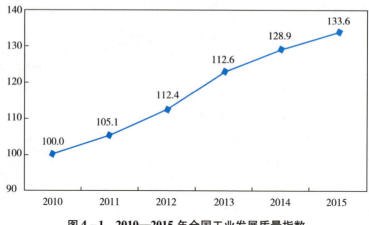

图4-1　2010—2015年全国工业发展质量指数

资料来源：赛迪智库整理，2017年1月。

从国际看，2010年以来我国工业产品国际竞争力显著增强。我国制造业产出占全球比重在2010年首次超过美国，此后一直保持世界第一。我国工业产品出口结构不断优化，中高端工业品的国际竞争力持续增强。2015年我国工业制成品出口占全球出口比重达到13.2%，比2010年提高3.4个百分点。由于我国工业制成品物美价廉，有助于降低全球生产成本、推动技术进步、改善各国人民生活。2016年，我国规模以上工业企业实现出口交货值11.9万亿元，在持续低迷的国际贸易背景下，仍实现小幅增长。工业品出口结构也不断优化，2016年计算机通信和其他电子设备制造业出口交货值占比继续保持在40%以上，比2010年提高2.2个百分点；纺织业出口交货值占比降至3%，比2010年下降1.9个百分点。

综合来看，2010年至今，我国工业经济继续保持中速增长，但企业效益仍需改善；产业结构调整取得积极成效，技术创新能力不断提升，两化融合水平继续提高，资源环境有所改善，人力资源水平明显改善。整体看，工业发展质量稳步提高。

第二节　全国工业发展质量分类指数分析

第一节分析了2010—2015年全国工业发展质量总指数走势，本节着重分析各分类指数的走势及其影响因素。

一、分类指数走势及其对总指数的影响

1. 评价结果分析

2010—2015 年，全国工业发展质量的六个分类指数整体呈上升趋势，其中，结构调整指数、人力资源指数和两化融合指数快速增长，年均增速分别高达 8.9%、7.9% 和 6.6%，增速均快于工业发展质量指数；资源环境指数和技术创新指数较快增长，年均增速分别为 5.7% 和 4.7%，增速略低于工业发展质量；速度效益指数有所放缓，年均下降 0.6%。

从分类指数对总指数的影响看，与 2010 年相比，2015 年六个分类指数对工业发展质量指数增长的贡献率和拉动作用差异较大（见表 4 – 2）。其中，结构调整指数贡献率最高，达到 41.1%，拉动工业发展质量指数增长 2.5 个百分点；资源环境指数和人力资源指数的贡献率都在 15% 以上，分别拉动工业发展质量指数增长 1.0 个和 0.9 个百分点；两化融合指数和技术创新指数的贡献率略低于 15%，分别拉动工业发展质量指数增长 0.9 个和 0.8 个百分点；速度效益指数的贡献率为负，拖累工业发展质量指数放缓 0.1 个百分点。

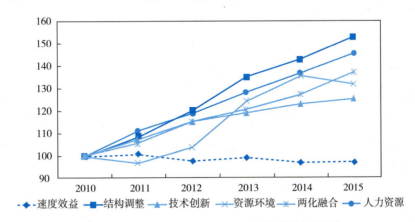

图 4 – 2　2010—2015 年全国工业发展质量分类指数

资料来源：赛迪智库整理，2017 年 1 月。

表4-2　六个分类指数对总指数增长的贡献率和拉动

	速度效益指数	结构调整指数	技术创新指数	资源环境指数	两化融合指数	人力资源指数	合计
贡献率（％）	-1.2	41.1	13.5	16.7	14.8	15.2	100.0
拉动（百分点）	-0.1	2.5	0.8	1.0	0.9	0.9	6.0

资料来源：赛迪智库整理，2017年1月。

2. 原因分析

（1）结构调整

2010年以来，我国工业在结构调整方面取得显著成效。

首先，高技术制造业规模不断扩大。2015年我国高技术制造业主营业务收入14万亿元，占规模以上工业企业主营业务收入的12.6％，比2010年提高1.9个百分点。2015年，我国高技术产业增加值占规模以上工业比重为11.8％，比上年提高1.2个百分点。

其次，装备制造业整体实力明显增强。近些年来，通过实施大型飞机、航空发动机及燃气轮机、高档数控机床与基础制造装备以及民机科研、高技术船舶科研、智能制造等一批创新和产业化专项及重大工程，推动装备制造业规模不断提升，综合实力显著提升。2015年，装备制造业增加值占规模以上工业比重为31.8％，比2008年提高3.8个百分点，对工业经济的支撑力度显著提高。2016年，中国商飞公司C919飞机首架机交付试飞中心；中国标准动车组成功完成世界首次420km/h交汇试验并进行载客试验；中国自主研制的"海斗"号无人潜水器完成最大下潜深度10767米，成为继日本、美国之后第三个拥有研制万米级无人潜水器能力的国家。这些都将进一步推动我国装备制造向高端攀升。

最后，工业企业组织结构不断优化。自2010年以来，国家大力推进兼并重组，鼓励企业之间实现强强联合，有条件的地区正加快实现上下游一体化经营。从兼并重组情况来看，2016年国资委继续推动5对10户中央企业进行重组，目前中央企业户数已调整至102户，截至2016年底，国资委监管中央企业减至102家。这有助于调整优化产业结构，加快产业转型升级，提高国有资本配置效率，打造世界一流企业。从企业数量和就业来看，2015年末，我国规模以上小型企业319445家，平均吸纳就业3529.8万人，在规模以上工业企业占比分别为83.4%和36.1%。当前，中小企业已经成为支撑我国国民经济和社会发展的重要力量，在促进经济增长、保障就业稳定等方面发挥着不可替代的重要作用。可以预见，随着我国经济发展环境的逐步完善，"大众创业、万众创新"将成为我国经济增长的新引擎，中小企业特别是小微企业的发展活力将对宏观经济增长起到重要作用。

（2）两化融合

近几年，我国在两化融合方面取得较大进展，互联网基础设施、电子信息产业等都有明显突破。

第一，从互联网基础设施方面来看，截至2016年底，我国IPv4地址数量为3.38亿个，拥有IPv6地址21188块/32。我国域名总数为4228万个，其中".CN"域名总数年增长为25.9%，达到2061万个，在中国域名总数中占比达48.7%。我国网站总数为482万个，年增长14.1%；".CN"下网站数为259万个。国际出口带宽为6640291Mbps，年增长23.1%。从网民规模来看，2008年我国网民规模已跃升全球第一，到2016年末，我国网民规模达7.31亿，全年共计新增网民4299万人；互联网普及率也逐年提高，2016年达53.2%，较2015年底提升了2.9个百分点。

第二，从电子信息产业的发展来看，2015年，我国规模以上电子信息制造业增加值同比增长10.5%，高出工业平均水平4.4个百分点；电子信息制造业实现主营业务收入11.1万亿元，同比增长7.6%；电子信息产品出口7811亿美元，同比下降1.1%；软件和信息技术服务业完成软件业务收入4.3万亿元，同比增长16.6%；软件业实现出口545亿美元，同比增长5.3%。

（3）技术创新

第一，从创新产出来看，近些年来我国工业企业专利数量不断攀升，2015年，规模以上工业企业专利申请数达到638513件，其中发明专利数245688件，规模以上工业企业有效发明专利数为573765件。专利数量的持续增长，反映出我国工业自主创新能力和水平日益提高。目前，我国在载人航天、探月工程、载人深潜、新支线飞机、大型液化天然气船（LNG）、高速轨道交通等领域取得突破性进展并进入世界先进行列。信息通信行业中，TD-LTE技术、产品、组网性能和产业链服务支撑能力等均得到提升，涵盖系统、终端、芯片、仪表的完整产业链已基本完成。

第二，从创新投入来看，2015年，我国规模以上工业企业研究与试验发展（R&D）经费支出10013.9亿元，与主营业务收入之比达到0.9%，比2009年提升了0.21个百分点；新产品开发经费支出为10270.8亿元，是2009年的2.3倍。从技术获取和技术改造情况来看，2015年，规模以上工业企业的引进技术经费支出、消化吸收经费支出、购买国内技术经费支出和技术改造经费支出分别为414.1亿元、108.4亿元、229.9亿元和3147.6亿元。

（4）人力资源

近些年来，我国工业在科技人力资源方面保持稳定增长，科技人力投入不断增加，科技队伍进一步壮大。2015年，我国规模以上工业企业R&D人员全时当量为263.8万人年，比2009年增加了119.1万人年。2015年，规模以上工业企业科技机构人员达到266.8万人，比2009年增加了111.8万人。

（5）资源环境

自2010年以来，我国主要工业行业能耗显著下降，污染物排放明显下降，环境明显改善；但工业固体废物综合利用率和环境污染治理投资力度有所放缓。首先，单位增加值能耗明显下降。2010年以来，我国单位GDP能耗（2010年不变价）持续下降，2012年以来降幅持续扩大；2012—2015年我国单位GDP能耗分别下降4.7%、3.7%、4.8%和5.1%。从工业来看，2015年，工业能源消费总量预计将达到296700万吨标准煤，以2010年为不变价的单位工业增加值能耗为1.23吨标准煤/万元。其次，主要污染物排放总量得到控制。2015年工业废水中化学需氧量排放量301.5万吨，占全部排放量的13.6%；工业废水中氨氮排放量22.1万吨，占全部排放量的9.6%；工业废气中二氧化硫排放量1617.4万吨，占全部排放量的87%；工业废气中氮氧化物排放量1221.7万吨，占全部排放量的66%。再次，工业废物综合利用率有所下降。2015年工业固体废物综合利用率为51.6%，比2010年下降9.5个百分点。最后，环境污染治理投资力度有所放缓。2015年，工业污染治理完成投资773.7亿元，占工业增加值的比重为0.33%，比重较上年回落0.1个百分点。

（6）速度效益

速度效益方面，从规模和速度来看，2015年，全部工业增加值235184亿元，比上年增长 6.0%；规模以上工业增加值增长 6.1%，整体仍处于中高速增长水平。从经济效益来看，2015 年，我国规模以上工业企业资产负债率 56.2%、主营业务收入利润率 5.76%，每百元主营业务收入的成本 85.68 元，每百元资产实现的主营业务收入 115.9 元，人均主营业务收入 117.4 万元/人，产成品存货周转期 14.2 天，营收账款平均回收期 35 天。

综合来看，近些年来，我国工业发展取得了较大成绩，结构持续调整和优化，两化融合不断深化，技术创新能力明显提升，人力资源素质和待遇明显改善，资源环境束缚压力有所缓解，速度回落至中高速，企业效益有待提升。

二、分类指数影响因素分析

为清楚地看到影响全国工业发展质量分类指数的内部因素，本书计算了 22 项指标对各自所属分类指数的贡献率和拉动，计算结果见表 4 - 3。

从 2010 年到 2015 年，全国工业发展质量的六个分类中，结构调整指数、人力资源指数和两化融合指数快速增长，结构调整指数主要是由 500 强企业占比持续提高、规模以上工业小型企业主营业务收入以及工业制成品出口的强劲增长推动，贡献率分别为 46.1%、24.8% 和 21.9%，分别拉动 4.1 个、2.2 个和 1.9 个百分点。人力资源指数主要是由工业职工平均工资的快速增长推动，贡献率高达 60.4%，拉动 4.8 个百分点。两化融合指数主要是由电子信息产业占比、互联网普及率和工业应用信息化水平联合拉动的，贡献率分别为 39.2%、30.6% 和 30.2%，分别拉动 2.6 个、2.0 个和 2.0 个百分点。

技术创新指数较快增长，主要是由工业 R&D 人员投入强度和单位工业 R&D 经费支出发明专利数较快增长推动，对技术创新指数增长的贡献率分别为 38.1% 和 28.6%，分别拉动 1.8 个和 1.3 个百分点。

资源环境指数增长相对较慢，根源在于虽然工业主要污染物排放强度和单位工业增加值能耗显著下降，但工业污染治理投资强度放缓，且工业固体废物综合利用率出现下滑，抑制了资源环境指数的增长。速度效益指数出现负增长，虽然工业增加值继续保持中高速增长，但总资产贡献率、工业成本费用利润率和工业主营业务收入利润率都出现了下降，严重拖累速度效益指数的增长。

表4-3 22项指标对分类指数的贡献率和拉动

二级指标	三级指标	贡献率（%）	拉动（百分点）
速度效益	工业增加值增速	-443.7	2.5
	总资产贡献率	127.3	-0.7
	工业成本费用利润率	206.4	-1.2
	工业主营业务收入利润率	210.1	-1.2
	合计	100.0	-0.6
结构调整	高技术产业占比	7.2	0.6
	500强企业占比	46.1	4.1
	规模以上工业小企业主营业务收入增速	24.8	2.2
	工业制成品出口占比	21.9	1.9
	合计	100.0	8.9
技术创新	工业R&D经费投入强度	20.6	1.0
	工业R&D人员投入强度	38.1	1.8
	单位工业R&D经费支出的发明专利数	28.6	1.3
	工业新产品销售收入占比	12.8	0.6
	合计	100.0	4.7
资源环境	单位工业增加值能耗	11.1	0.6
	工业主要污染物排放强度	66.7	3.8
	工业固体废物综合利用率	-9.5	-0.5
	工业污染治理投资强度	31.8	1.8
	合计	100.0	5.7
两化融合	工业应用信息化水平	30.2	2.0
	电子信息产业占比	39.2	2.6
	互联网普及率	30.6	2.0
	合计	100.0	6.6
人力资源	工业职工平均工资增速	60.4	4.8
	第二产业全员劳动生产率	34.8	2.7
	就业人员平均受教育年限	4.8	0.4
	合计	100.0	7.9

资料来源：赛迪智库整理，2017年1月。

第五章　全国工业发展质量热点专题

从前面的分析我们可以看到，当前我国工业发展质量呈较快增长态势，但内部结构仍然存在一些问题和矛盾。本章通过对营改增、ITA 扩围、PPP 等重大政策的解读和工业全要素生产率、智能制造、国家制造业创新中心等重点专题的深入研究，透析工业发展过程中的一些重大问题，提出相应的政策思考，以期从中获取工业发展质量稳定增长的启示。

第一节　工业全要素生产率增速
"滞涨"的原因及对策

2012 年，我国第三产业增加值占 GDP 比重首次超过第二产业，工业也由高速增长转为中速增长，标志着我国已由工业化中期进入工业化中后期阶段，表明我国工业投资扩张型模式支撑工业经济持续增长的空间正逐步缩小，迫切需要转向由高水平的全要素生产率驱动的工业经济增长模式。本节研究了我国工业全要素生产率的变化趋势及原因，提出了提升工业全要素生产率水平的对策建议。

一、我国工业全要素生产率增速进入"滞涨"阶段

1991 年以来，我国工业全要素生产率的增长分为两个阶段（全要素生产率无法从总产量中直接计算出来，只能采取间接的方法。本节中的工业全要素生产率增速的测算以柯布—道格拉斯生产函数为模型计算所得，在数值上表现为除去劳动、资本等要素投入之后的"残差"）。

第一阶段：改革开放带来技术进步引起生产效率的大幅提升。1991—

55

2003 年，我国工业全要素生产率进入快速提升阶段，增速由 - 0.2% 左右提高
至 0.3% 左右。随着改革开放程度不断扩大，我国与全球经济联系更加紧密。
一方面，"开放红利"在推动技术进步的同时，也引起生产效率的大幅提升，
带来了显著的技术外溢效应。另一方面，大量剩余劳动力从农村涌入城市，
向生产率较高的工业部门进行转移。在二元经济发展条件下，劳动力无限供
给打破了资本报酬递减规律，同时资本积累带来了更多的就业机会，资本和
劳动力等生产要素得以重新有效配置，促进了我国工业全要素生产率的快速
提升。

第二阶段：面对各种制度瓶颈和技术瓶颈，工业全要素生产率增速进入
"滞涨"阶段。2004—2014 年，我国工业全要素生产率增速进入"滞涨"阶
段，增速围绕 0.3% 的水平波动，未能大幅提升。期间，2008 年国际金融危
机爆发后，我国工业全要素生产率增速一度出现小幅回落；2011 年之后，我
国工业全要素生产率增速更是连续三年呈下降趋势。从历史发展规律看，日
本、韩国等五个成功追赶型经济体均遇到过宏观经济减速下的全要素生产率
增速"滞涨"的情形。这也印证了技术进步驱动长期经济增长、追赶和减速
的假说：后发经济体经济追赶的实质是技术和生产率的追赶。当技术实际运
用效率下降，以及整个生产部门当中的要素投入无法按照这项新技术的要求
重新配置达到最佳比例，工业全要素生产率将呈低效运行。

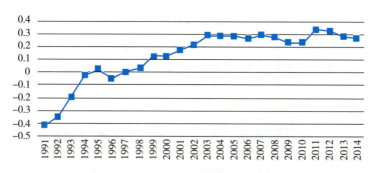

图 5 - 1　1991—2014 年我国工业全要素生产率增速走势（%）

资料来源：赛迪智库，2017 年 1 月。

二、要素配置失衡是我国工业全要素生产率增速放缓的主要原因

全要素生产率的提高是通过资源配置效率的提高体现出来的。根据"库兹涅茨式"产业结构演进理论，资源从生产率较低的部门向生产率更高的部门转移，从而经济整体的资源配置效率得以提高，并带动全要素生产率的提高。但是在当前我国二三产结构发生变化时期，工业全要素生产率增速却表现为"滞涨"，表明在产业结构盲目"去工业化"的过程中，资源合理配置受阻。

劳动力转移中的"逆库兹涅茨化"导致劳动力资源持续错配。随着我国劳动力结构不断向老龄化发展，原有的劳动力资源配置能力已不能满足我国工业经济增长的新需求。2004 年，"民工荒"现象在沿海地区出现，这一时期我国工业全要素生产率的增长也开始进入"滞涨"阶段。至 2014 年，我国劳动力人口已连续第三年绝对量下降。然而在劳动力供给减少的同时，我国工业经济增长，特别是制造业仍对劳动力保持强劲的需求。在 2003—2014 年期间，劳动力供给的年均增速为 0.9%，而劳动力需求的年均增速为 4.5%。这也反映出，无论是农民工返乡抑或由二产向三产的劳动力转移，均存在"逆库兹涅茨化"现象，从而导致劳动力资源持续错配，制造业部门面临劳动力短缺，人口红利正不断衰减。

投资"边际收益递减"效应显现，资本配置效率下降。我国工业全要素生产率增速进入"滞涨"阶段的一个重要表现，即工业经济运行内部资本形成的变化，尤其是资本利用和资本配置效率下降。受"刘易斯拐点"（按照发展经济学的定义，刘易斯拐点是指在工业化过程中劳动力过剩向短缺的转折点）的影响，投资"边际收益递减"效应正逐渐显现。据测算，1991—2003 年我国工业资本边际生产率基本围绕 1% 上下波动，但 2003 年之后至今，我国工业经济的资本边际生产率呈现明显的下降趋势，目前仅为 0.3% 左右的水平。投资低效背后实际上是长期以来政府主导的投资扩张下的金融资源过度倾斜，进而导致了当前部分行业产能过剩、经济结构扭曲等困局。另外，资本配置效率下降还体现在资本吸纳就业能力的降低，1990 年以来单位资本的就业量一直呈下降趋势，已从 0.2 人/万元下行至目前 0.1 人/万元的水平。

研发投入呈快速增长，但尚未转化形成有效的生产力。从本书的测算方式上看，最直接影响工业全要素生产率的因素为劳动力投入和资本投入，但除此之外，其经济意义上表现出的科技性也意味着其与科技要素投入之间应具有相关性。数据显示，我国研究与试验发展经费支出呈逐年增长态势，2001年以来基本保持在20%左右的增长水平，2015年达到14220亿元。经测算，工业全要素生产率与我国研究与试验发展经费支出增长之间呈弱相关性，相关系数仅为0.15。这表明，我国研发投入的快速增长尚未转化形成有效的生产力，科技成果转化有待进一步加强。

三、通过优化要素配置提升我国工业全要素生产率水平

一是注重人力资源的充分有效开发。一方面，加强职业技能培训，培养大量符合工业经济发展需要的专业技能人才，以适合未来产业升级与经济结构调整的需要，促进市场与就业的相互匹配。另一方面，建立健全有利于"工匠精神"、创新精神养成的制度体系，强化包括工资提升、职务提升、职称提升在内的技术人才激励机制，形成高质量的人力资本存量，利用劳动力质量优势代替成本比较优势。

二是提高资本形成和配置效率。首先，加大力度合理引导工业投资向战略性新兴产业和先进制造业领域转移，化解大量中低端环节的过剩产能，提升投资效率。其次，通过完善全社会信用体系，进一步理顺大量民营企业融资和银行资金的配置关系，有效解决企业融资难的问题。最后，通过规范政府行为，尤其是针对政府方非主观的失信行为，应以财政补贴等方式确保民间资本的基本收益，打消民间资本顾虑，激发其活力。

三是依托智能实现制造领域的技术进步。首先，充分抓住工业机器人、云计算、大数据、移动互联网、物联网等新一代互联网技术与工业领域相融合的趋势，整合创新资源，提升我国智能制造能力。其次，加强产学研柔性合作，破除刚性障碍，助力高精尖领域特别是新材料、智能硬件等基础性研究成果的转化，为制造业发展提供基础性技术支撑。

第二节　对培育我国世界级工业品牌的几点思考

经过改革开放 30 多年来的快速发展，我国制造业产值在 2010 年就超过美国成为世界第一，占到全球的 20% 以上。作为一个制造业大国，我国有 220 多种工业产品的产量世界第一，有 281 种工业产品的销量世界第一。与此形成鲜明对比的是，我国工业产品在国际市场上具有显著竞争力和影响力的知名品牌却寥寥无几。我国中低端产品严重过剩和高端产品供给不足的"供需错位"问题也愈演愈烈。只有把实施品牌发展战略作为推进供给侧改革的突破口和重要抓手，加快打造和培育我国世界级工业品牌步伐，方可实现我国的品牌强国梦。

一、我国工业品牌国际化发展水平严重滞后

（一）少数经济发达国家垄断了全球高端品牌

品牌是一个国家竞争力和国际地位的核心体现，更是企业的生命所在、灵魂所系。据联合国经济合作与发展组织统计，知名品牌占全球商标总量的比重仅为 3%，但却占据了全球市场 40% 的份额和 50% 的销售额。在全球经济竞争中，作为一种高度稀缺资源的知名品牌，正被少数发达国家所垄断。2015 年 10 月 6 日，美国的 Interbrand 品牌咨询公司发布"全球最佳品牌榜"百强名单，美、德、法三国分别有 52 家、10 家和 7 家企业品牌入选，英国和日本均有 6 家企业的品牌入选，上述 5 国入选的品牌数占据了百强品牌的 80% 以上，仅美国一家就占据了 50% 以上，而百强名单的前 5 名也为美国垄断。相比之下，我国仅有华为、联想（工业技术行业）两个品牌入围，华为排在第 88 名，联想排名最后。

（二）我国工业品牌发展水平虽有提升，但仍与发展规模和地位不相匹配

2005—2015 年，我国入围世界品牌 500 强（每年由世界品牌实验室发布）企业的数量从 4 家增加到 31 家（其中制造业品牌 14 家），年均增速达 22.73%。但目前我国品牌的发展与建设并不充分。2015 年，共有 27 个国家

入围世界品牌500强，处于第一阵营的美、英、法三国分别占据了228个、44个和42个席位，处于第二阵营的日本、中国、德国、瑞士和意大利分别有37个、31个、25个、22个和17个品牌入围。不难看出，尽管近年来欧洲经济增长乏力，但其主要国家的品牌实力依然强悍。我国入选品牌数量虽然较以往增多，但仅为美国的1/10强，与拥有13亿人口、居于世界第二大经济体的制造业大国地位极不相称，我国的工业品牌发展水平仍处于"第三世界"。

（三）我国工业企业的规模效应并未转化为品牌效应

从企业层面看，我国工业企业规模扩张速度远远快于品牌国际化的发展速度。2015年，中国有106家企业进入世界"财富500强"（以销售收入计），但仅有31家企业进入世界品牌500强（以品牌价值与影响计）。同期，欧美许多国家的品牌500强数量却反超财富500强数量。例如，2015年，美、英、法三国品牌500强的上榜企业分别为228个、44个和42个，同期上述三国财富500强的上榜企业数分别为128个、29个和31个。由此可见，我国的企业更热衷于利用大批量生产与批发式销售的商业模式来实现企业财富的增长，凭借增加要素投入和加强成本控制来获取成功，而忽视了通过产品、服务和自身形象的品牌化塑造来提升企业价值。

二、我国缺乏世界级工业品牌的原因

（一）缺乏成熟的市场竞争环境，工业企业品牌的成长与发展受限

由于我国市场经济发展起步较晚，与国外企业所处的成熟的市场环境相比，我国市场经济制度和体系尚不完善，竞争机制也不健全，而成熟市场环境的缺失显然不利于我国工业品牌的成长壮大。同时，为了保障经济发展，不少地方频繁利用行政手段限制外地品牌进入本地市场，地方保护主义倾向严重，极大阻碍了国内工业企业品牌的市场推广和发展。由于长期忽视对知识产权的保护，国内市场假冒伪劣产品盛行，导致原品牌企业形象及利润大大受损，其发展品牌的信心也遭受打击。此外，国内市场还存在着各种不正规的品牌评定机构，这些机构采用不同标准，随意评定所谓的"驰名品牌"，不但损害了市场的公平竞争，也给正规企业的品牌建设带来负面影响。

（二） 工业企业品牌意识普遍淡薄，不利于品牌的国际化发展

企业品牌意识的提升是一个长期的积累过程。当前我国工业企业品牌意识普遍低下，中小企业大多急功近利而不重视品牌建设，大型企业则主要是依赖其在国内市场的垄断地位来支撑品牌推广，还有不少企业热衷于充当国际知名品牌的中国代理。具体来看，一是在品牌定位方面缺乏国际化意识，在供给侧方面，许多工业企业品牌的核心价值取向仅仅是满足国内消费者的一般功能需求，对国内乃至国外消费者的潜在需求并未考虑，且品牌定位因缺乏差异性而毫无特色，无法吸引国内高端人群及国外消费者。二是我国企业品牌设计本土化意识异常浓重，且存在严重的模仿、抄袭现象，给我国工业品牌开拓国际市场带来了严重的负面影响。

（三） 缺乏科学有效的品牌管理制度与手段，导致工业企业品牌发展战略难以成功

在产品质量和服务方面，从需求侧看，随着我国经济发展和人民收入水平的提高，消费者对商品品质的要求越来越高；从供给侧看，国内企业并未把质量建设真正重视起来，各类商品存在着不少质量问题，严重影响了消费者对国产自主品牌的信心。在品牌发展规划方面，国内很多企业采取合资方式与国外企业合作，大多忽视了对自主品牌的保护，也不重视企业自身的品牌价值和无形资产，从而导致自主品牌最终被国外企业兼并收购而消失。在企业文化方面，我国尚处于品牌文化发展的初级阶段，企业对品牌文化内涵的理解普遍比较粗浅，企业品牌建设缺少文化底蕴，品牌感召力和影响力严重不足。

（四） 工业企业自身缺乏核心竞争力，制约了工业品牌的发展壮大

自主品牌创新的前提和基础是技术创新，技术创新对企业品牌发展有着巨大的促进作用。我国工业企业自身发展缺乏核心竞争力主要表现在两个方面。一方面，工业企业普遍存在技术创新能力低下现象。不少企业技术创新机构数量少，科技活动水平及层次偏低，研发投入也明显不足。另一方面，知识产权获取能力不足。不少企业科技项目成果产业化进程异常缓慢，无法实现规模化开发与应用，还有许多企业因知识产权保护力度不够而无法拥有自主知识产权，只能在产业链低端进行简单的贴牌加工生产，利润微薄，致

使其缺乏资金对品牌进行建设和维护。

三、对策与建议

（一）加强工业品牌发展的顶层设计与管理

为促进我国工业品牌发展，应将有关品牌发展战略纳入国家"十三五"时期国民经济和社会发展重大布局，并制定旨在促进工业品牌发展的专项规划，以实施品牌战略为推进供给侧改革的突破口，重点从顶层设计层面加强对发展工业品牌的统筹与谋划。针对目前我国企业品牌国际化管理体制中的多头审批与管理问题，应成立一个相对独立的机构，比如中国企业品牌国际化管理委员会，以统一协调和处理我国企业的涉外经营业务。在推进国家"一带一路"倡议时，应将培养和推广我国工业品牌、提升品牌知名度列为其中一项重点工作，在加强国际产能合作的同时，大力提升我国工业品牌的国际影响力与竞争力。

（二）营造工业品牌发展的良好环境

应以品牌战略为抓手，以质量创新为重点，深入推进供给侧结构性改革，实现经济的转型升级，合理引导各类工业企业将发展重点转移到提高质量和效益上来。重点加强政策引导，鼓励并支持创新驱动和品牌发展深度融合，在金融、科技、财税等方面出台相关扶持政策。努力营造有利于品牌发展的良好环境，加强相关立法工作，建设完善的市场环境和合理的市场秩序。通过修订和进一步完善《商标法》等法律法规，打击假冒伪劣行为，切实保护知识产权，特别是加大对民族品牌的保护力度，努力构建和完善品牌维权机制。健全质量诚信体系和质量诚信状况评估机制，建立质量问题公开和查询制度，加大失信"黑名单"公开力度，推动企业主动发布质量信用报告。

（三）创新工业品牌发展的培育手段与扶持措施

政府相关部门应考虑设立我国质量强国建设专项基金，用于支持各类企业以创新提升质量水平，特别是提升供给体系的质量与效率，并为相关的政府工作人员、企业决策者以及技术工人提供质量管理及技能培训，以夯实质量建设的人才基础，为品牌战略的实施储备人才。充分发挥行业协会等社会组织在工业品牌宣传、咨询、研究、维权等方面的作用，打造和完善品牌建设服务体系。通过强化工业品牌产品的认证工作，提升市场信任度，实现品牌的国际互联互通和互信互认。利用我国承担国际标准化组织（ISO）品牌评价技术委员会秘书处优势，开展品牌领域国家标准、品牌价值评价国际标准的制定，增强我国自主品牌的国际话语权。

（四）提升我国工业品牌的文化内涵

建立持续创新、持续变革、质量第一的品牌文化，大力倡导提升企业文化的包容性，致力于打造无边界品牌文化。鼓励工业企业在实施品牌发展战略时，将重点放在把相关产品做专做精做优，坚持以质取胜原则，弘扬"工匠精神"，追求精益求精，力争生产出性能优越、品质高端的产品，以满足当前国内市场日益提升的高端消费需求。加强对国内著名工业品牌的正面宣传力度，提升国内外消费者对自主品牌的信心与认可度，破除国内民众对"洋品牌"的盲目崇拜，并利用各种对外交流会、展览会等机会，推广和介绍我国知名工业品牌和产品，为我国工业品牌"走出去"营造声势、积累口碑。

第三节　全面推进"营改增"，助力产业结构优化升级

当前，我国供给侧结构性改革正处在不断深入的关键时期，"营改增"工作的全面推广正是配合改革进一步推进的重要举措，具有影响产业结构调整升级的重大意义。那么，全面实施"营改增"究竟对于产业结构调整，以及产业可持续发展有何影响？相关领域企业应如何抓住全面"营改增"的政策调整契机，优化企业策略，增强自身市场竞争力？对于这些问题的深入探究，将有助于全面"营改增"工作的顺利实施，也有助于政府相关部门在推进过程中，评估政策效果，优化产业结构。

一、全面推进"营改增"的现实意义

（一）全面推进"营改增"对深化财税体制改革具有重要示范意义

"营改增"作为财税体制改革的先行先试政策，2012年率先在上海试点，将交通运输业和部分现代服务业改纳入增值税管理体系。实际上，"营改增"政策是将我国从原来的二元税制结构转换为不同行业征收相同税种的一元税制结构，这样既方便不同行业间将购入项目转化为进项抵扣，降低生产成本，又方便税收机构进行统一管理。从长远来看，此项税制改革是我国税收管理体系向国际化发展的重要一步，通过将营业税转化为增值税，能够有效避免重复征税和完善税制结构。作为财税体制改革的重要组成部分，全面推进"营改增"对深化我国体制改革具有重要的示范意义，即将遗留征收营业税的行业统统纳入增值税管理轨道，为今后所得税等其他税种的调整修订开山探路，提供宝贵的改革经验，通过"营改增"的全面实施带动其他财税领域的改革，推动我国财税体制改革不断深入。

（二）全面推进"营改增"为产业链协同发展提供重要政策动力

此次全面推进"营改增"工作，有利于激发传统产业改革活力，促进市场分工更加细化，提升产业链上下游协同能力，推动传统生产型制造向服务型制造转变。从目前"营改增"工作的实施效果来看，政策所涉及的企业更加注重培育和发展自身的核心业务，剥离与主营业务配套的服务类项目，将其外包给其他有竞争优势的服务型企业，通过增值税进项抵扣环节收回为配套服务支出的成本。由此，带动整个行业内部生产效率提高和技术更新，同时也客观地推动了配套生产性服务业向规模化方向发展，促使产业链上下游协同高效发展，为产业结构升级提供了重要政策动力。

（三）全面推进"营改增"是企业加快创新发展的助推器

全面"营改增"将在优化产业结构、减轻企业税负等方面发挥积极作用。"营改增"工作实质上是鼓励减税，通过实施改革能够增加生产企业的抵扣环节，降低生产企业的整体税负，节约生产成本，同时鼓励企业有效使用资源要素，提升企业创新能力。随着全面"营改增"的推进，二三产业增值税抵扣链条将进一步打通，促使企业从"橄榄型"真正转变为"哑铃型"，引导企业产品层次从低端走向中高端。

二、全面推进"营改增"对产业结构升级的影响分析

（一）产业分工将进一步得到细化

在实施营业税时期，很多企业都是集研发、生产和营销于一体，企业内部组织成本、管理成本相对较高，资源要素未能集约化使用，专业性不强，造成企业内部部门繁冗，管理混乱的情况时常出现。同时企业成本除了通过商品销售的主营业务收入弥补外，没有其他可以减轻企业负担的方式，因此企业负担较重。另外，企业负担了生产链的诸多环节，也使企业不易发挥相对优势，竞争力减弱。

实施"营改增"后，由于针对商品生产链的各个环节增值部分课税，对于"全能型"企业来讲，剥离非主营业务实施外包，一方面能够使企业更加专业化，专注于自身的核心业务开发拓展，另一方面也可以利用其他企业的相对优势，同时产生的成本还可以形成增值税进项抵扣。从整个产业发展来看，由于"营改增"鼓励企业专注核心业务发展，建立与其他外延部门的合作关系，因此会带动本产业分工细化，同时为配套服务业提供更多的商业机会。这样最终形成了产业专业化程度高，配套服务业规模化程度高的双赢局面。

（二）产业结构将加速调整优化

全面推进"营改增"工作作为产业结构调整的重要方面，不但会对财税体制产生深远影响，更会对实体经济产生链条传导效应。

第一，实施"营改增"主要出发点在于降低企业税负，改善中央地方税收分成比例。在未实施"营改增"前，营业税收入归地方所有，是地方财政收入的重要来源。地方政府对于产业投资走向有决定性作用，容易造成地方与中央政策脱节现象发生。通过实施"营改增"为地方财政支出权力"瘦身"，将更多支出权力集中在中央层面，更有利于中央指导更多资金投向高新技术产业和高端制造业，以及引导传统产业的转型升级，避免地方政府对老而不朽的过剩产能产业无效投入。中央通过一般转移支付和专项转移支付将

税收收入返还给地方，一方面能够控制地方财政收入规模，保障地方对优势产业的支持；另一方面也可以通过专项转移支付的作用，将更多财政资金用于支持产业结构调整。

第二，在工业领域深化改革，通过实现工业不动产和购入服务方面的进项抵扣，可以帮助企业降低生产成本，对于发展新兴产业有大型设备购入和产房扩张需求的企业而言，也算是一种成本补贴方式。此次"营改增"对于金融服务领域的改革，也能够通过降低工业企业的融资门槛，去除融资杠杆，将工业企业融资成本转化为抵扣环节的方式，支持工业尤其是新兴工业产业和高新技术产业等高端制造业的快速发展。总体而言，全面"营改增"的推进将加速我国产业结构调整优化，加快我国产业转型升级。

（三）全面"营改增"推进可能面临的挑战

目前"营改增"工作初级阶段任务已经完成，在率先实施改革的交通运输业、部分现代服务业以及邮电通信业中均取得了良好成效，对于税制完善和相关产业的发展都有积极的推动作用。但在试点改革过程中，也暴露出部分问题。因此，全面推行"营改增"之前，涉改行业企业以及各地政府部门可能面临如下几个方面的问题和挑战。

第一，由于"营改增"后地方税收收入减少，而中央和地方增值税分成比例调整不能一蹴而就，因此势必造成地方财政支出能力减弱。在实施产业结构调整时地方政府面临资金方面的问题，需要寻求更多的解决方案。

第二，就目前我国"营改增"大环境来讲，由于改革进程并未全面铺开，因此势必会造成一些新兴工业和高新技术制造业税负不降反增，在承担更高的增值税负的同时，没有享受对等的进项抵扣，最终反而提升了生产成本，影响相关产业发展的积极性。

第三，由于"营改增"全面铺开对于金融业影响重大，而金融业本身没有足够的生产环节，进项抵扣项目较少，因此金融业的税负会在短期内增加，这些增加的营业成本也会通过融资和投资等业务转移至企业，影响产业领域的融资效率。

三、对策建议

（一）增强地方政府财政支出能力，为产业发展提供支撑

对于实施"营改增"后地方税收收入减少导致财政支出能力下降的问题，需要中央和地方政府共同努力，为产业发展提供支撑。一是要加快中央政府与地方政府增值税收入分成改革的推进，完善中央对地方一般转移支付和专项转移支付体系，弥补地方税收缺口；二是中央部门积极出台支持产业发展的财政支持政策，引导地方产业良性发展，对于地方政府优先发展的优势产业和新兴产业予以更多的资金支持；三是地方政府应积极寻求与更多社会资本合作，积极推动地方新兴产业和高端制造业，以及相应的生产性服务业发展。通过政府资金撬动更多社会资金的投入，既能够为产业发展注入市场活力，又能够减轻地方政府的财政压力。

（二）推进税制改革横纵向延伸，多管齐下为企业减负

对中央和地方政府来讲，目前除着力开展对营业税剩余四大板块改革外，还应继续深化已完成初步税改行业的增值税管理工作。一是要进一步研究和测算相关行业税率，对于税负明显增加的行业实施税率的调整，合理界定企业税收负担率，切实做好企业的减税工作；二是加强对企业征税环节的专业化管理，处理好企业进项抵扣环节缺失造成企业成本提高的问题；三是应配合"营改增"出台其他税种的改革方案，多管齐下，为企业创造更加完善的税制环境，避免重复征税给企业造成的额外负担。同时，对于重点发展的从事高新技术产业和配套现代服务业的企业，也可以在税收方面提供优惠，鼓励企业做大做强。

（三）增强企业税务管理能力，提高企业核心竞争力

由于"营改增"工作实施时间不长，因此原营业税缴纳企业对于增值税管理工作认识不够深入，造成企业不必要的成本提高，因此需要从企业着手推动"营改增"工作的顺利开展。一是税收征管部门要加强涉改企业的系统培训，引导企业管理层和相关财务人员对税改后企业的税务处理工作更加明晰；二是明确能纳入进项抵扣链条的固定资产、配套服务等内容，合理外包

核心业务之外的配套服务通过增值税抵扣环节降低企业的生产成本，提高生产效率；三是鼓励企业积极参与本行业"营改增"工作的推进，与其他行业形成一致的税收链条，降低由于税种不同带来的额外损失。

（四）完善工业领域配套服务业税收整改，优化产业结构

当前我国传统工业转型和新兴产业发展同步推进，通过全面"营改增"工作的推进，推动工业领域和配套产业的发展，进一步优化产业结构。一是减轻工业行业中成本杠杆，分离工业企业中生产效率不高的环节，通过服务外包等方式集中力量发展核心产业，提高企业的整体竞争力；二是鼓励传统工业引入互联网和新兴产业相关配套服务，通过配套产业的规模化发展，提高核心工业产业的附加值；三是顺应目前世界范围内第三产业带动一二产业发展的改革趋势，通过推动金融业、物流产业及其他生产性服务业"营改增"工作的进一步开展，为工业发展创造完善的税收抵扣链条，降低生产成本。

第四节　推动 PPP 模式健康发展亟待"去伪存真"

国务院发布的《关于加强地方政府性债务管理的意见》（国发〔2014〕43 号），将 PPP 模式作为规范地方政府举债融资的重要机制，倡导推广政府与社会资本合作的模式，在供水、供气、垃圾处理等公益性项目中引进社会资本。然而，目前国内的 PPP 模式推进中存在不少问题，比如，项目签约和开工情况不理想，风险和收益机制设计不合理，进而导致政府承担的风险过高，甚至有"伪 PPP"项目变相发债融资。认真研究并解决这些问题，对"十三五"期间化解地方债和推动公共产品供给侧改革意义重大。

一、PPP 模式推进中存在的问题

（一）PPP 项目推介规模扩张快，签约和开工率都偏低

财政部 PPP 中心的统计表明，截至 2016 年 2 月 29 日，全国各地共有7110 个 PPP 推介项目，总投资约 8.3 万亿元。其中，国家发改委和财政部推介或示范的项目接近 2800 个，总金额约 5 万亿元。此外，各地还存在着大量

未经财政部示范或国家发改委推介的项目，总规模超过了 3 万亿元。虽然 PPP 项目推介规模快速扩张，但项目落地情况却不容乐观。在签约方面，据民生证券调查，截至 2015 年底，PPP 项目签约总金额约 1.8 万亿元。据此测算，全国 PPP 项目签约率仅两成左右。在开工方面，财政部 PPP 中心的数据显示，截至 2016 年 2 月末，全国 PPP 实际开工项目 351 个，仅占总数的 5%。PPP 项目签约率和开工率呈现双低状态，部分原因是社会资本参与公共产品建设的经验相对不足，每个 PPP 项目都需经过大量可行性研究和前期充分论证准备。但更重要的原因在于，地方政府以往存在信用透支问题，导致社会资本参与 PPP 有"三怕"（怕陷阱、怕违约、怕反复），所以，还需不断完善政策、金融、法律等外部环境。

（二）权责分配不合理，政府承担风险过高

从项目遴选、收费方式确定、政府补贴程度以及项目收益率测算等方面看，PPP 应用需要大量的专业人才和知识储备。而目前地方政府对 PPP 模式认识不到位，更多的是将其简单视为一种融资工具，在操作过程中经常存在脱离实际的承诺。而且，私人部门和政府部门的权责不完全匹配，并未形成风险共担和收益共享的合作机制。一是政府承担风险过大。相当多的 PPP 项目通过政府承诺保底等方式，提前锁定财政购买 PPP 服务的形式和价格，实际是由政府单方面承担风险，社会投资人近乎零风险，无法实现风险共担。二是政府和纳税人难以享受到项目收益。潜在的收益分配方案偏向社会投资人，利益共享机制尚未建立，最终由社会投资人独享利益。

（三）"伪 PPP"成最大隐忧，变相融资扩大地方债风险

当前，全国 PPP 项目建设规模庞大，但在未经财政部示范和国家发改委推介的 PPP 项目中，有相当多的部分并未达到财政部对 PPP 模式的要求，存在"伪 PPP"现象。比如，有些项目吸收社会资本的方式是银行直接借贷或政府财政补贴，缺少"社会资本共同参与"的核心要素。有的基金或信托公司的投资则是"明股实贷"，要求政府在一定时期内（如 3—5 年）进行项目回购，其本质是 BT（build－transfer）项目，先期由社会资本垫资，期满后投资方撤资，没有实现长期的风险共担，整个项目的运营和经营风险最终完全由政府承担。可见，当前急需通过制度建设予以"去伪存真"，以更好地发挥

市场在资源配置中的决定性作用，推进供给侧结构性改革。

二、"伪 PPP"项目的表现形式

（一）立项目标偏离公共本质

PPP 项目的首要特点是，以改善基础设施建设和公共服务供给为根本目的，在满足公共需求的前提下，依照使用者付费原则，由社会资本承担设计、建设、运营、维护等工作，兼顾私人资本的盈利性。当前在 PPP 项目推广的热潮中，地方政府以设立 PPP 项目作为直接目标，而忽略了 PPP 模式服务于有效改善公共服务的本质属性，成为"伪 PPP"项目出现的内在动机。

一是公众利益受损。一些"伪 PPP"项目引发了政府的投资冲动，缺乏相应的科学评估，如在垃圾处理、自来水和污水处理、道路交通等公共服务设施中，存在社会投资者乱收费和高收费现象，政府未能建立有效的约束机制，确保公共利益优先。二是监管力度不够。为了提升社会资本的积极性，各地争相出台相关政策，强调市场机制和回报，甚至以降低公共服务标准的方式，为私人资本参与 PPP 提供收益空间，客观上淡化了公共服务和监管职责，造成 PPP 模式下的"政府缺位"。2014 年兰州自来水污染事件就给 PPP 模式的监管敲响了警钟。经调查，此次事件是由于经营公司每年投入的预算很低，技术设备未能及时更新改造，最终导致严重污染事件的发生。

（二）私人资本界限不明

在狭义定义中，PPP 模式指的是公共部门通过与私人部门建立伙伴关系，共同提供公共产品或服务；其根本目的在于借用私人部门的力量，发挥私人部门的管理与技术优势，帮助政府克服建设资金短缺的困难，提高公共项目的建设和运营效率。

目前，我国已将"私人部门"概念扩大为"社会资本"，在实际操作中，由于真正吸引到民营资本的项目签约率较低，国有企业和地方政府控制的金融公司成为参与 PPP 项目建设的重要力量。而且，财政部 2014 年 11 月公布的《政府和社会资本合作模式操作指南（试行）》明确规定，社会资本是指已建立现代企业制度的境内外企业法人，不包括本级政府所属的融资平台公司，以及其他控股国有企业。由于没有针对异地及上下级融资平台进行限制，融资平台仍可通过异地中标 PPP 项目，或与其他中标 PPP 的社会资本进行下游合作，甚至代表地方政府与社会资本进行合作等方式，参与 PPP 项目。实质上，上述方式都是平台公司借助"伪 PPP"进行了变相融资。

2015 年 5 月发布的《国务院办公厅转发在公共服务领域推广政府和社会资本合作模式指导意见的通知》（国办发〔2015〕42 号），在国有企业准入方面放松了要求，鼓励国有控股企业、民营企业、混合所有制企业等各类型企业积极参与公共服务。国有企业作为社会资本，参与国内 PPP 项目，意味着基建相关债务只是从地方政府资产负债表转移到国企资产负债表上，地方政府仍然需要为国有企业或融资平台的风险进行"兜底"，最终私人部门被驱逐，本质上依然是地方政府和地方融资平台的合作，必将减弱 PPP 模式降杠杆的政策效果。

（三）合作与风险共担机制虚化

PPP 模式应当遵循风险分配优化、风险收益对等的原则，地方政府出资责任的部分转移，必然伴随着相应权利的让渡，私人资本的收益权必然伴随着投资风险的承担。但在现实中，很多地方政府的 PPP 项目操作，并不符合上述原则，与传统 BT 融资模式的本质区别也根本不明显。

一是契约精神不足。合同不能有效约束地方政府的违约行为，从而挫伤了社会资本的参与热情，导致其持观望态度、签约率低，也影响了"去杠杆化"的政策效果。以福建泉州刺桐大桥为例，名流公司作为投资方与当地政府签订合作协议后，地方政府并没有保护大桥经营的排他权，也未进行补偿，又两次要求名流公司追加投资额（不包括在初始合同中），最终导致名流公司要求提前退出合作。二是明股实债，扩大政府责任。为了提高社会资本的积极性，地方政府采取保本回购和"兜底"承诺，如西部省份的部分 PPP 基金，地方政府为介入的金融机构提供了隐形担保，不使其承担开发风险，并约定金融机构可以作为优先级投资人获得回报，名为利用 PPP 机制减轻财政压力，实际则是由政府"兜底"，并未将投资风险在私人投资者和政府之间进行合理分配，实际上也就不会有效实现"去杠杆"的政策目标。

三、相关建议

（一）审慎控制 PPP 项目规模，甄别"伪 PPP"项目

根据国际经验，即使是在 PPP 应用比较成熟的国家，采用 PPP 提供公共产品的比例，在公共财政支出中的总量也极为有限，占比仅为 15%—25%。从长期看，地方政府投融资机制的完善，主要应该依靠不断健全税收制度，并以规范的债务工具解决跨期融资需求。在短期内，应不断完善财政承受能力论证，准确测算 PPP 项目的预算支出责任，实现对地方政府设立 PPP 项目内在动机的硬性约束，并合理分配不同行业之间的 PPP 项目，以防止过于集中于某一领域而导致系统性风险。

政府需要加大对 PPP 项目的甄别力度，避免让 PPP 模式沦为地方政府的融资工具。在立项上，应杜绝地方政府用"保底承诺、到期回购、明股实债"等方式吸引社会资本，而是以 PPP 项目名义立项。在财政补贴上，要将"伪 PPP"项目剔除在中央和地方财政的补贴范围之外，以保障各类专项资金投放到位。

（二）完善物有所值评价与监督机制

2015 年 12 月，财政部制订《PPP 物有所值评价指引（试行）》。作为判断是否采用 PPP 模式代替政府传统投资运营方式提供公共服务项目的评价方法，物有所值评价能够有效辨识那些保底承诺、固定回报等包装出的"伪 PPP"项目，未来应逐步完善评价方法和体系，强化其对于 PPP 项目的约束。一是重视实践项目的数据积累，为管理部门制订权重、贴现率，以及预期收益等具有主观性质的基准评估参数提供依据。二是发展可靠的计量模型，将地区差异与城镇化进程等因素纳入，计算贴近实际的 PPP 值和 PSC 值，将定性评价为主逐步转变为定量评价为主。三是培育第三方机构展开 PPP 项目评价，评价主体应通过项目平台公布相关参数，并接受社会监督。

（三）细化合作与风险分担的具体形式

一是深化和推进政府与社会资本合作（PPP）示范项目的工作，以推广运用规范 PPP 模式为重要抓手，形成可复制、可推广的实施范例，以及一套

有效促进 PPP 规范健康发展的制度体系。二是妥善构架国有资本和民营资本的合作机制，进行明确的责任、收益界定，既有效激励企业尤其是民企的积极性，又充分发挥其创造性和生产效率，保证公共资金及国有企业的合法收益。三是保障履约行为。为了激发私人部门的积极性，逐步建立上级财政通过扣款机制约束地方政府的违约行为，针对不同领域，政府可选择差别化合作方式。比如，对于城市供水领域，在相应的 PPP 项目中，地方政府可采用财政补贴等方式进行管网建设，保障经营公司获得正常利润；对于道路交通等具有一定盈利能力的项目，地方政府可考虑禁止同业经营、保护排他性的方式，以保障市场盈利水平。

第五节　创新协同机制与模式，推进京津冀新能源汽车充电设施建设

破解京津冀新能源汽车公用充电设施建设中，充电设施投资成本高、基础设施配套能力弱和盈利能力弱"一高两弱"等难题，必须加快完善京津冀地区协同合作机制，鼓励创新金融模式支持充电桩建设，创新运营模式，提高企业盈利能力。

一、京津冀地区新能源汽车公用充电设施建设加快

（一）京津冀三地公用充电桩建设均呈加快态势

截至 2016 年 3 月底，北京市累计投入运营公用充电桩 7500 个，2016 年底全市公用充电桩建成数量突破 1 万个。同时，2016 年计划投放 500 台"移动充电车"，为安桩难的车主提供预约充电服务。根据《北京市电动汽车充电基础设施专项规划（2016—2020 年）》，到 2020 年，全市范围（不含山区）形成平均服务半径小于 5 公里的公共充电网络，在城市核心区、通州新城、亦庄、延庆冬奥区域等重点区域的充电服务半径小于 0.9 公里。

天津市计划 2016 年新建充电桩 2785 个，到年底全市充电桩建成数量约5000 个。其中，2016 年累计通过 PPP 模式建设公共充电桩达 2000 个。由此，

天津市将初步形成中心城区 5 公里以内和郊区 8 公里以内的公共充电网络。到 2020 年，天津市充电桩数量达到 2 万个，形成城市核心区服务半径小于 0.9 公里的公共充电网络。

河北省公用充电设施处于建设初期，少量城市初具规模。2016 年，保定市计划新建 25 座充电站，共计 200 个充电桩；廊坊市计划新建充电站 44 座，共计 279 个充电桩。根据河北省《关于加快全省电动汽车充电基础设施建设的实施意见》，要求在 2016 年内实现全省高速公路服务区充电站的全覆盖，到 2020 年，全省建设公用充电站 1500 座，充电桩 25000 个。

（二）京津冀的城际间快速充电网络已在构建当中

2014—2015 年，京哈、京开、京沪高速等 7 条高速公路在北京区域内服务区已开工建设了 41 座公共充电站，其中，京沪高速单向约每 50 公里就有一座快充站；河北省境内青银高速、青兰高速等数条高速公路的快充站已投入运营。2016 年，京津冀地区 11 条高速公路列入京津冀一体化的公用充电设施网络，京港澳、京藏和大广高速公路的京津冀地区充电设施基本建成，初步形成联通北京、天津和河北省石家庄、张家口等城市的充电设施服务走廊。预计 2017 年底，京津冀区域内所有高速路都要建充电设施，实现所有服务区均建有充电设施，到 2020 年，实现京津冀一体化的公用充电服务网络。

二、存在问题

（一）在建设环节，存在充电设施投资成本高、基础设施配套能力弱等问题

一是充电设施投资成本高。建设公用充电站、快速充电桩的成本一般在 10 万元以上。比如，北京首家光伏快充站华贸充电站，其每个快速充电桩的投入建设费用为 23 万元，收回成本则需 5 年时间。目前，公共充电设施建设依赖政府补贴，如北京市政府给予总投资 30% 的固定资产补助资金支持，廊坊市给予项目投资额 20% 的补助。另外，充电桩建设用地成本高也是前期投资大的重要原因。由于公用充电需求主要集中在城市商业区、停车场、公路服务区等公共区域，所涉及的土地拆迁、产权归属等问题复杂，开发成本高昂。例如，2015 年，北京经营性用地实际成交楼面单价 15336 元，同比上涨 18%。

二是基础设施配套能力弱。充电场站建设需要供电、国土、规划、交通等部门配合。北京、天津等城市在电力、交通等方面的规划和建设挖潜空间有限，例如，城市老旧小区和用电量大的商业区建设充电桩和场站，对电线、变压器、电表等电力设施进行增容扩容，将对所在区域电力负荷形成挑战。因此，充电企业申请电力增容难度比较大，同时，河北省远郊区县由于基础设施配套建设能力不足，造成场站建设的附属投资负担高。

（二）在运营环节，存在充电设施运营效率低、盈利能力弱等问题

目前，进入充电服务市场的主要有充电设备生产商、电力服务企业、互联网企业与汽车厂商等，充电基础设施投资高，营业收入微薄，企业经营存在一定困难。例如，青岛特锐德公司在基础建设、技术、研发、运营等方面的汽车充电业务板块投资总额约 10 亿元，而该充电业务板块亏损达 6000 万元。当前，充电服务企业与电力企业、商业地产、社会资本、整车企业、汽车租赁企业、停车场所、互联网运营商、金融机构、广告企业等机构的商业合作处于起步阶段，未来商业模式仍需进一步探索和发展。另外，车与桩的发展不协调，导致车主充电排队等待时间过长与公用充电桩闲置的矛盾现象并存，充电设施运营效率低也是造成企业盈利能力不强的重要原因。

三、政策建议

（一）协同推进，加快京津冀公共充电设施建设

一是实现京津冀充电设施的规划和建设协同。在京津冀协同发展机制下，协调三地交通、电力等基础部门，协同推进充电设施建设。加快京津冀地区在高速公路、国道、省道等沿途城际快速充电网络建设，实现选址、电桩建设和各级财政补贴的协同推进。建议在华北电网发展框架内，将充电设施配套电网建设纳入京津冀三地的配电网专项规划中，在规划统筹、用地保障、廊道通行等方面开辟绿色通道。二是利用金融创新推进公用充电桩建设。采用 PPP 投融资模式，充分发挥财政资金的引导作用，鼓励社会资金参与新能源汽车配套基础设施建设。同时，引进京津冀协同发展基金、京津冀产业结构调整基金等产业基金，成立充电桩建设投资基金，调动金融资本的建设积

极性。三是机制创新推动充电桩建设。通过"众筹建桩",征集社会上富余车位和电容资源,政府利用政策优惠引导,形成场地提供者和电桩运营商利益共享的分享经济模式。四是加快重点城市充电设施建设。推动北京、天津、石家庄、唐山等城市将充电设施建设纳入本地城乡发展规划中,规定新建的商业项目和住宅必须建设或预留充电设施配建计划,大型公共建筑和公共停车场的充电车位数比例不低于15%,并支持相关城市将对新能源汽车行业的补贴由重购置向重使用转移,增加对充电基础设施的支持力度。

(二) 模式创新,提高充电设施运营能力

一是利用信息技术提高使用效率。开发互联网、物联网、智能交通、大数据等技术,建设运营信息化平台,推进实现电动汽车与智能电网间的能量和信息的双向互动,形成可查询、预约、支付及远程操控的"互联网＋充电"的运营模式。二是开发基于充电设施的商业增值服务。推动商业地产与充电服务相结合,引导商场、超市等商业场所提供辅助充电服务,推动形成以充电网络 APP 为入口,包括商业设施经营、电动汽车分时租赁、电子商务、新闻广告等多种形式并存的充电互联网商业生态圈。

第六节 如何破解长江经济带"重化工围江"难题

作为新时期国家三大发展战略之一,长江经济带是继我国沿海经济带之后最具活力的经济带,也是未来"中国经济的脊梁"。然而,长江经济带目前却面临严重的"重化工围江"局面:长江沿岸分布着 40 余万家化工企业、五大钢铁基地、七大炼油厂,以及上海、南京、仪征等大型石油化工基地。2007 年以来,长江流域废污水排放量突破 300 亿吨,相当于每年有一条黄河水量的污水被排入长江,长江经济带的环境承载力已接近上限。基于此,必须果断采取措施,破解长江经济带日益严峻的"重化工业围江"难题。

一、"重化工围江"导致长江经济带环境污染日趋严重

（一）工业废水随意排放，长江水污染问题日益严重

长江经济带分布着众多重化工园区和企业，大量的工业废水未经处理就直接排入长江，导致长江水污染情况日趋严重。相关数据显示，目前长江已形成近 600 公里的岸边污染带，有毒污染物 300 余种。长江干流中约 60% 的水体都受到不同程度的污染，多种重金属如铬、汞、镉等严重超标，长江经济带的河水、湖水中蓝藻、绿藻等现象日趋严重。在工业和人口都比较密集的长江中下游的上千公里河段，沿岸水质基本都在三类和四类之间。目前长江江苏段水质已降为三类，沿江 8 个城市污水排放量约占江苏全省总量的80%，沿江的 103 条支流约有排污口 130 个。

（二）工业废气大量排放，导致大气污染不断加剧

长江经济带聚集了大量重化工企业，以镇江、常州、无锡和苏州江段为例。在不足 200 公里的江段内，化工企业多达 100 余家。这些高污染的化工企业在生产过程中会排放大量工业废气，如 CO_2、SO_2、NOx、烟尘，以及生产性粉尘等。1999—2014 年，长江经济带工业废气排放量呈持续上升态势，2014 年工业废气排放量达到 251432 亿立方米，其中，NOx、SO_2、烟粉尘等大气污染物排放量分别为 666 万吨、679 万吨和 480 万吨，在全国相应污染物排放中占比分别达到 32%、34% 和 28%，大气污染问题日趋严重。长三角和成都平原地区已成为我国霾日数最高的地区之一。

（三）工业固体废弃物的大量产生，加剧了长江经济带的环境污染程度

长期以来，密集分布在长江经济带的数十万家重化工企业还产生了大量的固体废弃物，这些固体废弃物常年堆积在长江沿岸。未经处理的固体废弃物会随天然降水或地表径流进入河流、湖泊，其中的有害物质会严重污染水体。同时，固体废弃物中的干物质或轻质随风飘散，会对空气造成大面积污染。1999 年以来，长江经济带的工业固体废弃物产生量呈持续上升趋势，2012 年有小幅下降，之后又继续保持上升态势。2014 年，长江经济带工业固体废弃物产生量约为 94342 万吨，与 1999 年相比，增长了近 6.6 亿吨。同年，

地处长江上游的云南省工业固体废弃物产生量位居长江经济带11个省市之首，达到14481万吨；四川省次之，达到14246万吨。

（四）重化工企业密集分布，导致重大环境事件频发

长江经济带重化工企业密集分布，不仅严重破坏了河湖湿地的生态，对长江岸线的不合理占用，还导致重大环境突发事件频繁发生，严重威胁着所在地及其下游地区的供水安全。据统计，长江经济带是我国突发性环境事件的集中发生地区，2010—2014年，11省市突发环境事件分别占到全国的17%、63%、68%、64%和54%，其中，上海市和江苏省占比最高（2014年两省市占到全国的38%）。并且，近年来较大和重大环境事件也大多发生在长江经济带内，2014年全国3起重大环境污染事件中，有2起发生在湖北省；16起较大环境事件，有10起发生在长江沿岸11省市。

二、长江经济带"重化工围江"的形成原因

（一）扭曲的政绩观，致使沿江各地大力发展重化工业

目前，在长江沿岸各地，唯GDP至上的政绩考核观仍大行其道。化工行业产值高、税收多，且产业带动效应强，是各地财政收入的重要来源，一直以来都是各地争抢的"香饽饽"。化工行业现已成为我国经济发展的重要支柱。据统计，2015年，我国石油化工行业主营业务收入达13.14万亿元人民币，位居世界第二；利润总额6484.9亿元，占全国规模工业利润总额的10.2%；上缴税金1.03万亿元，占全国规模工业税金总额的20.7%。因此，沿江各地方政府在招商引资过程中，不惜将大量高污染、高消耗的重化工产业转移至本地区加以扶持发展。在一些沿江地区，即使污染事件频发，政府仍会考虑污染企业对当地经济发展的贡献，采取睁一只眼闭一只眼的态度，仅仅对其进行象征性的惩罚，实际是纵容了这些污染企业在当地无序发展。

（二）出于节约成本的考虑，大量重化工企业选址于长江两岸

从经济学原理看，重化工企业的成本构成中运输成本占比较高，水运成本最低，重化工企业选址于长江两岸可显著降低运输成本。此外，企业沿江布局还可满足其对水资源的巨大需求，以及更接近消费地和市场的需求。考

虑到以上因素，众多重化工企业集中布局于长江两岸就成为一种必然。国家环保部最新数据显示，我国大约81%的化工和石化项目布局于江河水域，以及人口密集区等环境敏感区域。在长江经济带的成渝经济区内，约46%的化工项目集中分布在沱江和岷江一带，约42%的化学工业沿长江干流布局，长江经济带的石化产业生产能力已经占据了全国的"半壁江山"。

（三）滞后的工业化进程，造成沿江地区以重化工业为主导的产业结构

工业化是长江经济带各省市现代化建设不可逾越的阶段。目前长江经济带内东中西部各省市的工业化进程差别较大，下游地区大多已经完成工业化，而中上游省市很多还处于工业化中期甚至是初期。比如，下游的长三角地区人均GDP早已超过1万美元，而上游的贵州人均GDP仅有4000多美元，发展的巨大差距带来利益诉求的不同。处于工业化加速发展阶段的长江中上游地区，各省市的产业结构仍以重化工业为主导的第二产业为主。较大的人口基数和较低的城镇化率，决定了这些地区以需求拉动经济发展的势头短期内不会减弱，这些地区仍在采取以大量消耗资源为特征的粗放型发展模式，这也导致了大量重化工企业在上述地区的集中布局。

（四）不合理的工业布局规划，导致"重化工围江"局面形成

长江经济带各省市早期制定的工业布局规划大多缺乏科学性和前瞻性，出台的随意性较大，通常忽视了长江流域的地理环境特点和城市区域功能，盲目建立污染超标的重化工项目和工厂，导致长江流域污染负荷严重超载。具体来看，一是产业布局规划严重滞后。沿江各省市的开发建设在20世纪80年代中期就已起步，而直到近些年，从中央到地方关于长江经济带的众多发展规划才陆续出台，这就导致因先期开发建设而形成"重化工围江"局面。二是产业布局各自为政。与中央制定的统筹协调并发挥中下游优势互补、协作互动的长江经济带发展战略相悖，长江流域各省市制定的发展战略和产业布局规划，通常是从各自利益出发，也造成了严重的低水平重复建设和投资浪费。

三、对策与建议

（一）加强顶层设计，科学合理编制发展规划

治理"重化工围江"，需要在国家和区域层面进行统一规划的同时，着力加强顶层设计。一是进一步优化国家推进长江经济带发展领导小组及其下属部门的构成，强化其规划、监管和问责等功能；考虑建立长江经济带化解"重化工围江"部际联席会议制度，推动各地就重化工产业发展造成的环境污染和生态破坏进行联防联治，建立沿江各省市参与的协商合作机制，推进各省市之间在治理"重化工围江"时的产业转移和互动合作。二是抓紧编制出台《长江经济带生态环境保护规划》并作为纲领性规划，同时建议由国家发改委、工信部等主管部门出台国家层面的长江经济带重化工产业发展规划，在统筹考虑整个长江水系的生态环境承载力和运输系统承载力的基础上，对目前长江两岸重化工产业的发展布局进行整顿、规范和优化。三是探索和完善多元化的生态补偿机制，建议组建"长江经济带生态补偿委员会"，争取将长江流域跨省生态补偿纳入国家试点范围。

（二）优化国土空间开发格局，推进沿江各地产业转型升级

加快长江经济带各省市经济发展方式转变，不断优化长江流域国土空间开发格局，摒弃以 GDP 为中心的竞赛模式，提升长江沿岸各地区的经济增长质量。一是构建长江经济带环境分区管制和风险分区防控体系，为沿江地区重化工企业及相关项目的准入与退出提供标准和规范。二是按照"关停淘汰一批、梯度转移一批、提升优化一批"的思路，不断优化存量，合理搬迁，有效化解过剩产能，实现转型发展，彻底扭转长江沿线重化工业分散布局、污染和风险难以控制的局面。三是鼓励长江经济带内的各省市运用高新技术改造和提升重化工等传统产业，大力发展战略性新兴产业，不断提高服务业比重，力推产业结构优化升级，构建起分工协作的现代产业体系。

（三）落实最严格的管理制度，加大生态环境保护考核问责力度

为破解长江经济带"重化工围江"难题，必须落实最严格的管理制度，加大生态环境保护考核问责力度。一是督促长江沿岸各地严格执行国家环境

保护、水资源管理等一系列管理制度和法律法规，推动新的《环保法》和《水法》等法律出台，为新时期长江经济带的工业开发管理提供法律保障。二是按照中央"生态红线"追责的要求，建立沿江地区领导干部任期生态文明建设责任制，同时建立健全环境损害赔偿制度和以环境损害赔偿为基础的环境责任追究制度，改变工业领域内环境损害"群众受害、政府埋单、企业赚钱"的不合理现象，对造成工业领域内生态环境损害的重大决策失误，实行问题追溯和责任终身追究。三是实施最严格的环保排放措施，不断加大对重化工相关企业污染排放的惩罚力度，在对污染企业处以重罚的同时，还要追究严重违法者的法律责任。

（四）完善政务公开制度，提高公众参与程度

进一步完善和执行政务公开制度，以方便广大社会公众参与政务和加强社会监督。长江沿岸各地方政府应定期向社会公众全面公开热点信息，比如重大工业发展布局规划、大型重化工项目建设及搬迁等，让公众了解、理解其环境的安全性和潜在风险，通过公示、听证会等形式，广泛听取意见和建议，接受社会监督和公众质询，以阻止有问题的重化工项目上马，并有效避免"重化工围江"再度演变为"重化工围城"。积极引导和鼓励社会公众参与大型重化工项目的选址、决策及运营，使其成为政府监管的有力补充。同时，要进一步完善社会公众参与的相关制度和机制，从法律层面明确公众参与的地位与权利。

第七节 国家制造业创新中心建设 应强化协同创新思维

为了贯彻落实中央"北京建设国家科技创新中心"的指示精神，在北京市相关部门的支持、引导下，以北大、清华等13家高校院所和商飞、潍柴等70多家高科技企业为基础，北京协同创新研究院（以下简称"创新院"）应运而生。创新院通过搭建"政产学研"合作平台，围绕国家重大战略方向和前沿领域开展联合创新，其做法对我国国家制造业创新中心建设有一定的借鉴意义。

一、北京协同创新研究院模式分析

（一）融合基础研究与应用研究，创建"协同创新中心—基金"二元耦合机制

创新院把产业共性问题当成课题，积极对接《中国制造2025》等国家战略，设立了仿真与设计、智能机器人、先进制造、新能源汽车、新能源、光电技术、生物医药等18个协同创新中心。每个协同创新中心都包括基础研究、应用研究、产业发展和应用示范等4个层次，即1—2家基础研究成员，3—5家应用研究成员和10家左右的企业，以及至少一家国家重点实验室或国家工程中心。创新院建立的"协同创新中心—基金"二元耦合机制是由政府、高校等多方出资，设立了按照市场化方式运作的15亿元协同创新母基金，母基金中50%用于投资中试项目，而另外50%用于引导高校院所、企业、社会资本建立对应18个协同创新中心的18只子基金，每只子基金的20%—30%来自母基金，其余来自社会资本。5亿元的知识产权基金用于支持工程技术研发，有利于加快各种先导技术的研发和产业化速度。

（二）创新科技成果转化机制，充分调动各方积极性

创新院建立了课题立项、项目管理等制度。课题的立项需经过初审、论证、评审和决策4个步骤，每个环节均由来自技术、产业和投资3个领域的专家执行。创新院通过"政产学研"的紧密结合，让科研单位与产业链同步攻关，成果可以直接对接产业需求，并不断回馈，实现了"目标一致、责任共担、利益共享、行动同步"。科研成果知识产权归研究院与基金共有。

一是发展引领技术创新的高精尖技术。项目收益的50%以上归核心团队，激发科研人员的积极性，政府同时给予超常规支持，项目完成后由中心内最合适的企业组织实施产业化，以5年为限对项目的科研规模、专利、技术转移收入、合作企业成长等进行绩效评估。二是以龙头企业为基础，企业与创新院共同出资，政府自动立项资助，研发完成后由大企业转化，或者许可其他企业使用，围绕龙头企业打造产业集群，研发团队与投资人各获得收益的50%。三是为中小企业研发定制化技术，企业与创新院共同出资，研发完成

后由企业转化，按销售额提成或按年收费的方式返还创新院投资。四是从创新院遴选项目，面向社会招募团队，胜出者出资不少于10%，其余资金由协同创新基金出资，共同组建企业进行创业。

（三）突破创新个体和地区限制，有效整合各种创新资源

创新院在立足北京、服务北京的同时，不断加快整合全球创新资源，通过在各地设立分院或项目落地等，带动区域创新能力的提升，并引导各地落地适宜的产业化项目。比如，"相变储能材料研发与产业化项目"整体落地邯郸。截至目前，创新院在南京、厦门、杭州、包头、邯郸等地设立了分院，并在绍兴、如皋等地设立了分中心。

此外，为了保证研究成果处于世界领先或先进水平，创新院还在美国硅谷设立了分院，并与密歇根大学、德国史太白大学及中国香港应用科技研究院等建立联合研发中心，通过集聚优质的国际创新资源，就地开展高水平研究，项目完成后转移至国内发展，基本形成了"北京统筹，全球研发，全国转化"的发展格局。

（四）化解创新人才保障难题，结合科技创新实践培养人才

创新院通过市场化的利益分享机制聚集各类高端人才，围绕某一具体技术领域和现实经济需求开展协同创新。创新院从合作院所双聘了75位一流科学家把脉技术发展趋势，从国内外招聘了数百名专职研究人员从事技术研发，并由高素质专业人员负责管理运营工作。

此外，创新院十分重视对应用技术人才的培养。利用"产业领袖"培养计划，采取"双课堂、双导师、双身份、双考核"模式，培养产业化专业人才，在创新中培养产业领袖，每年培养的高端创新创业人才都在100人以上。同时，将产业化效果作为考核标准，打破了科研人员直接参与企业运营而导致科研、生产难兼顾的难题。

二、北京市政府促进创新院建设的举措

（一）作为重点工作推进

创新院是在北京市和海淀区两级政府的共同支持下建立起来的，通过举

办"北京协同创新研究院工作模式研讨会",以及多次不同主题的调研活动,帮助创新院解决了建设中遇到的问题,并在实践中不断加大对创新院的支持力度,积极探索市场化协同创新的发展之路。

从成立至今,创新院协同创新模式初见成效,已有多家高校与20余家企业开展合作,"仿真软件""外骨骼机器人"等66个项目达到世界领先水平。其中,49个与企业达成产业化协议,组建了29家产业化公司。创新院模式推广不仅是海淀区政府的重点工作,同时也成为落实北京市提出的搭平台、聚人才、接任务、出成果和构建"高精尖"产业结构的实际行动,以及北京市加快建设全国科技创新中心的重点示范项目。此外,一些京津冀协同发展的相关政策也将依托创新院平台展开。

（二）创新管理机制

针对创新院的创新模式,北京市与海淀区政府积极转变管理方式,委托创新院将投资人、企业、科研人员等纳入协同创新平台,进行统一遴选和项目管理;项目判断、分析决策则主要取决于行业专家、企业家和投资人等。创新院作为民办非企业公益法人,实行理事会领导下的院长负责制,代表政府的只有2个席位（理事会共11人）。协同创新基金投资的项目,政府会优先给予配套支持。

可见,创新院的协同创新模式既发挥了政府引导创新的目的,又保证了由市场主体主导创新方向、检验创新成果,并以未来的经济效益配置创新资源投入。

（三）提供要素保障

一是资金支持。政府出资作为引导基金,撬动市场基金参与,并以此绑定参与各方的利益、责任和目标,而政府也会对每个项目配套一定比例的经费。创新院得到了北京市委、市科委以及海淀区相关部门的大力支持,其中北京市设立专项科研经费资助先导性技术研发,设立10亿元的创新基金支持工程技术研发及成果转化,发起设立大型产业发展基金支持项目产业化,并优先安排研究院课题申报国家项目。此外,北京市自然科学基金等出资设立了"原始创新引导基金",进行引导型创新,重点突破企业不愿涉及的基础研究和先导技术研发。

二是办公环境保障。在创新院成立初期，海淀区为其提供了过渡性办公场地，并对场地的物业费进行补贴。另外，总面积600亩、建筑面积60万平方米的协同创新园正在建设中。

三是人才管理。在教育部、科技部以及北京市的支持下，创新院获得了研究生招生资格，学生在合作院校完成理论学习后，即可参与创新院的科研项目。创新院实现了"四个结合"的人才管理模式，即结合重大科技任务引进人才，结合科技创新实践培养人才，结合知识技术转移转化向社会输送人才，结合区域经济社会发展需求培训人才。

三、对建设全国制造业创新中心的启示

（一）构建协同创新载体，加快创新资源集聚

整合全球创新资源，与国内外科研机构共建制造业创新中心，联合实施先进技术研发，形成"中心统筹，全球研发，全国转化"的一体化发展格局。构建政府引导的以市场为导向、企业为主体，依托高等院校、科研院所等科研机构运作的创新体系，深化政产学研各方参与的合作模式，打造制造业创新中心及实验室等共性技术的协同创新机构。加快创新资源集聚优化，探索建立土地、资金、人才等资源配置机制，统筹兼顾创新、教育、产业等多个方面，并强化激励机制，为制造业创新中心创造良好条件。

（二）探索新型管理运营模式，健全创新联动机制

以公益性为前提，成立创新中心理事会，并通过创新产业园、孵化器等业务平台，打造制造业创新生态系统，创新创业服务，创新制造业创新中心资源统筹、园区建设与运营等工作。健全各主体及各领域的创新驱动发展联动机制，突破束缚制造业创新中心发展的壁垒，围绕产业整体技术制定发展规划，立项时就确定技术转移对象，并共同参与投资，把产业共性问题作为高等院校和科研院所的科研课题，实现"政产学研用"协同发展，项目完成后由创新体系内最合适的企业或项目各方组建新企业实施产业化。

（三）重点突破关键领域，加快创新成果落地

确定科学合理的协同创新发展目标，围绕事关国家战略的重大基础研究、

战略先导研究，以及技术前沿研究，聚集相应的科研机构，遴选出一批覆盖全产业链的企业和代表性用户，共同建立创新基金，共同规划、评估、投资项目和实施成果转化，将单项技术的转让收入扩大为产业链创新技术的知识产权运营收入，并掌握重大科技成果项目落地的主动权。依托创新链，打造产业链，通过协同创新，将技术创新尽快转化到产业创新中去。采取激励措施，主动聚焦产业方向，提前布局研发项目，推动先进制造产业体系的构建，打造具有国际竞争力的特色产业集群。

（四）强化政策支持，激发创新活力

支持协同创新的相关政策，以市场化机制推动产学研合作，吸引更多的国内外高等院校和科研院所、产业领军企业参与国家制造业创新中心建设，使科研机构的创新成果与市场实现无缝对接，扩大创新成果在全国的推广转化，形成科技创新推动经济社会发展的批量成果。加大财政对协同创新的支持力度，鼓励和引导企业、高校等参与创新中心及其服务平台建设。助推服务创新中心的方式和方法创新，围绕创新链，整合人才资源，组建"学术领军人才+产业研究教授+产业领袖+专职工程师+企业工程技术人才"的人才链。

第八节　施耐德（北京）探索智能制造的新路径与经验启示

根据考察结果，施耐德（北京）"透明工厂"建设是对智能制造的有益探索，在现有设备基础上利用"互联网+"手段，实现"智能生产+智能管理"模式，可有效提高生产效率并降低能耗，这为我国推进智能制造提供了一条新路径。

一、背景介绍

"透明工厂"建设是施耐德（北京）提升自身竞争力的现实需求。近年来，随着国际产业竞争加剧、生产成本上升、外部市场需求放缓等诸多不利因素影响，施耐德（北京）面临着产品竞争力下降、利润下滑等困境。为此，施耐德（北京）于2013年开始实施"透明工厂"建设，以期提升其自身产品竞争力。该工厂是施耐德公司在全球最大的塑壳断路器生产企业，也是施耐德公司实施智能制造的示范企业。

"透明工厂"在提高劳动生产率、降低成本与能耗方面取得显著成效。"透明工厂"构建了以数据融合与透明为特征、以智能生产管理为关键技术、以智慧能源管理和精益生产管理为核心系统、以信息化为基础平台的智能制造体系。至2015年，该工厂劳动生产率提高12%，生产成本降低5%，能源消耗降低4%，这使得在该工厂在集团内部竞争中保持了产品综合成本优势，出口额大幅提升。

二、具体做法

以"工业以太网"为依托，构建透明融合的数据系统。该系统提供了一个面向工业自动化的以太网解决方案，通过开放的网络、开放的控制器、开放的软件打造集成开发平台，充分整合信息流与数据流，从企业级、运营级、控制级、设备级四个维度构建了一个完整而开放的操作平台，实现对所有生产线及所有对象的集成。该系统实现了从数据传输到信息整理、再通过信息来控制设备的全过程管理，有效提高了生产效率、降低了能耗。例如，原料配送模式由后端反馈升级为前段预判，当某一生产线原料降低到一定储量时系统自动进行优化配送，保证生产线的连续高效运转。

发挥不同层级员工的作用，全方位纳入系统运行。"透明工厂"依据不同层级架构，建立了一套包括企业负责人、工厂运营经理、车间班组长、一线工人的绩效管理体系，在"工业以太网"系统中给予接入端口，实现与其他层级人员及时交流反馈。在该系统中，企业负责人关注实时、准确的绩效管理，全面集中监控，运营效率提高；工厂运营经理关注整体设备效率（OEE）提升，甄别提升效率的关键环节，有针对性地采取措施；车间班组长关注提升产品质量合格率；一线工厂关注生产过程中的技术问题并实时反馈至系统，由上层决策人员快速提供解决方案。该系统保证了"透明工厂"整体运行的不间断及高效率。

构建"互联网+"管理体系，提供系统解决方案。作为传统生产型企业，为弥补在系统管理方面的天然短板，近年来施耐德有效整合集团内外部资源，围绕数字化转型进行了一系列有效并购，其中90%集中于软件业务。例如成功构建 EcoStruxure 管理平台，对电力管理、过程与机器管理、楼宇管理等环节实现有效的能耗控制。通过该平台，每个工厂及生产线都能及时监测能耗状态和漏洞，并对症下药地予以改进。

三、经验启示

我国推进智能制造应准确把握其理念精髓。施耐德"透明工厂"虽不是建立在大规模自动化生产设备升级的基础之上，但却充分运用"互联网+"的方式实现了内部高效智能管理，提升了现有设备及人员的运行效率，即"智能生产+智能管理"模式，这正是智能制造理念的精准实践。而目前我国部分企业并不能真正理解智能制造的内涵与精髓，一些企业认为购买工业机器人、实现生产环节的自动化便实现了智能制造。我国在推进智能制造过程中，应重点突出资源要素再配置与系统集成等工作，强调智能制造是一项集合工业生产各要素的顶层设计。

我国推进智能制造应重视生产管理标准化。施耐德"透明工厂"案例表明，智能制造是一场生产过程的数字化思维方式变革，不仅包括了以工业机器人为代表的智能工厂等外在特征，还包括了生产过程管理等内在卓越要素，如精益制造、DFSS、BOM 等基础生产管理思维的推广。但目前我国智能制造多侧重于生产过程的自动化、机器人设备的升级改造等内容，对生产过程管理的标准化程度重视不足，导致产品"增量不增质"现象仍然存在。我国推进智能制造应高度重视智能生产的质量把控，实现生产管理的标准化，切实提高我国制造业的国际竞争力。

我国推进智能制造应发挥员工的重要实践作用。目前我国推进智能制造实践中还存在一个误区，即认为实现生产智能化之后员工的作用将大大下降，在实践中以技术与设备升级取代员工素质与技能的提升。施耐德"透明工厂"案例表明，企业在智能化实施过程中，员工可以根据形势和环境敏感目标来参与生产工艺的控制、调节以及配置，其作用将越来越重要。智能制造是建立在一个开放、虚拟化的工作平台之上，人机交互以及机器之间的对话将会越来越普遍。我国在推进智能制造时，应制定员工导向型的培训政策，并倡导员工进行终身学习，更大程度发挥员工在执行和消化技术创新成果中的决定性作用。

第九节　ITA 扩围对我国信息技术产业有利有弊

2015 年 12 月 16 日，世贸组织扩大《信息技术协定》（ITA）产品范围谈判在世贸组织第十次部长级会议期间达成全面协议。至此，历时 3 年半的谈判尘埃落定。此次 ITA 扩围的背景和特点是什么？对我国信息技术产业具有怎样的影响？研究这些问题，对充分利用和应对 ITA、促进我国产业发展具有重要参考意义。

一、ITA 扩围的基本情况及特点

（一）ITA 扩围的背景及结果

1997 年 3 月 26 日，WTO 通过《信息技术协议》（ITA），有关国家和地区承诺在 2000 年 1 月 1 日前取消计算机、软件、通信设备、半导体及其制造设备、科学仪器等六大类信息技术产品关税。为换取美国对我国加入 WTO 的支持，我国于 2003 年加入 ITA，并在 2005 年之前取消 ITA 产品关税。

随着信息技术的日新月异以及世界经济格局的变化，一些原降税产品已逐渐被淘汰，发达国家积极推动 ITA 扩围。2012 年 5 月，美、欧、日、中等24 个参加方正式启动 ITA 扩围谈判。2015 年 7 月，经过 3 年多艰苦磋商，参加方就 201 项扩围产品达成一致，包括信息通信技术产品、半导体及其生产设备、视听产品、医疗器械及仪器仪表等产品。这 201 项产品全球贸易额 1.3万亿美元，约占相关产品全球贸易总额的 90%。

2015 年 12 月，世贸组织第十届部长级会议期间，各方就降税过渡期、关税减让表等剩余问题达成一致，ITA 扩围谈判全面结束。在过渡期上，所有产品计划于 2016 年 7 月 1 日起实施降税，绝大多数产品将在 3—5 年后取消关税，并在最惠国待遇的基础上惠及全体世贸组织成员。其中日本全部产品在协议实施时立即取消关税，美国全部产品在3年内取消关税，欧盟和韩国大多数产品在3年内取消关税，我国大部分产品在3—5年内取消关税。

（二）此次 ITA 扩围的主要特点

一是 ITA 扩围产品范围广，涉及领域多。此次扩围既有打印机、存储设备、半导体生产设备等传统 IT 产品，也加入了医疗设备、仪器仪表等技术含量较高的产品，还有泵、热交换装置等通用性产品，产品范围非常广泛，也表明信息技术正在逐渐渗透到其他行业，信息技术产业与其他一些产业的边界正在模糊。

二是 ITA 扩围凸显各国产业之争。此次谈判中，美欧等发达国家对医疗设备、精密仪器、多元件集成电路（MCO）极为关注，这与其正在实行的高端制造业"再回归"战略有密切关系，旨在通过扩围进一步巩固起全球优势。谈判最终达成很大程度上归因于上述产品的纳入。谈判过程的艰辛既体现出美欧在上述产品上的势在必得，也凸显出我国不仅在高端信息技术产品上竞争力较弱，在关键电子原材料和元器件方面也缺失话语权。

三是 ITA 扩围对多边贸易体制利弊共存。ITA 扩围谈判隶属于 WTO 框架，它为 WTO 多边贸易谈判提供了一种新的、有效的谈判方式。虽然诸边谈判成果可惠及所有 WTO 成员，但小范围谈判会催生高关税国家"搭便车"心理，有悖于 WTO 公平贸易原则。由于 WTO 成员方可自愿加入诸边谈判，成员方可选择对自己有利的谈判，规避敏感产品的降税，这将进一步削减成员方推进 WTO 非农谈判的积极性，多边贸易体制也会面临新的挑战。

二、ITA 扩围对我国信息技术产业有利有弊

（一）有利影响

一是有利于降低我国信息技术整机产品的成本，扩大出口。ITA 扩围达成将有利于降低电子元器件进口成本，提升整机产品的竞争力，进而有扩大整机出口。此外，ITA 扩围参加方在 201 项产品上将实现零关税，也为我国办公设备、通信和视听设备等优势产品提供了更为广阔的出口市场，有利于提高这些产品的全球市场占有率。

二是有利于倒逼信息技术产业转型升级，巩固中国在全球价值链中的地位。扩围产品实现零关税后，外国竞争产品将更容易进入我国市场，由此带来的市场竞争将给我国信息技术产业带来一次影响广泛的市场洗牌，竞争力较弱、未能及时转型的企业将逐渐被淘汰。这种对外开放带来的产业"倒逼"效应将有利于提升我国信息技术产业整体水平，推动产业向全球价值链高端延伸。

三是有利于我国信息技术产业的全球布局。信息技术产业具有全球价值链的明显特征，零关税对全球产业链的优化布局具有积极意义。如果我国企业能够借助此次全球贸易自由化的机会，合理布局生产要素，实现在全球范围内的产业优化布局，形成全产业链的竞争优势，将为我国信息技术产业带来新的市场机遇。此外，我国积极参与扩围谈判，有利于彰显对外开放的决心，对于稳定和吸引外资具有重要意义。

（二）不利影响

一是短期看ITA扩围对我国信息技术产品贸易利益有限。从基础关税情况看，我国平均关税税率为6.6%，而美欧日平均关税税率分别为1.2%、2.5%和0.4%。降税给美、欧、日、中带来的关税损失分别为12亿、29亿、0.1亿、75亿美元，我国关税损失最大。从进出口情况看，201项产品中国贸易逆差683亿美元，美国贸易逆差348亿美元，欧盟和日本贸易顺差分别为244亿美元和593亿美元。其中，我国贸易利益主要来源于通信、视听和办公设备，其他产品则为大量逆差，而美欧则恰好相反。因此，从静态贸易看，我国参与ITA扩围短期内利益并不明显。

表5-1 美欧日中201项扩围产品基本贸易数据（按HS6位税号计算，亿美元）

国家（地区）	201项产品关税税率情况			美欧日中进出口情况			美欧日对中国双边贸易情况		
	平均关税	零关税比例	最高关税税率	出口额	进口额	贸易差额	对中国出口额	从中国进口额	对中国贸易差额
美国	1.2%	39%	7.2%	2299	2647	-348	207	701	-495
欧盟	2.5%	20%	14%	2215	1971	244	255	584	-330
日本	0.04%	96%	3.9%	1527	934	593	379	285	84
中国	6.6%	23%	35%	3266	3949	-683	—	—	—

资料来源：联合国商品贸易数据库，中国海关，2017年1月。

二是部分竞争力较弱的高端产品短期内将受到极大影响。此次谈判中，美欧力推医疗设备、仪器仪表、电子元器件和电子原材料等高端领域纳入扩围。这些产品发达国家跨国企业已在全球范围内形成垄断格局。如医疗设备方面，被业界称为"GPS"的通用电气、飞利浦、西门子三家跨国企业占据我国80%以上的市场份额。相比之下，这些产品我国竞争力较弱，零关税会通过最惠国待遇原则惠及所有WTO成员，因此我国劣势产品面临的不仅是ITA参加方的竞争，而是所有WTO成员的竞争。长期来看，如果这些产品无法在降税过渡期内实现转型升级，形成竞争优势，未来发展将困难重重。

表5-2　2014年ITA扩围主要国家部分产品进出口数据（按HS6位税号计算，亿美元）

国家（地区）	进出口	半导体生产设备	电子生产设备	电子元器件	电子原材料	医疗设备	仪器仪表
中国	出口额	80.0	163.5	1304.0	38.3	47.3	89.3
	进口额	185.4	180.7	2820.8	39.9	88.7	220.9
	贸易差额	-105.5	-17.3	-1516.8	-1.6	-41.4	-131.6
美国	出口额	156.7	163.5	663.7	48.2	246.1	209.0
	进口额	121.1	145.2	681.7	27.4	199.3	167.2
	贸易差额	35.6	18.2	-18.0	20.8	46.8	41.9
欧盟	出口额	243.8	255.3	554.2	41.4	289.0	304.6
	进口额	60.7	123.1	541.8	26.0	176.2	146.8
	贸易差额	183.2	132.2	12.4	15.4	112.8	157.8
日本	出口额	169.3	121.4	531.1	48.1	51.6	109.4
	进口额	41.9	47.0	321.9	8.5	59.5	52.8
	贸易差额	127.4	74.4	209.2	39.6	-7.8	56.5

资料来源：联合国商品贸易数据库，2017年1月。

三是零关税可能加快部分信息产业外资转移的步伐。我国信息技术产业多年的快速发展主要是依托劳动力优势，加工贸易在我国信息技术产业中占比70%，外商投资企业占据80%的出口份额。随着我国生产要素成本提高，部分具有"候鸟性"特征的信息技术产业将逐渐向低成本国家转移，三星、富士康等加大在东南亚的投资已彰显出这一趋势。零关税将使进一步降低跨国公司投资转移成本，促使部分外资流向低成本的新兴经济体，我国加工装配型企业订单将逐渐被分流。

综上所述，从静态贸易来看，我国在 ITA 扩围产品上处于大量逆差状态，对我国医疗、仪器仪表、电子元器件等弱势产业将带来较大冲击。不过挑战中仍有机遇，由于信息技术产品更新速度快，如果我们能够借助全球自由化驱动，抓住机遇在全球范围内合理优化布局，最大化提高资源利用效率，加快产业转型升级，ITA 扩围将从长远动态上给我国产业带来实质性利益。

三、我国应对 ITA 扩围的政策建议

（一）从国家角度看，加强对 ITA 扩围产品的跟踪评估，及时提出应对策略，完善产业发展配套措施

一是做好 ITA 扩围产品跟踪评估。ITA 扩围涉及我国较多敏感产品，应跟踪零关税后这些产品的发展，认真评估降税对产业的影响，做好规律性总结，为后续类似谈判奠定基础。对于降税后受冲击较大的产品，应结合产业特点和国家政策取向，制定恰当的产业政策，及时提出应对措施。

二是完善产业发展配套措施，鼓励企业研发投入。加大资金支持，加快推进国家重大专项，支持产业关键核心技术自主研发和产业化；建立企业研发投入保险制度，帮助企业合理规避信息技术产业投资风险；探索利用政府采购、产业投资基金等手段加大对重点产业的支持。

三是完善基础设施，加大我国高端信息技术产业引资力度。在我国劳动力"红利"逐渐消失的情况下，应进一步提升我国投资环境，打造基础设施综合优势，吸引外资向高端信息技术产业，借助外资加快产业升级步伐；积极参与国际技术标准制定。通过贯彻国际标准提高产品质量和品牌，为产业升级奠定良好基础。

（二）从企业角度看，应加大技术投入，加强全球产业布局，加快培育全产业链优势

一是加大企业研发投入。我国信息技术产业规模虽然位居全球第一位，但大而不强、缺乏核心技术控制权。信息技术产业要想实现产业转型升级并实现技术引领，应紧密跟踪产业发展前沿趋势和产业发展机遇，加大重点产

品研发投入，加快科研体系建设和人才培养，争取在云计算、物联网等新技术方面抢占制高点。

二是利用两化融合，促进产业转型。企业要顺应"中国制造2025"和"互联网＋"发展趋势，与传统工业企业开展多层次合作，加快两化深度融合，推动信息技术在传统工业生产过程的渗透，提升改造传统产业，力争形成新的增长点，发掘新产品、新业态，推动商业模式创新。

三是加快全球产业布局，培育全产业链优势。我国信息技术产业已融入全球产业链中，产业发展离不开全产业链的合理布局。一方面，应利用全球贸易自由化契机，适时"走出去"，利用新兴经济体生产要素优势，合理布局产业；另一方面，加大对发达国家投资，紧跟发达国家技术发展趋势，通过技术溢出效应和学习效应加快产业追赶步伐。

行业篇

第六章 全国工业发展面临的问题

2016 年，全球经济进入深度调整期，欧美制造业回流，全球需求疲软态势短期内难以扭转，我国依靠外需提振工业增长的空间有限。从宏观环境来看，我国处于供给侧结构性改革和去产能调结构攻坚期，面临经济下行和人民币贬值的双重压力，国内有效需求不足，民间投资走弱，进出口优势缩减，直接制约了我国工业发展。同时区域工业发展不平衡依然存在，行业运行分化趋势明显，部分行业去产能降成本工作进入深水区，新旧动能转换速度放缓，劳动力成本优势缩减和研发投入限制，也使工业企业核心竞争力遭到削弱。整体来看，2016 年我国工业发展成果显著，但 2017 年仍有部分问题亟待解决。

第一节 工业经济增长新动能尚未形成

一、有效需求疲弱，资本外流压力增大

受工业结构调整和供给侧结构性改革等因素影响，我国工业增加值处于持续低位运行态势，2016 年我国规模以上工业增加值同比实际增长 6.0%，增速较上年回落 0.1 个百分点。工业领域分行业来看，受去产能相关政策影响，2016 年 12 月，全国采矿业固定资产投资 10320 亿元，同比下降 20.4%，降幅比 2016 年 1—11 月扩大 0.2 个百分点，预计 2017 年随着去产能工作不断深入，相关行业需求仍有下滑趋势。

从国际市场来看，美国特朗普上台后制造业回流趋势增强和美国货币政策转向，以及英国"脱欧"等事件削减了我国的国外市场需求，预计 2017 年

受德国大选、法国大选等事件推动，国外需求仍不容乐观。同时，我国制造业劳动力成本和原材料价格优势在不断削弱，同东南亚国家甚至发达国家的成本不断接近，新的竞争优势仍在探索过程中，在未来的国际竞争中优势减弱。

二、民间投资疲软，"脱实向虚"趋势增强

从工业民间投资增速来看，2016年工业民间固定资产投资180970亿元，比上年增长3.4%，分别比2012年、2013年、2014年和2015年低23.2个、17.6个、13个和5.9个百分点。从工业占民间投资比重来看，2016年民间固定资产投资中工业占比49.6%，较2015年有所改观，上升了0.2个百分点，但仍然比2012年、2013年和2014年分别下降1.7个、0.8个和0.2个百分点。

受我国"营改增"税负不降反增阵痛期，以及工业生产成本走高和工业企业利润降低趋势影响，目前我国工业企业实际投资回报率不断下滑，为保障企业正常运转，更多大型工业企业生产资金流入房地产、金融领域。此外，受我国央行货币政策收紧影响，银行对中小企业放贷门槛走高，中小企业融资困境依然存在，政府对产业投资力度随预算缩减等有所下降，都直接影响民间工业投资积极性。

三、进出口双降局面持续，出口动力疲软

2016年全年，我国货物贸易进出口总值24.33万亿元人民币，同比下降0.9%。其中，出口13.84万亿元，下降2%；进口10.49万亿元，增长0.6%；贸易顺差3.35万亿元，收窄9.1%，总体进出口形势仍呈现下降态势。尤其是出口方面，2016年以美元计我国外贸出口比2015年下降7.7%，上年同期为下降2.9%，降幅进一步加深，出口对我国经济的拉动作用明显乏力。尽管人民币贬值对我国一般贸易出口有一定推动作用，然而在全球需求疲软之际，大幅贬值反而会带来大量资本出逃，使金融风险大幅上升并引起消费萎缩。

从出口产品类型看，2016年我国机电产品出口7.98万亿元，同比下降

1.9%，占我国出口总值的57.7%，表明主体出口产品拉动力减弱，并受全球贸易收紧趋势影响，2017年相关产品出口形势仍不容乐观。同期传统劳动密集型产品合计出口2.88万亿元，下降1.7%，占出口总值的20.8%，显示我国传统出口优势下降。

第二节　区域行业发展不平衡趋势加剧

一、区域问题突出，缺乏长期稳定动力

分区域来看，2016年12月东部地区规模以上工业增加值同比增长6.2%，中部地区增长8.0%，西部地区增长7.6%，仅东北地区下降0.9%，呈负增长态势。受地区传统产业比重过高和我国去产能工作影响，预计2017年东北地区工业增长依然乏力，新动能培育仍处于探索期。同时受全国投资收窄和工业产品价格走高影响，东北地区工业企业利润仍不能长期维持正常运营需求。

而对于增速较快的东部发达地区来说，虽然在技术和人才等方面优势明显，但受到历史因素、行政划区和地方利益等影响，仍存在比较严重的产业结构同质化问题，很多省市的发展战略定位严重趋同，工业转型升级路径十分接近。以长三角地区为例，江苏和上海在地区产业结构的相似系数达到0.82，上海与浙江的相似系数为0.76，浙江与江苏的相似系数高达0.97，产业结构高度趋同，特色优势不明显，长期来看将导致竞争力减弱。

二、行业运行分化，新旧动能转换缓慢

2016年，一方面由于大宗商品价格回调和地产基建行业的拉动，钢铁、有色、建材等上游产业去库存和盈利状况均有所改善，另一方面受需求疲弱和竞争力下降影响，纺织、轻工等行业去库存较为缓慢。预计2017年受大宗商品价格上升影响，钢铁、有色等行业去库存成果有反弹风险，能否继续维持2016年态势仍取决于产业监管力度，同时轻工行业需求仍将继续走弱。

分行业来看，2016年消费品工业生产增速小幅下滑，内需增长乏力，消费品工业发展面临的内外部形势依然复杂。原材料工业受去产能去库存影响，仍维持稳中向好趋势，2017年将面临更大的下行压力。而我国电子信息制造业处于新旧动能更替的发展阶段，产业整体保持平稳较快发展，产业投资向好趋势进一步显现，但进出口形势依旧不容乐观。整体来看，工业全行业都处于新旧动能转型期，发展不确定性增强。

第三节　行业去产能降成本进入攻坚期

一、部分过剩行业价格大涨，复产可能性增强

2016年煤炭和钢铁两大行业去产能进程不断加速，成果显著。以煤炭行业为例，伴随7月份部分煤矿关闭以及一系列政策开始发力，煤炭供应大幅减少。2016年1—10月，原煤产量同比下降10.7%。而由于冬季供暖使得煤炭需求量升高，煤炭市场供不应求问题显现，再加上运输成本增加、天气因素等影响，煤炭价格超预期上涨，致使很多企业盲目复产。

同时国际大宗产品价格上扬也带动了国内一些过剩产能行业虚假繁荣，企业为追逐短期利益盲目生产，地方政府监管缺失等问题导致去产能效果削弱。如果煤炭、钢铁等产能过剩行业盲目恢复生产，将产能和库存再次推向高位，极易诱发新一轮产能过剩。

二、"僵尸企业"体量较大，面临清退困难

在供给侧结构性改革推动下，2016年我国清理"僵尸企业"工作成果显著，一大批过剩产业和国有落后行业企业破产重组，或寻求转型发展。但是受到我国既有体制性因素影响和周期轮回影响，我国"僵尸企业"问题依然严重。对于实施转型的"僵尸企业"来说，其老旧资产变现较难，难以覆盖改革成本，同时企业负债较高，资金缺口巨大，这都严重制约了企业的转型。2017年，受地方政府行政能力和财力制约，清理"僵尸企业"难度将继续

加大。

三、行政成本削减乏力，税收负担依然过重

2016 年降低企业的制度性交易成本是"降成本"的重要任务之一，经过一段时期的简政放权改革，容易取消和下放的行政审批事项基本改革完成，遗留问题都是难啃的"硬骨头"。2017 年继续深入推进简政放权工作，核心是将那些束缚经济社会发展、含金量高、突破价值大的权力取消或下放，而这必然触及核心利益团体，引发社会问题，因此如何实现平稳过渡是 2017 年工作的核心内容。

国家发改委 2016 年数据显示年度企业减税降费总额约 5500 亿元，其中"营改增"全面推开减税大概 5000 亿元，涉企收费包括进出口环节的涉企收费、银行卡刷卡的收费定价机制等，大概减少了 560 亿元。但"营改增"过程中仍有部分行业税负不降反增、征收环节成本控制不完善等问题出现，同时其他环节重复征税问题依然存在，降低了企业运行效率。

第四节　工业企业核心竞争力培育缓慢

一、高端产品供给不足，缺少世界级工业品牌

我国拥有生产世界级产品的能力，是全球制造大国，但世界级品牌匮乏，难称"制造强国"。在"全球最佳品牌榜"百强名单中，仅有华为、联想两个品牌入围，华为排在第 88 名，联想排在末尾。我国国内工业高端产品进口依赖度较高，对于大型高端自动化设备、高精密仪器的自主研发能力较弱，导致在全球生产链中处于末端，产品附加值不高，可替代性强，国际竞争优势不明显。

同时我国工业领域品牌国际化发展速度明显滞后于企业规模扩张速度。我国企业普遍品牌意识不高，自主知识产权维护能力不强，对打造优势品牌战略热情不高，更热衷于利用大批量生产与批发式销售的商业模式来实现企

业财富的增长，传统的凭借增加要素投入和加强成本控制的发展路径更受青睐，而忽视了通过产品、服务和自身形象的品牌化塑造来提升企业价值。

二、企业杠杆率上升，债务风险仍然较高

2016年我国总杠杆率在世界主要经济体中处于中等水平，在250%左右，与美国水平基本一致，但是分部门来看，非金融企业杠杆率偏高，高于很多国家的平均水平，目前测算结果在150%左右。这种企业杠杆率较高现象主要反映出中国资本市场不发达，所以企业是以银行贷款这种间接融资为主，直接融资特别是股权融资比重不高，在2017年银行信贷收紧趋势下，直接制约了企业的长期发展。

从资产和负债情况来看，2016年工业企业负债总额比2015年增长6.3%，资产负债率为55.8%，已经逼近60%的警戒线，企业面临的资金问题更加严峻。从亏损企业情况来看，2016年全国亏损工业企业45008万家，比2015年多83家，同比增长0.2%；工业企业累计亏损额为8173.6亿元，同比下降9.2%，2016年受原材料价格上升等带动，煤炭、冶金等行业转亏为盈，但企业债务违约风险仍然较高。

三、企业研发投入相对落后，创新水平仍需提升

从企业研发投入情况来看，预计2016年我国全社会研发投入达到15440亿元，占GDP比重为2.1%，连续四年突破2%，全国技术合同成交额达11407亿元，科技进步贡献率增至56.2%，基本符合我国经济发展的要求，但这与发达国家3%—3.5%的水平还有一定差距。我国规模以上工业企业研发投入约占销售收入的0.9%，而发达国家企业的这一比例平均为2%。2016年欧盟委员会发布"2016全球企业研发投入排行榜"，我国仅有华为一家企业挤入前十，以83.58亿欧元排名全球第八，中兴以19.54亿欧元排名全球第65位。

从科研成果转化情况来看，2016年我国发明专利申请受理量增速接近21.5%，申请受理量达到133.9万件，虽然申请增速较快，但整体质量水平依然偏低，无论是从国际层面还是实际应用效果方面，更多创新成果转换是对其他国家成果的模仿和继续研发，而自主创新能力仍需加强。

第七章 工业细分行业发展质量
整体评价与分析

为对工业细分行业发展质量进行整体评价和分析，本章构建速度效益和技术创新两大类共计八项指标的评价体系，计算截面指数，综合判断38个行业的速度效益类和技术创新类指标的得分和排名。评价结果表明，铁路船舶航空航天和其他运输设备制造业、仪器仪表制造业、计算机通信和其他电子设备制造业发展质量指数相对高，主要得益于技术创新指数高，这也印证了其高技术产业的战略地位；医药制造业发展质量位列第二，主要由于其速度效益指数排名首位。而石化、矿采选、部分纺织、轻工行业发展质量指数较低，表明传统高耗能行业和劳动密集型行业速度效益和技术创新水平均亟待提高，传统行业下行压力较大。

第一节 指标体系的构建

行业和地区是衡量我国工业发展质量的两个维度。构建行业评价指标体系要遵循可获取性、可比性等原则。而在地区工业发展质量评价指标体系中，有部分指标不适用于进行行业评价，如结构调整类指标。资源环境、两化融合和人力资源的大部分行业数据较难搜集，且由于行业自身特点，这三类指标行业间比较意义不大。因此，为体现行业之间的差异和特色，以下构建速度效益和技术创新两大类共计八项指标的体系，对2015年我国38个工业行业发展质量进行评价。2011年国家统计局将我国工业行业调整为41个，但由于开采辅助活动、其他采矿业和废弃资源综合利用业三个行业的部分指标数据缺失，因此最终选取参与评价的行业为38个。具体评价指标如表7-1所示。

表7-1　2015年38个工业行业速度效益、技术创新类共计八项指标

	速度效益类				技术创新类			
	工业增加值增速（%）	工业资产负债率（%）	工业成本费用利润率（%）	工业主营业务收入利润率（%）	工业R&D经费投入强度（%）	工业R&D人员投入强度（%）	单位工业R&D经费发明专利数（件/亿元）	工业新产品销售收入占比（%）
总计	6.10	56.61	6.07	5.96	2.70	0.90	24.53	13.59
煤炭开采和洗选业	1.90	68.70	1.78	1.70	0.99	0.60	4.40	2.46
石油和天然气开采业	4.20	46.86	11.79	8.75	3.13	0.79	18.37	0.78
黑色金属矿采选业	2.50	58.02	6.41	7.20	0.59	0.13	44.60	0.43
有色金属矿采选业	4.30	52.41	7.98	7.23	0.77	0.35	7.69	2.43
非金属矿采选业	6.60	46.31	8.53	7.80	0.52	0.19	21.34	1.64
农副食品加工业	5.50	50.59	5.23	5.24	1.03	0.33	18.85	4.36
食品制造业	7.50	44.77	9.16	8.55	1.49	0.62	19.77	6.08
酒、饮料和精制茶制造业	7.70	45.22	11.09	10.36	1.26	0.52	13.26	5.78
烟草制品业	3.40	25.47	14.86	12.84	1.86	0.22	57.14	17.67
纺织业	7.00	52.20	5.69	5.56	1.33	0.52	17.43	11.86
纺织服装、服饰业	4.40	47.05	6.27	6.13	0.73	0.41	17.33	8.22
皮革、毛皮、羽毛及其制品和制鞋业	4.90	45.14	6.85	6.69	0.61	0.35	13.87	6.19
木材加工及木、竹、藤、棕、草制品业	6.30	42.10	6.52	6.29	0.87	0.31	18.43	3.84

	速度效益类				技术创新类			
	工业增加值增速（%）	工业资产负债率（%）	工业成本费用利润率（%）	工业主营业务收入利润率（%）	工业 R&D 经费投入强度（%）	工业 R&D 人员投入强度（%）	单位工业 R&D 经费发明专利数（件/亿元）	工业新产品销售收入占比（%）
家具制造业	6.90	49.67	6.76	6.51	0.98	0.42	37.11	7.64
造纸和纸制品业	5.30	56.78	5.61	5.69	1.74	0.77	13.04	11.97
印刷和记录媒介复制业	6.70	43.56	8.27	7.81	1.35	0.50	26.80	7.64
文教、工美、体育和娱乐用品制造业	5.80	51.37	6.03	5.84	1.17	0.46	27.20	7.11
石油加工、炼焦和核燃料加工业	7.40	66.39	1.94	2.12	1.70	0.29	9.66	7.25
化学原料和化学制品制造业	9.50	57.02	5.72	5.59	3.73	0.95	20.52	12.81
医药制造业	9.90	41.48	11.37	10.56	5.58	1.72	22.70	18.41
化学纤维制造业	11.20	60.02	4.46	4.26	4.05	1.09	11.15	23.78
橡胶和塑料制品业	7.90	47.95	6.48	6.33	2.06	0.78	21.63	9.65
非金属矿物制品业	6.50	52.42	6.52	6.44	1.34	0.47	18.73	4.93
黑色金属冶炼和压延加工业	5.40	67.59	0.82	0.94	2.62	0.89	10.85	10.52
有色金属冶炼和压延加工业	11.30	64.73	2.70	2.84	3.06	0.72	10.66	11.32
金属制品业	7.40	51.63	6.02	6.01	2.33	0.76	24.12	9.54
通用设备制造业	2.90	52.23	6.88	6.68	4.36	1.34	26.47	17.10
专用设备制造业	3.40	53.07	6.23	6.10	4.80	1.58	32.08	16.80
汽车制造业	6.70	57.72	9.23	8.78	4.61	1.27	14.20	26.85

续表

	速度效益类				技术创新类			
	工业增加值增速（%）	工业资产负债率（%）	工业成本费用利润率（%）	工业主营业务收入利润率（%）	工业R&D经费投入强度（%）	工业R&D人员投入强度（%）	单位工业R&D经费发明专利数（件/亿元）	工业新产品销售收入占比（%）
铁路、船舶、航空航天和其他运输设备制造业	6.80	63.61	6.51	5.80	5.80	2.28	20.61	33.94
电气机械和器材制造业	7.30	56.55	6.70	6.54	4.29	1.46	30.53	23.85
计算机、通信和其他电子设备制造业	10.50	57.46	4.93	4.98	4.69	1.76	37.56	33.47
仪器仪表制造业	5.40	44.98	9.17	8.51	6.43	2.07	36.22	21.43
其他制造业	6.10	55.60	6.68	6.64	2.62	0.99	32.45	9.64
金属制品、机械和设备修理业	8.80	57.73	5.28	5.01	3.53	1.22	20.68	14.96
电力、热力生产和供应业	0.50	62.46	9.13	8.79	0.74	0.14	115.96	0.44
燃气生产和供应业	11.10	54.15	7.87	8	0.58	0.10	10.65	0.42
水的生产和供应业	5.60	56.24	9.65	9.83	0.41	0.34	15.65	1.05

资料来源：国家统计局，赛迪智库整理，2017年1月。

第二节　38个行业发展质量评价

为体现我国38个行业自身特性，八项评价指标的权重不应有明显差距，因此本书在确定指标权重时，对八个指标取相等权重，计算截面指数，综合判断38个行业的速度效益类和技术创新类指标的得分和排名。

有两点需要说明：第一，由于行业自身特点不同，部分评价指标并不具有绝对可比性。第二，对行业发展质量进行排名旨在找出相对差距。基于行业发展质量的评价指标体系，采用相等权重，计算得出 2015 年我国 38 个行业发展质量指数及分类指数，结果见表 7 – 2。

表 7 – 2　2015 年 38 个工业行业发展质量截面指数、分类指数及排名

	指数			排名		
	速度效益	技术创新	发展质量	速度效益	技术创新	发展质量
煤炭开采和洗选业	15.77	4.84	20.62	38	34	38
石油和天然气开采业	28.44	11.31	39.75	11	20	17
黑色金属矿采选业	23.28	5.04	28.32	29	32	33
有色金属矿采选业	25.17	3.31	28.48	25	35	32
非金属矿采选业	27.16	3.10	30.26	16	36	30
农副食品加工业	21.49	5.70	27.19	35	30	37
食品制造业	29.11	9.03	38.14	6	24	20
酒、饮料和精制茶制造业	33.09	7.15	40.23	3	27	15
烟草制品业	28.36	16.05	44.40	12	13	12
纺织业	24.44	10.04	34.48	26	21	26
纺织服装、服饰业	21.06	6.77	27.83	36	29	34
皮革、毛皮、羽毛及其制品和制鞋业	22.19	5.05	27.25	31	31	35
木材加工和木、竹、藤、棕、草制品业	22.21	4.99	27.21	30	33	36
家具制造业	25.55	9.36	34.90	23	23	24
造纸和纸制品业	23.87	11.88	35.75	27	19	21
印刷和记录媒介复制业	26.26	9.44	35.70	20	22	22
文教、工美、体育和娱乐用品制造业	23.40	8.71	32.12	28	25	28
石油加工、炼焦和核燃料加工业	22.05	6.91	28.96	32	28	31
化学原料和化学制品制造业	28.78	18.19	46.97	8	11	10
医药制造业	35.01	28.74	63.75	1	4	2
化学纤维制造业	29.10	22.70	51.79	7	9	7

续表

	指数			排名		
	速度效益	技术创新	发展质量	速度效益	技术创新	发展质量
橡胶和塑料制品业	25.77	12.71	38.48	21	18	19
非金属矿物制品业	25.59	7.34	32.94	22	26	27
黑色金属冶炼和压延加工业	17.85	13.61	31.46	37	15	29
有色金属冶炼和压延加工业	27.52	13.83	41.35	14	14	14
金属制品业	25.50	13.36	38.86	24	17	18
通用设备制造业	21.94	24.03	45.97	33	8	11
专用设备制造业	21.58	26.81	48.39	34	6	8
汽车制造业	32.22	26.39	58.61	4	7	5
铁路、船舶、航空航天和其他运输设备制造业	28.49	38.02	66.51	10	1	1
电气机械和器材制造业	27.98	27.53	55.51	13	5	6
计算机、通信和其他电子设备制造业	28.73	34.43	63.15	9	3	3
仪器仪表制造业	26.70	35.18	61.88	17	2	4
其他制造业	26.40	16.24	42.64	18	12	13
金属制品、机械和设备修理业	27.18	20.13	47.31	15	10	9
电力、热力生产和供应业	26.34	13.44	39.78	19	16	16
燃气生产和供应业	34.25	1.05	35.30	2	38	23
水的生产和供应业	32.00	2.88	34.88	5	37	25

资料来源：国家统计局，赛迪智库整理，2017年1月。

　　2015年，全国38个工业行业中，工业发展质量排在前五位的分别是铁路船舶航空航天和其他运输设备制造业、医药制造业、计算机通信和其他电子设备制造业、仪器仪表制造业、汽车制造业，工业发展质量指数分别为66.51、63.75、63.15、61.88、58.61。铁路船舶航空航天和其他运输设备制造业、仪器仪表制造业、计算机通信和其他电子设备制造业发展质量指数高，主要得益于技术创新指数高，分别位于全国前三位。医药制造业速度效益指数排名由第四位升至第一位，同时该行业技术创新指数排名第四位，发展质量位列第二，这也印证了其高技术产业的战略地位。而烟草制品业以往年度由于速度效益指数高，其发展质量指数也相对较高，但伴随烟草制品业速度效益指数下滑到第12位，其发展质量指数也下滑到第12位。

位于38个行业发展质量后五位的行业分别是纺织服装服饰业、皮革毛皮羽毛及其制品和制鞋业、木材加工及木竹藤棕草制品业、农副食品加工业、煤炭开采和洗选业，工业发展质量指数分别为27.83、27.25、27.21、27.19、20.62。煤炭开采和洗选业得分明显低于其他四个行业。从分类指数来看，五个行业的速度效益和技术创新指数均位于第29名以外。此外，燃气和水的生产和供应业虽然发展质量指数排名靠中间，但技术创新指数排名最后。

综合来看，运输设备、计算机、仪器仪表、医药等高端制造业的发展质量水平较高，而石化、矿采选、部分纺织、轻工行业发展质量水平较低，表明传统高耗能行业和劳动密集型行业下行压力较大，速度效益和技术创新水平亟待提高。

第八章　重点行业发展情况^①

2016 年是"十三五"规划开局之年，也是我国多个行业增速放缓、调整结构的一年。从具体行业来看：钢铁行业受需求提振影响，钢材价格触底反弹，企业效益扭亏为盈；汽车行业乘、商用汽车市场均实现了较快增长，经济效益也呈现同步增长；电子行业多个产业产值增速放缓，产业发展压力增大；机械工业主要经济指标普遍回升，智能制造成为亮点；纺织行业企业在东南亚布局提速，"互联网＋"趋势势不可挡；有色金属行业投资回落幅度较大，产品价格上涨动力不足；建材工业生产增速总体平稳，行业经济效益缓慢回升；轻工行业效益状况良好，但呈现行业两极分化。展望 2017 年，困难和希望同在，既有国内经济增长平稳、供给侧结构性改革政策效应逐步显现等积极因素，也有全球经济弱复苏趋势难以改善等不利因素，相信我国各行业、企业必然能在困境中走出一条重生之路。

第一节　钢铁

2016 年，随着国家稳增长政策陆续出台和供给侧结构性改革不断深入，需求形势趋于好转，钢材价格触底反弹，钢铁企业扭亏为盈。但由于钢铁生产仍保持较高水平，供大于求局面未有明显改观。2017 年行业化解过剩产能、转型脱困的任务艰巨，国民经济下行压力仍然较大，钢铁需求形势不乐观，行业总体经营形势仍然严峻。

---

① 本章全部数据来自国家统计局、工信部发布的行业运行报告以及各行业协会。

一、行业运行情况

1. 粗钢产量同比小幅上升，日产环比有所下降

据国家统计局数据，2016 年 1—11 月，全国生铁、粗钢和钢材（不含重复材）累计产量分别为 64326 万吨、73894 万吨和 104344 万吨，分别同比增长 0.4%、1.1% 和 2.4%。预计全年粗钢产量 8.05 亿吨，同比增长 1.2% 左右。

2. 钢材出口环比回升，进口相对平稳

据海关快报数据，2016 年 1—11 月，全国累计出口钢材 10068 万吨，同比减少 106 万吨，下降 1.0%；累计进口钢材 1202 万吨，同比增加 42 万吨，增长 3.6%；累计进口铁矿石 93524 万吨，同比增加 7899 万吨，增长 9.2%。预计 2016 年全年出口钢材在 1.1 亿吨左右，同比略有下降。

3. 钢材价格波动回升，总体水平小幅上涨

据钢铁协会监测，2016 年 1—11 月，CSPI 中国钢材价格指数平均值为 73.17 点，同比上升 5.83 点，升幅为 8.66%。预计 2016 年全年价格水平会高于上年。

4. 钢铁企业效益略有下降，全年利润保持扭亏为盈

据钢铁协会统计，2016 年 1—10 月，会员钢铁企业累计实现销售收入 22443 亿元，同比下降 6.31%；盈亏相抵实现利润为 287 亿元，同比增加 672 亿元，扭亏为盈；销售利润率为 1.28%，同比上升 2.89 个百分点；亏损面为 27.00%；亏损企业亏损额同比下降 63.18%。预计全年实现利润 300 亿元左右，保持扭亏为盈局面。

5. 钢材库存总体水平低于上年同期

2016 年 11 月末，全国主要市场钢材社会库存量为 852 万吨，同比下降 63 万吨，降幅为 6.85%；比年初库存减少 11 万吨，降幅为 1.22%。随着天气转冷，12 月份钢材市场进入需求淡季，社会库存会有所上升，但整体水平低于上年。从企业库存情况看，2016 年 10 月末会员企业钢材库存降至 1284 万吨，同比下降 237 万吨，降幅为 15.58%；比年初下降 134 万吨，降幅为 9.45%。

6. 钢铁行业固定资产投资继续下降

据国家统计局数据，2016 年 1—11 月，钢铁行业固定资产投资 4734 亿元，同比下降8.1%。其中黑色矿山投资905亿元，同比下降29.1%；黑色金属冶炼及压延投资3829亿元，同比下降1.1%。

二、存在的问题

1. 主要原燃材料价格大幅上涨，挤压钢铁企业盈利空间

2016年11月，原料价格继续上涨，焦煤、焦炭呈暴涨走势，废钢、铁矿石等也出现明显上涨。据调查，截至2016年11月末，山西地区焦炭价格为1880元/吨，环比上涨310元/吨，涨幅为19.75%，连续4个月涨幅超过200元/吨，同比上涨1350元/吨，涨幅为254.72%；普氏铁矿石价格11月28日为81.65美元，创年度新高，环比上涨16.95，涨幅为26.20%，同比上涨39.15美元/吨，涨幅为92.12%。主要原燃材料价格的大幅上涨必将带来钢铁企业生产成本大幅增加，对后期企业效益产生不利影响。近期推出的大型汽车限载政策，在一定程度上导致钢铁行业及相关上、下游行业运力紧张、运费上涨。

2. 出口同比依然下降，加剧国内供需矛盾

2016年11月份，全国出口钢材812万吨，环比增幅为5.6%，这是四个月来的首次增加，但1—11月同比依然下降了1.0%，虽然有一部分是因为国内钢材价格近期上涨较快，企业出口积极性减弱的影响，但也有一部分原因是国际贸易摩擦造成的。根据商务部发布的数据，2016年1—8月，涉及中国钢铁产品的贸易救济调查案件共计35起，占同期全部贸易救济案件数量和金额的近一半。钢材产品出口下降，将进一步扩大国内供给，加剧国内供需矛盾，最终将影响钢材市场和钢铁企业效益。

3. 化解产能任务艰巨，环保压力巨大

随着国际产能合作和供给侧改革的不断深入，钢铁行业在化解产能过剩方面取得了一定的成绩，但是由于钢铁行业对部分地方财政收入、保障就业仍起到关键作用，在化解钢铁产能过剩过程中有时难以有效执行市场优胜劣汰机制。同时，冬季雾霾天气增多对节能减排、大气治理的要求增加，钢铁企业面临着巨大的环保压力，环保投入与运行成本将进一步增加，钢铁企业盈利空间进一步收缩。

第二节　汽车

2016 年，在 1.6 升及以下乘用车购置税减半等一系列促进汽车消费政策，货币、信贷、投资等经济稳增长政策的作用下，乘、商用汽车市场均实现了较快增长，经济效益也呈现同步增长。展望 2017 年，购置税减半政策停止、鼓励政策退出、道路拥堵加剧、环保标准升级、地方保护扩大、出口市场下滑等制约汽车行业的不利因素依然存在，2017 年中国汽车市场面临零增长的严峻考验。

一、行业运行情况

1. 产销量同比较快增长

2016 年 1—11 月，汽车产销分别完成 2502.7 万辆和 2494.8 万辆，比上年同期分别增长 14.3% 和 14.1%，高于上年同期 12.5 个和 10.8 个百分点。

2. 乘用车环比、同比增长较快，商用车同比继续保持增长

2016 年 1—11 月，乘用车产销分别完成 2174.3 万辆和 2167.8 万辆，同比均增长 15.6%；与 1—10 月相比，产销量增速分别提高 0.3 个和 0.2 个百分点。其中，SUV 仍是拉动乘用车增长的主要助力。对比上年同期，1—11 月 SUV 产销 803.63 万辆和 793.88 万辆，同比增长 46.25% 和 45.49%。商用车市场同比保持增长，1—11 月，商用车产销同比分别增长了 6.3% 和 5.3%，增幅进一步提高。

3. 1.6 升及以下乘用车保持增长

在 1.6 升及以下乘用车购置税减半政策的影响下，1.6 升及以下乘用车增速平稳。2016 年 1—11 月，1.6 升及以下乘用车销售 1562.8 万辆，比同期增长 22.5%，占乘用车销量比重为 72.1%，比上年同期提高 3.8 个百分点。

4. 中国品牌乘用车市场份额高于同期

中国品牌乘用车的整体增速高于行业水平，市场份额稳步提升。2016 年 1—11 月，中国品牌乘用车共销售 925.1 万辆，同比增长 20.2%，占乘用车销

售总量的 42.7%，占有率同比提升 1.6 个百分点；其中轿车销量 207.7 万辆，同比下降 4.6%，市场份额 19.1%，同比下降 1.8 个百分点；SUV 销量 456.0 万辆，同比增长 57.4%，市场份额 57.4%，同比增长 4.4 个百分点；MPV 销量 199.4 万辆，同比增长 23.2%，市场份额 89.7%，同比增长 1.4 个百分点。

5. 新能源汽车较快增长

据中汽协会统计，2016 年 1—11 月，新能源汽车生产 42.7 万辆，销售 40.2 万辆，比上年同期分别增长 59.0% 和 60.4%。其中纯电动汽车产销分别完成 34.0 万辆和 31.6 万辆，比上年同期分别增长 75.6% 和 77.8%；插电式混合动力汽车产销分别完成 8.7 万辆和 8.6 万辆，比上年同期分别增长 16.2% 和 18.0%。

6. 汽车出口同比连续四个月增长

根据海关数据整理，2016 年 1—11 月，汽车出口 62.9 万辆，同比下降 5.1%，降幅继续缩小。其中乘用车出口 41.9 万辆，同比增长 6.9%；商用车出口 21.0 万辆，同比下降 22.4%。2016 年 10 月汽车整车共进口 9.0 万辆，比上年同期增长 3.4%；汽车整车出口 7.0 万辆，比上年同期增长 36.5%。2016 年 1—10 月，汽车整车进口 85.1 万辆，比上年同期下降 6.3%；出口 65.1 万辆，比上年同期增长 0.6%。

二、存在的问题

1. 新国标的实施对货车提出挑战

2016 年正式发布实施国家标准 GB1589—2016，对汽车外廓尺寸、轴荷和质量的标定、汽车的设计生产使用均作出要求，对车辆运输行业影响深远。在变化条目中，车宽增加、半挂车长度减少、铰接列车设定长度限值、6 轴车限重等，对目前在售车型有较大影响。如不能符合新国标要求，或不能最大限度拉货，被弃用的可能性较大。

2. 大城市限制机动车使用强度政策

为降低城市交通拥堵，多个大城市采取单双号限行、提高停车费标准、收取拥堵费等手段降低机动车使用强度，这些政策将在一定程度上抑制居民对汽车消费的需求。

3. 新能源汽车配套装备不完善

伴随新能源汽车销量增加，对配套充电设施需求增大，但充电基础设施产业尚处于发展初期，各地电价政策不清晰，增加了充电基础设施建设和管理难度。另外，互联互通水平仍然保持低位，虽然充电接口新国标已经发布，但现有车桩同步升级还需要进一步明确。

4. 汽车出口仍面临考验

虽然近年来国际经济好转对我国汽车出口带来一定拉动效应，我国汽车出口在 2016 年末也达到连续四个月同比增长，但是商用车在 2016 年 1—11 月出口 21.0 万辆，同比下降 22.4%。受到品牌影响力、技术水平差距、营销实力等因素制约，仍对我国汽车出口带来诸多不稳定性，使得汽车出口形势面临诸多考验。

第三节　电子信息

2016 年是"十三五"开局之年，电子信息制造业面临更高要求。整体来看，通信设备和智能手机增速整体下滑，集成电路、平板显示等产业产值增长速度较往年放缓，产业发展将面临更大压力。2017 年是新旧动能交替期的重要时期，我国电子信息制造业仍要探索确定新的动力支撑，为"十三五"时期产业的稳步、创新发展奠定基础。

一、行业运行情况

1. 行业保持平稳增长

2016 年 1—11 月，我国规模以上电子信息制造业增加值同比增长 9.6%，较 2015 年同比回落 1.2 个百分点。占规模以上工业增加值比重为 7.4%。

2. 行业效益良好，亏损面收窄

2016 年 1—11 月，全行业主营业务收入同比增长 7.4%；实现利润增长 17.7%。主营业务收入利润率为 4.71%，同比提高 0.4 个百分点；企业亏损面 18.9%，同比收窄 2.2 个百分点。

3. 进出口减少，降幅扩大

据海关统计，2016 年 1—11 月，电子信息产品进出口总额 10982 亿美元，同比下降 6.5%，其中，出口额 6479 亿美元，下降 7.6%，降幅同比扩大 6.5 个百分点；进口额 4503 亿美元，下降 4.9%，降幅同比扩大 3.4 个百分点。

4. 重点联系企业经济运行状况良好

2016 年 1—11 月，工业和信息化部监测的重点联系企业主营业务收入同比增长 8.2%，高于全行业增速 0.8%，其中，收入增速超过 30% 的企业占比达到 18.5%。实现利润增长 47.7%，高于全行业增速 30%，其中，利润增速超过 50% 的企业占比达到 22.8%。主营业务成本同比增长 8.2%，与收入增速持平；财务费用下降 9.7%。

二、行业存在的问题

1. 内外部经济环境走弱带来负面影响

2016 年国内外经济格局变化凸显，美元加息、量化宽松货币退出等政策为未来的贸易带来不确定影响，欧元区政府债务压力仍存，新兴市场经济下滑，全球经济仍然低迷。全球电子信息产业增速减缓，对我国出口带来一定压力。另外，近年来欧美国家对我国电子信息产业采取包括显性和隐性在内的多种贸易保护措施，进一步阻碍我国电子制造业发展。

2. 核心基础领域阻碍产业转型升级

虽然电子信息产业在技术上取得重大突破，但是我国核心技术和关键设备受制于人。其中，IGBT、传感器、电感器等关键产品依旧落后国际先进水平，集成电路、平板显示关键设备以及自动贴片机、薄膜流延机等核心专用设备则长期依赖进口。核心基础产业仍是制约我国建立自主创新信息产业的主要部分，需要引起持续高度重视。

3. 成熟领域缺乏颠覆性创新

由于缺乏颠覆性创新，通信设备等成熟领域的增速持续下降，导致电子信息制造业整体增速明显下滑。特别是在全球市场萎缩的大背景下，虽然国产品牌在家用视听、计算机、通信设备等市场的占比不断提升，但增长压力仍持续加大。

第四节　机械工业

一、行业运行情况

1. 行业主要经济指标普遍回升

2016 年以来，机械工业经济运行延续了上年四季度趋稳的走势，主要经济指标增速较上年有所回升，增速超出年初预期。从机械工业增加值来看，2016 年，机械工业增加值增速同比增长 9.6%，高于同期全国工业增速 3.6 个百分点，高于上年同期机械工业增速 4.1 个百分点；从机械工业主营业务收入来看，2016 年机械工业累计实现主营业务收入 24.55 万亿元，同比增长7.44%，比上年同期提高 4.12 个百分点；从机械工业实现的利润总额来看，2016 年机械工业实现利润总额 1.68 万亿元，同比增长 5.54%，比上年同期提高 3.08 个百分点。

2. 智能制造成为机械工业新趋势

近几年，在相关产业政策的引导下，我国制造业数字化、信息化建设快速发展，具体表现为企业自动化生产线和数字化车间数量明显增加，企业生产、运营、管理的信息化水平不断提升。在高速发展的互联网、云计算、传感技术、控制技术的协同作用下，智能制造已开始在部分领域探索起步。以工业机器人为例，中国机器人产业联盟统计数据显示，我国已连续三年成为全球第一大工业机器人消费市场，且国产机器人的生产数量也在快速增长，2016 年 1—10 月产量比上年全年的产量增长了 71.5%。在我国，搬运机器人已经占到机器人的 42%，焊接机器人已经占到 30%，"机器换人"趋势渐显。

3. 服务型制造成为机械工业企业转型升级的重要途径

2016 年 8 月，中国机械工业联合会出台了《关于机械工业发展服务型制造的指导意见》，大力推动传统企业向制造服务业的转型，创新机械行业服务模式。目前，机械工业服务型制造已全面延伸到所有大行业，实现从研发设计到产品回收处理和再制造等各个环节完备的服务链条，并涌现出陕西鼓风机集团、潍柴动力集团、杭州制氧机集团、浙江中控技术股份有限公司等一批典型与示范企业。新业态、新模式不断涌现，发展服务型制造已成为机械工业企业转型升级的重要途径。

二、存在的问题

1. 投资增速回落过快

2016全社会固定资产投资同比增长8.1%，制造业投资同比增长4.2%，机械工业累计完成投资5.01万亿元，同比仅增长1.7%，分别低于全社会及制造业投资增速6.4个和2.5个百分点，大幅落后上年机械工业投资增速8个百分点，增速已连续五年回落。在机械工业重点行业中，近一半行业的投资同比下降，分别是内燃机、重型、机床、石化通用机械、文化办公设备、其他民用机械6个行业。电工电器和食品包装机械行业增速分别为10.36%和8.48%，增速较高；农机、工程机械、仪器仪表、基础件和汽车行业投资增加均不足5%。

2. 市场需求疲软的态势仍未改善

在经济下行压力下，机械产品内需市场疲软的态势短期内难以明显改善。由于上游钢铁、煤炭、电力、石油、化工等行业处于产业结构调整期，对机械工业设备需求不足，2016年机械工业重点联系企业累计订货额同比增长10.37%，订货形势仍不稳定。此外经过多年的高速发展，各类机械产品的社会库存均已达到相当规模，对在役设备的更新改造维护已成为需求中的重要部分，这既减轻了增速波动下行的幅度，同时也增加了增量回升的难度。另外，国际市场需求不振，外贸进出口总额持续下降，全年累计实现进出口总额6474.55亿美元，同比下降2.86%，连续两年呈现负增长。

3. 专用设备制造成为机械工业发展的短板

经过多年发展，我国装备制造业发展成绩斐然，为经济发展和国防事业提供了大量的自主技术装备，但制造这些技术装备所需的大部分专用生产设备、生产线及检测系统仍依赖进口。与发达国家相比，呈现出较大差距，主要表现为：企业自主创新能力较弱，关键技术缺失，产品质量有待提高。目前，我国用于制造重大技术装备的关键工艺装备和制造高端产品的专用生产线、检测系统基本受制于人，成为我国制造业转型升级的主要短板。

第五节　纺织

一、行业运行情况

1. 行业主要经济指标增速有所放缓

2016 年 1—11 月，纺织行业工业增加值、主营业务收入、利润增速和固定投资增速有所放缓。具体来看，规模以上纺织行业（不包括纺机部分）工业增加值同比增长 5.2%，低于上年同期增速 1.2 个百分点，低于上年同期全国规模以上工业增加值增速 0.8 个百分点。规模以上纺织企业实现主营业务收入 66005.1 亿元，同比增长 4.2%，增速较上年同期放缓 0.8 个百分点；实现利润总额 3454.7 亿元，同比增长 4.8%，增速较上年同期放缓 2 个百分点。受终端需求不旺及投资周期性影响，全行业 500 万元以上项目投资完成额为 11580.5 亿元，同比增长 6.7%，增速较上年同期放缓 8.3 个百分点。

2. 行业出口数量增速有所提升。

2016 年我国累计出口纺织品服装 2624.4 亿美元，同比下降 7.5%，较 2015 年同期降幅加深 2.7 个百分点。国际市场需求持续低迷是主要原因，2016 年 1—11 月，美国、日本从全球进口纺织品服装同比分别下降 6.3% 和 12%。出口规模持续负增长，主要是受美元升值影响，纺织品服装出口价格同比降低 6.4%，排除价格因素，行业出口数量同比增长 0.4%，高于上年同期增速 3.6 个百分点。我国纺织品服装在美、日、欧等传统市场份额下降的同时，在其他新兴市场有所提升，市场格局更加优化，行业抗风险能力有所提升。

3. "实业＋互联网"趋势势不可挡

2016 年纺织服装企业"互联网＋"行动不再局限于电商和营销层面，而是呈现"实业＋互联网"融合发展趋势。一是互联网与纺织服装业正在快速融合，广泛应用于纺织服装产业链各个环节，智能制造在纺织服装行业已经取得深度应用。二纺织服装行业正在与各类行业跨界融合，创新载体已经由单个企业向跨领域、多主体的创新网络转变。三是受"互联网＋"思维影响，纺织服装企业正在向生产小型化、智能化以及专业化模式快速转变。

二、存在的问题

1. 企业污染问题严重

目前，我国纺织印染企业排污问题十分严峻，对大部分中小纺织企业而言，要达到环保标准，成本需增加30%—50%，一旦环保监管收严，很多中小企业将面临停产风险。在2016年全国的环保整治行动下，占据全国三分之一产能的浙江绍兴关停印染企业72家，12月份广东停业整顿的纺织企业达71061家，环保问题已成为制约我国纺织企业发展的难题。

2. 出口贸易摩擦频繁

目前，我国在轻工、纺织等领域的比较优势正在消减，并未培育出高端品牌，无法实现差异化竞争，因而遭遇到来自东南亚等发展中国家的贸易摩擦。一些国家和地区，尤其是以美、日为首的发达国家至今不承认中国的市场经济地位。另外，在反倾销调查中，按照国际价格估算对象物品，从而对中国出口的产品征收高额关税，抑制了我国纺织品出口的增长空间。

3. 行业转型升级压力大

我国纺织工业也面临转型升级难的问题，表现为投资增长存在制约因素，内外需求增长缺乏动力支撑。我国纺织工业自主创新与集成创新能力较为薄弱，科技成果转化率较低，创新体系建设及运行机制不完善，产业链前端的产能结构问题突出，产业链中间环节产品趋同现象普遍存在，产业链终端产品有效供给不足等。另外，环保压力以及有效环保监管措施欠缺也制约了纺织行业转型升级。

第六节　有色金属

一、行业运行情况

1. 多个产业产量增速回落较快

2016年1—11月，全国十种有色金属产量4780万吨，同比增长1.35%，增速同比回落 6.2 个百分点。其中，精炼铜产量 768.13 万吨，同比增长 7.39%；原铝产量 2898.19 万吨，同比下降 0.65%，降幅比 1—10 月收窄 0.5 个百分点；铅产量 395.21 万吨，同比增长 5.04%；锌产量 573.87 万吨，同比增长 1.24%。规模以上企业六种精矿金属含量 823.55 万吨，同比增长 3.25%。其中，铜金属含量 167.06 万吨，同比增长 10.16%；铅金属含量 204.38 万吨，同比增长 2.92%；锌金属含量 425.25 万吨，同比增长 1.38%。

2. 主要产品价格显著回升

2016 年上半年，我国有色金属价格大幅下降，部分品种价格甚至接近 2008—2009 年国际金融危机时的水平。1—6 月有色金属现货价格较上年同期下降 18.60%，除铅价略微上涨之外，其他金属价格均不同程度地下降：铜、铝、锌、锡价格下降幅度在 10% 至 20% 之间，镍价大幅下降 32.27%。经季节调整，11 月，伦敦金属交易所有色金属产品价格指数同比回升 79 个点，国内市场四种金属现货均价环比 3 升 1 降、同比均有所回升。12 月，国内市场铜现货平均价为 46033 元/吨，同比上升 28.2%；铝现货平均价为 13261 元/吨，同比上升 24.4%；铅现货平均价为 19684 元/吨，同比上升 49.8%；锌现货平均价为 22083 元/吨，同比上升 68.3%。

3. 投资呈两位数回落幅度

经季节调整，2016 年 11 月，有色金属工业固定资产完成投资额为 446.1 亿元，同比回落 15.3%，该指标自 8 月以来呈两位数回落幅度。其中，矿山、冶炼和加工项目完成投资均延续下降趋势；私人投资同比下降，国有投资同比增长。

二、存在的问题

1. 冶炼行业产能过剩

目前，国内大部分行业冶炼产能过剩，尤以电解铝问题突出，新疆、内蒙古、山东等地区产能大幅扩张，截至 12 月底，国内铝冶炼企业建成产能 4369.8 万吨，运行产能 3673.9 万吨，新增产能超过 400 万吨。除了电解铝之外，其他品种产能及一些中低档加工产能过剩亦较严重。2016 年 10 月，国务院常务会议要求对钢铁、煤炭、电解铝等产能严重过剩行业，各地不得以任何方式新增产能。目前仍在建设的多为已批项目，禁止新增短期内对市场影响小，但中长期则有利于行业健康发展。

2. 有色金属价格上涨动力不足

由于 2016 年国内外市场主要有色金属价格仅略高于平均生产成本线，受成本因素支撑，大部分金属价格继续大幅下跌的空间不大。然而目前世界有色金属"去产能"的结构调整进展缓慢，大量积累的库存需要长时间消化，供应过剩导致大部分金属价格上涨的动力依然不足。另外，由于美国加息对大宗金属价格形成压制，有色金属价格回升前景依然不容乐观。

3. 新动能尚不足以对行业形成稳定支撑

当前，我国有色金属行业形成了一些新动能，但这些新动能占行业整体规模的比重较小。例如，新涌现出的航空铝材、锂等稀有金属以及动力电池材料等高端产品发展较快，市场前景较好，但其市场规模有限，对扭转产业发展困境难以起到支撑性作用。由于有色金属行业发展内生动力不足，一旦有色金属价格持续回升，容易引发产能扩张回潮。

第七节　建材

2016 年，建材工业生产增速总体平稳，传统建材产品中水泥和平板玻璃产量增长，行业经济效益缓慢回升。行业运行存在的主要问题有：传统产业产能过剩；燃料价格过快上涨，水泥行业利润恢复艰难；企业融资渠道不足，面临资金压力；加工制品、高附加值等新兴产业不足。展望 2017 年，国家宏观环境稳定，行业自律、结构调整等因素发挥效应，建材行业稳增长目标将顺利实现。

一、行业运行情况

1. 总体增速平稳，效益回升

2016 年，建材行业工业增加值同比增长 6.7%，增速同比持平。分季度看，一季度、上半年和前三季度工业增加值增速分别为 7.7%、7.9% 和

7.1%。2016 年，建材工业主营业务收入同比增长 5.3%，实现利润同比增长 9.1%。5 月以后水泥、平板玻璃等建材主要产品价格止跌回升，行业收入增速止跌趋稳，利润从负增长转为正增长。

2. 传统建材产品产量增长，价格上涨

受全国投资增速企稳回升、市场需求总体平稳等因素影响，建材主要产品生产保持平稳。2016 年，全国水泥产量 24 亿吨，同比增长 2.5%（上年为下降 4.9%）；平板玻璃产量 7.7 亿重量箱，同比增长 5.8%（上年为下降 8.6%）。12 月，水泥、平板玻璃价格均比上月上涨。全国市场 P.O42.5 散装水泥平均价格 311 元/吨，比上月上涨 5 元/吨，同比上涨 69 元/吨，涨幅分别为 1.6% 和 28.5%。平板玻璃（原片）出厂价 66.3 元/重量箱，比上月上涨 0.6 元/重量箱，同比上涨 9.8 元/重量箱，涨幅分别为 0.9% 和 17.3%。

3. 行业固定资产投资持续下降

2016 年 5 月以来，建材行业固定资产投资持续下降，将加重水泥、玻璃等过剩产业本已运行困难的情况，更加剧了混凝土与水泥制品、新型墙体屋面材料、技术玻璃、纤维复合材料等建材产业链延伸产业结构调整的进展。继银行抽贷、融资渠道不足、供需失衡等造成的资金压力已经成为影响企业发展和转型重要掣肘之后，固定资产投资的持续下降将使行业明年运行面临更多困难。

4. 出口大幅下滑，高端产品出口萎缩

受国际市场低迷以及汇率波动的影响，2016 年，建材工业出口交货值同比下降 4%，降幅同比扩大 0.1 个百分点。建筑卫生陶瓷等高端产品出口萎缩，国内部分产区调低出口价格。建材出口的大幅下滑是 2016 年建材产业中出口比重较大行业下行压力增大的主要原因。

二、存在的问题

1. 燃料价格过快上涨，水泥行业利润恢复艰难

2016 年下半年以来，水泥企业煤炭购进价格大幅上涨，12 月，全国水泥生产成本增加 20 元/吨以上，占 2016 年以来水泥出厂价格增幅的 80% 以上，煤炭价格回升幅度过快影响了建材企业行业效益的恢复和平稳增长。

2. 平板玻璃产量增速加快，可能导致市场供需失衡

平板玻璃出厂价格在2016年4月低位筑底反弹，行业经济效益自2012年以来首次好转。但随之全国平板玻璃产量增速也加快，7、8两月同比增速为6.7%和6.9%，虽然9月有所放缓，但10、11月当月产量同比增速加快到8.8%和7.1%，12月产量增速再次加快到15.4%，达到两年来最高点。当前平板玻璃企业库存量高达近8000万重量箱，如果生产继续加快，必将导致市场供需进一步失衡，价格跌势难以有效遏制，当前来之不易的局面将会丧失，行业将再陷低迷。

3. 企业融资渠道不足，面临经营压力

2016年，在固定资产投资的持续下降情况下，企业面临的资金压力进一步增加。特别是中小企业和民营企业融资渠道有限，许多企业不得不求助于民间借贷，甚至是短期高利贷缓解资金困境，中小企业负债不断增加，将进一步增加企业经营压力和经营风险。2016年，水泥、平板玻璃两个行业企业亏损面分别为27.6%和21.5%。

4. 加工制品、高附加值等新兴产业不足

分布在水泥制品、轻质建材、砖瓦砌块、隔热隔音、技术玻璃、玻璃纤维增强塑料等行业的建材战略性新兴产品仍然缺乏，部分产品主要依赖进口。2016年10月以后，水泥制品、石材、砖瓦、建筑卫生陶瓷等建材产品扭转下滑下行趋势。技术玻璃、玻璃纤维和复合材料、防水材料、轻质和隔热隔音材料在2016年基本稳定在中速增长水平。但建材战略性新兴产品总体体量仍然偏小，而且同样也面临需求不足压力，增长速度大幅回落。

第八节　轻工业

2016年，轻工业继续保持总体平稳、稳中有进的发展态势，增加值累计增速继续回升，投资保持正增长，行业效益状况良好。发展中面临的问题主要有：国际市场需求不旺；行业两极分化加速；部分中小企业失业人数增多。随着先进制造技术在轻工生产中的应用，轻工业已从传统制造业发展成为与人民生活水平密切相关的现代制造业。展望2017年，轻工业将继续保持良好

的发展态势。

一、行业运行情况

1. 工业增加值增速继续回升

2016 年，轻工业实现工业增加值同比增长 6.7%，增速同比提升 0.3 个百分点，高于同期全国工业增加值累计增速 0.7 个百分点；其中，农副食品加工业、食品制造业增加值同比分别增长 6.1% 和 8.8%，食品制造业增速高于制造业增速。自 2011 年至 2015 年，轻工业工业增加值增速分别为 15%、11.7%、9.8%、8.2% 和 6.4%，呈逐年下降态势，2016 年增速有所回升。

2. 各行业投资均保持正增长

2016 年，轻工业各行业投资均保持正增长，为后续发展提供了有力支撑。分行业看，农副食品加工业、食品制造业、橡胶和塑料制品业、金属制品业行业投资增速分别为 9.5%、14.5%、7.4% 和 6.5%，均高于制造业投资增速。

3. 出口持续负增长

2016 年，商务部重点监测的七种劳动密集型轻工出口商品中仅玩具出口增幅保持增长，增长 17.4%，其中，塑料制品、鞋类、箱包出口同比分别下降 5.5%、12.1% 和 11.6%，除箱包、鞋类外其他产品降幅均有所扩大。

4. 行业效益保持平稳增长

2016 年，轻工业实现主营业务收入 24.6 万亿元，较上年同期增长 6.2%，增速同比持平；累计实现利润 1.6 万亿元，同比增长 7.2%，增速同比回落 0.5 个百分点。

二、存在的问题

1. 外需低迷制约行业发展

由于美欧经济不振，新兴经济体市场下滑，国际市场消费能力减弱；同时，受东南亚等国家劳动要素成本低廉冲击影响，我国劳动密集型轻工产品国际竞争优势减弱。贸易摩擦日益激烈，对我国轻工业国际市场拓展形成障碍。2016 年前 8 个月，我国出口产品遭遇来自 20 个国家（地区）发起的 85

起贸易救济调查案件，涉案金额 103.21 亿美元；案件数量同比上升了 49%，涉案金额同比上升了 94%。从涉案产品类别分析，轻工业是国外对华产品发起救济调查主要领域之一。

2. 行业两极分化加速

在日趋激烈的市场竞争环境下，行业两极分化加速。一批小企业由于环保制约及产品过时等因素被淘汰出局，龙头企业不断推陈出新，市场能力强，效益增长快；根据 2016 年上半年轻工业上市公司的年报，大多龙头企业利润水平提升，乳品行业的伊利股份利润增长 20.5%；家电行业海尔公司利润增长 20%，格力电器利润增长 11%；造纸行业晨鸣纸业利润增长 265%，太阳纸业利润增长 40.04%，华泰股份利润增长 35%。

3. 市场环境有待进一步优化

据中国轻工业联合会实地调研中企业反映，一是融资难融资贵问题没有得到根本解决，特别是银行对中小企业贷款只收不贷，为维持经营，企业只能求助于民间高利贷；二是劳动力人工成本持续过快上涨；三是整体税费负担重，企业经营压力仍然很大。

区域篇

第九章　四大区域工业发展质量评价与分析

综合篇我们分析了全国工业发展质量指数，2010—2015 年，我国工业发展质量总体稳步提升。本章我们将从东部、东北、中部和西部四大区域角度分析我国工业发展质量的水平、特点及存在的问题，为区域协调发展提供相应数据支撑及决策参考。四大区域截面指数测算结果显示：2010—2015 年，东部地区工业发展质量始终遥遥领先其他地区，且领先幅度有逐年扩大趋势；东北地区工业发展质量下滑趋势明显；中部地区工业发展质量稳中有升，紧紧追赶东部地区；西部地区工业发展质量有明显提升，逐渐向中部看齐。此外，本章还从分类指数入手分析了四大区域工业发展质量指数变动的具体因素。

第一节　四大区域截面指数分析

综合篇部分我们分析了全国工业发展质量指数，2010—2015 年，我国工业发展质量总体稳步提升。本章我们将从东部、东北、中部和西部①四大区域角度来分析我国工业发展质量的水平、特点及存在的问题，为区域协调发展提供相应数据支撑及决策参考。

基于本书第三章构建的工业发展质量评价指标体系和评价方法，我们得到 2010—2015 年全国 30 个省（区、市）的工业发展质量截面指数（各省份分析详见第十章）；根据各省（区、市）数据计算出我国四大区域的工业发展

---

① 东部地区包括北京、天津、河北、上海、江苏、浙江、山东、广东、福建、海南等 10 省（市）；中部地区包括河南、山西、安徽、湖南、湖北、江西等 6 省；东北地区包括辽宁、吉林、黑龙江等 3 省；西部地区包括新疆、青海、内蒙古、宁夏、甘肃、陕西、四川、重庆、贵州、广西、云南、西藏（未参与分析）等 12 省（区、市）。

质量截面指数及排名，结果见表9-1和表9-2。

表9-1 2010—2015年四大区域截面指数

	2010	2011	2012	2013	2014	2015
东部地区	42.7	43.5	46.1	44.1	47.7	52.6
东北地区	32.5	31.0	32.5	27.4	27.1	30.0
中部地区	32.4	31.4	31.5	29.3	31.7	35.5
西部地区	25.3	26.8	29.2	26.2	28.8	31.2

资料来源：赛迪智库整理，2017年1月。

表9-2 2010—2015年四大区域截面指数排名

	2010	2011	2012	2013	2014	2015
东部地区	1	1	1	1	1	1
东北地区	2	3	2	3	4	4
中部地区	3	2	3	2	2	2
西部地区	4	4	4	4	3	3

资料来源：赛迪智库整理，2017年1月。

从表9-1和表9-2可以看出，2010—2015年，东部地区依靠强大的技术创新能力，积极运用"互联网＋"等改造提升传统产业，促进产业结构升级，工业发展质量始终遥遥领先其他地区，且领先幅度有逐年扩大趋势。东北地区受困于深层次体制机制和结构性矛盾，高端人才外流严重，工业发展质量下滑趋势明显，2010年位居第二，2014年开始在四大区域中垫底。中部地区在积极承接东部地区产业转移、大力推进新型城镇化和实施长江经济带战略的过程中，工业发展质量稳中有升，2013年成功超越东北地区，紧紧追赶东部地区。西部地区依托"一带一路"等国家战略，工业发展质量有明显提升，2014年超过东北地区，逐渐向中部看齐。

从规模以上工业增加值增速来看，我国工业发展呈现中西部地区交替领跑、东部地区缓中趋稳、东北地区持续垫底的格局。2016年以来，东部地区工业增速基本稳定在6%以上（4月除外，增长5.9%），为全国工业增速趋稳奠定良好基础；中部和西部地区平均增速高出全国平均水平1.3个百分点，带动全国工业增速稳中有升；东北地区工业基本仍在持续负增长（只有5月小幅增长 0.2%)，但平均下滑程度较上年有所收窄。

从积极培育工业增长新动力、提高工业发展质量的地区实践来看，东部地区主要依靠产业结构升级改造和科技创新驱动，提升在价值链分工体系的地位。如：浙江依托互联网和电子商务，大力发展特色小镇，不断提高产业集聚度；深圳前瞻性地布局生命健康、海洋经济、航空航天、智能装备、机器人、可穿戴设备等未来产业，打造可持续的产业竞争力；揭阳打造中德中小企业合作区，推进中德智能制造合作。中西部地区依托国家的区域发展战略，积极承接产业，不断释放追赶效应。如：河南借助临空经济重点发展电子信息等产业，积极融入全球产业链；江西依托丰富的航空产业发展资源实施航空强省战略；重庆通过改善物流和完善产业链，开创了内陆地区发展加工贸易的新模式；贵州以大数据为引领，大力发展计算机、平板电脑、智能手机等电子信息产业，成为带动地方经济发展的重要引擎。东北地区集中力量打造东北亚航运中心，将进一步降低物流成本，成为东北振兴重要的"利润源泉"。

第二节 四大区域分类指数分析

第一节综合分析了四大区域工业发展质量截面指数及排名情况，本部分从速度效益、结构调整、技术创新、资源环境、两化融合、人力资源这六大分类指数来分析影响各区域工业发展质量的具体因素。

表 9 - 3 2010 年四大区域工业发展质量六大分类指数

	速度效益	结构调整	技术创新	资源环境	两化融合	人力资源
东部地区	32.5	38.6	47.4	50.3	52.4	34.4
东北地区	45	24.3	34.6	29.5	28.7	41.4
中部地区	47	22.8	37.8	35.8	23.8	31.8
西部地区	45.7	15.6	25.8	26.4	14.2	31.6

资料来源：赛迪智库整理，2017 年 1 月。

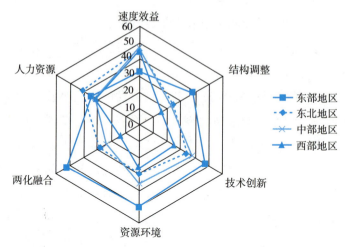

图9-1　2010年四大区域工业质量分类指数

资料来源：赛迪智库整理，2017年1月。

图9-1和表9-3显示，2010年，东部地区在两化融合、资源环境、技术创新和结构调整等方面显著领先于其他地区；东北地区在人力资源方面处于领先地位；中部地区在速度效益方面小幅领先其他地区，其他类别指标都处于中游水平；西部地区除了速度效益处于中游外，其他都排在末位。

图9-2和表9-4显示，2015年，东部地区六大分类指数均处于领先地位，其中，速度效益实现从末位到首位的逆转，结构调整继续保持大幅领先，技术创新、资源环境和两化融合相比其他地区的优势进一步加大，人力资源也赶超东北地区位列第一。这表明东部地区仍然是我国工业发展质量的引领者，通过近几年的产业转型、结构调整和技术积累，东部地区工业发展迈上新台阶；而大量优秀人才的持续流入也为东部地区未来发展提供了最有力的支撑。

表9-4　2015年四大区域工业发展质量六大分类指数

	速度效益	结构调整	技术创新	资源环境	两化融合	人力资源
东部地区	69.8	43.5	55.9	48.7	58.5	45.2
东北地区	47.8	17.6	32.3	26.9	29.5	37.5
中部地区	64.1	26.2	39.8	32.7	28.1	26.7
西部地区	60.9	23.6	29.4	26.5	20.5	33.3

资料来源：赛迪智库整理，2017年1月。

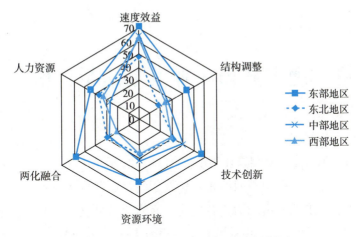

图 9 - 2　2015 年四大区域工业质量分类指数

资料来源：赛迪智库整理，2017 年 1 月。

中部地区在技术创新方面相对东北地区和西部地区的优势继续扩大，但是相对于东部地区仍有较大差距；同时，中部地区的人力资源指数也严重拖累了整个地区的工业发展质量。这表明中部地区要想追赶东部地区，还必须继续加大对高技能人才的引进力度，不断聚集人才、资本等创新要素，加大科技创新投入，为提升工业发展质量积蓄新动能。

西部地区在结构调整方面取得一些成效，部分省份工业增速也保持较高水平，但是，工业企业技术创新能力不强、信息化水平较低等问题依然存在。西部地区还需要继续推动产业转型升级，加大技术创新投入，积极运用"互联网＋"等技术带动生产方式变革，拓展工业发展空间，提升工业发展质量。

东北地区由于受整个宏观经济大环境影响和自身产业结构制约，工业发展速度和企业效益明显下滑，严重影响了该地区的工业发展质量。东北地区要实现突围，必须顺应产业发展趋势，主动调整产业结构，提升技术创新能力，在发展中逐步提高企业效益，提升发展质量。

第十章　地方省市工业发展质量评价与分析

近年来，工业尤其是制造业重新"回归"地方省（区、市）产业发展的重点工作，但与以往有所不同的是，科技创新正逐渐取代投资及资源、能源消耗而成为引领工业发展动力，智能化、网络化、绿色化将成为未来工业的新"代名词"。此外，协调发展的理念正成为优化工业布局的生动实践，京津冀协同发展、长江经济带等区域发展战略将提高资源空间配置效率，促进各地区工业协调发展。本章对全国（除西藏及港澳台外）30个省（区、市）工业发展质量进行评价与分析发现，大部分省（区、市）的工业发展质量与其所处工业化发展阶段密切相关，但由于工业发展路径有所不同，各省（区、市）在速度效益、结构调整、技术创新、资源环境、两化融合、人力资源等方面的表现也不尽相同，未来发展可根据"短板"对症下药，实现工业的可持续发展。

第一节　梯队分析

通过本书的评价指标体系计算得到2010—2015年全国30个省（区、市）工业发展质量截面指数及排名，计算结果见表10-1和表10-2，表中最后一列是2010—2015年截面指数的均值及排名，反映了2010—2015年各地区工业发展质量的横向对比水平。表10-3为2010—2015年全国30个省（区、市）工业发展质量时序指数，表中最后一列是2005年以来时序指数的年均增速，反映了2010—2015年各地区工业发展质量的增长水平。同时，以各地区截面指数均值和全国时序指数为基准绘制散点图（见图10-1），通过30个省（区、市）在四个象限中的位置，可直观地看出各地区工业发展质量在截面指数和时序指数两个维度上的表现。

表 10 - 1　2010—2015 年 30 个省份工业发展质量截面指数

	2010	2011	2012	2013	2014	2015	2010—2015 年均值
北　京	53.6	54.6	58.8	56.5	61.2	64.5	58.2
天　津	46.7	47.3	51.6	47.4	47.9	56.5	49.6
河　北	22.0	23.2	23.8	23.1	24.4	32.4	24.8
山　西	28.7	27.9	24.2	17.6	14.4	17.8	21.8
内蒙古	27.3	32.1	30.1	26.5	25.8	30.1	28.7
辽　宁	31.6	29.3	30.3	27.8	27.5	26.6	28.8
吉　林	29.0	29.9	31.3	24.8	28.3	31.9	29.2
黑龙江	37.0	33.7	36.0	29.6	25.5	31.5	32.2
上　海	52.4	51.0	51.0	50.6	56.9	60.2	53.7
江　苏	48.8	51.6	55.4	53.1	53.2	59.7	53.6
浙　江	41.3	41.8	45.1	45.8	51.8	57.6	47.3
安　徽	34.1	35.3	35.4	31.8	37.5	42.3	36.1
福　建	40.1	41.1	43.7	40.3	43.9	46.7	42.6
江　西	28.7	24.9	23.8	31.8	31.5	34.5	29.2
山　东	38.1	42.8	46.2	40.5	43.2	48.5	43.2
河　南	26.8	28.1	29.2	26.2	32.0	35.7	29.7
湖　北	38.0	34.9	37.6	33.8	37.2	40.4	37.0
湖　南	38.0	37.4	38.8	34.8	37.5	42.5	38.2
广　东	56.6	55.9	58.0	59.5	62.4	69.2	60.3
广　西	24.8	25.9	28.2	27.6	30.8	36.0	28.9
海　南	27.2	25.7	27.1	24.4	32.0	30.9	27.9
重　庆	37.8	38.3	40.5	40.5	49.5	51.1	43.0
四　川	26.7	26.1	32.1	28.7	33.7	37.1	30.7
贵　州	24.1	23.9	29.0	28.2	32.2	35.1	28.8
云　南	20.9	22.0	24.7	19.9	17.5	25.7	21.8
陕　西	34.6	37.3	39.3	35.7	36.1	37.8	36.8
甘　肃	16.0	18.2	25.0	17.9	16.3	16.4	18.3
青　海	19.1	23.5	21.9	15.8	20.9	18.9	20.0
宁　夏	22.6	20.8	23.3	23.6	28.0	29.3	24.6
新　疆	24.3	26.3	27.0	24.1	25.6	25.8	25.5

表 10 - 2　2010—2015 年 30 个省份工业发展质量截面指数排名

	2010	2011	2012	2013	2014	2015	2010—2015 年均值
北　京	2	2	1	2	2	2	2
天　津	5	5	4	5	7	6	5
河　北	27	27	28	26	26	19	25
山　西	18	19	26	29	30	29	28
内蒙古	19	15	18	20	23	23	22
辽　宁	15	17	17	18	22	25	20
吉　林	16	16	16	22	20	20	18
黑龙江	12	14	13	15	25	21	14
上　海	3	4	5	4	3	3	3
江　苏	4	3	3	3	4	4	4
浙　江	6	7	7	6	5	5	6
安　徽	14	12	14	14	11	11	13
福　建	7	8	8	9	8	9	9
江　西	17	24	27	13	18	18	17
山　东	8	6	6	7	9	8	7
河　南	21	18	19	21	16	16	16
湖　北	10	13	12	12	12	12	11
湖　南	9	10	11	11	10	10	10
广　东	1	1	2	1	1	1	1
广　西	23	22	21	19	19	15	19
海　南	20	23	22	23	17	22	23
重　庆	11	9	9	8	6	7	8
四　川	22	21	15	16	14	14	15
贵　州	25	25	20	17	15	17	21
云　南	28	28	25	27	28	27	27
陕　西	13	11	10	10	13	13	12
甘　肃	30	30	24	28	29	30	30
青　海	29	26	30	30	27	28	29
宁　夏	26	29	29	25	21	24	26
新　疆	24	20	23	24	24	26	24

表 10 – 3　2010—2015 年 30 个省份工业发展质量时序指数

	2010	2011	2012	2013	2014	2015	2010—2015 年平均增速（%）
北　京	100.0	102.6	113.5	118.1	128.7	134.4	6.1
天　津	100.0	102.4	109.4	112.7	117.6	125.1	4.6
河　北	100.0	107.1	114.2	132.7	150.0	146.5	7.9
山　西	100.0	105.7	124.2	133.3	135.4	140.8	7.1
内蒙古	100.0	112.4	112.8	125.9	129.4	123.8	4.4
辽　宁	100.0	100.6	106.1	115.7	117.7	112.8	2.4
吉　林	100.0	104.8	111.8	118.9	130.4	131.1	5.6
黑龙江	100.0	107.9	108.0	127.6	129.2	133.9	6.0
上　海	100.0	101.0	104.9	105.1	114.7	118.4	3.4
江　苏	100.0	107.8	115.3	123.7	126.5	133.2	5.9
浙　江	100.0	104.9	114.0	132.4	142.1	147.4	8.1
安　徽	100.0	115.8	127.1	146.9	154.1	167.6	10.9
福　建	100.0	103.6	113.3	117.7	123.1	127.0	4.9
江　西	100.0	106.3	103.8	129.4	136.0	140.1	7.0
山　东	100.0	106.8	110.7	117.7	127.2	130.5	5.5
河　南	100.0	117.1	132.3	157.8	171.0	182.7	12.8
湖　北	100.0	104.5	117.5	129.4	134.9	143.1	7.4
湖　南	100.0	108.2	123.9	133.4	136.8	148.5	8.2
广　东	100.0	101.8	108.3	114.6	119.8	127.6	5.0
广　西	100.0	112.0	125.6	146.1	155.6	167.4	10.8
海　南	100.0	112.2	167.1	177.8	186.9	141.6	7.2
重　庆	100.0	124.4	149.9	173.0	190.5	199.5	14.8
四　川	100.0	113.4	129.9	148.3	146.0	145.0	7.7
贵　州	100.0	99.5	107.6	115.8	128.1	141.9	7.2
云　南	100.0	103.8	112.2	118.8	119.0	128.4	5.1
陕　西	100.0	105.3	112.7	120.4	126.6	136.3	6.4
甘　肃	100.0	103.0	114.1	120.5	124.4	121.9	4.0
青　海	100.0	114.6	145.4	158.2	162.2	176.4	12.0
宁　夏	100.0	97.5	101.0	114.0	128.2	128.1	5.1
新　疆	100.0	110.9	103.1	117.6	138.3	144.4	7.6

从工业发展质量截面指数来看，表10-3显示，北京、天津、上海、江苏、浙江和广东是我国工业发展质量较好的地区，2010—2015年始终处于全国前列。

广东工业发展质量始终处于全国首位，其多年来在结构调整、技术创新、两化融合和资源环境四个方面始终处于全国领先水平，2010—2015年四大类指数均值位于全国前4名之内，其中结构调整指数和技术创新指数分别位居全国第1位和第2位。

北京工业发展质量处于全国第2位，主要得益于技术创新、资源环境、两化融合和人力资源的突出表现，四大类指数中，技术创新、资源环境、两化融合的2010—2015年均值均位居全国首位，人力资源排在第2位。

上海工业发展质量保持在全国第3位，主要原因在于其结构调整、技术创新、两化融合、资源环境和人力资源五个方面的良好表现，这五个方面均处于全国前5名以内。其中资源环境和两化融合均为全国第2位。

江苏工业发展质量处于全国第4位，主要得益于其在结构调整、资源环境和两化融合三个方面的良好表现，其中结构调整指数在2005—2012年的均值位居全国第2位，资源环境和两化融合指数分别位居第6位和第4位。

天津工业发展质量的排名有所提升，从2014年的第7位上升至2015年的第6位，平均排名为第5名。主要原因在于天津速度效益和人力资源指数的排名有明显上升，分别从2010年的第8位和第10位上升至第2位。

浙江工业发展质量排名较为稳定，保持在全国第6位。六大类指数中，浙江在结构调整、技术创新、资源环境和两化融合方面表现较好，其中结构调整为第3位，技术创新、资源环境为第5位，两化融合为第6位。但浙江在速度效益和人力资源方面则表现较弱，分别位居全国第26位和第20位。

地区分布方面，除东部沿海地区的工业发展质量截面指数处于全国前列以外，西部的重庆和陕西，中部的湖北、湖南、安徽，东北的黑龙江也表现较好，均处于全国中上游水平，其中重庆排名上升趋势明显，从2010年的第11位上升至2015年的第7位。

分类指数方面，东部和中西部地区具有自身的特点和优势。例如，陕西、新疆、内蒙古等地区在速度效益和人力资源等方面取得了突出成就，均位于全国前列。与此同时，广东、北京、上海、天津、浙江等东部地区在结构调整、技术创新、资源环境、两化融合四个方面表现突出。综合来看，分类指数的走势体现了处于不同发展阶段的地区各自的发展特点以及优势。

从工业发展质量时序指数来看，表 10－3 显示，重庆、海南、青海、安徽、广西五个省份的工业发展质量增长较快，年均增速均呈双位数。而福建、天津、内蒙古、甘肃、上海、辽宁等地区的工业发展质量增长相对较慢，年均增速均处于 5% 以下。

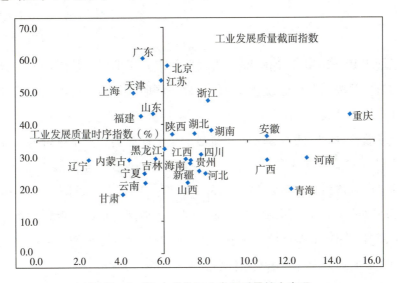

图 10－1 30 个省份工业发展质量综合表现

图 10－1 显示，位于水平线上方的地区是工业发展质量截面指数位于全国平均水平以上的省份，位于垂直线右侧的地区是工业发展质量时序指数增速高于全国平均水平的省份，因此位于第一象限的地区是工业发展质量截面指数和时序指数均高于全国平均水平的省份。从 2010—2015 年的总体情况来看，第一象限主要集中了重庆、湖南、湖北、陕西等中西部省市，即这些地区其在横向比较中处于全国中上游水平，在纵向走势上也处于快速发展阶段，表明它们既是全国经济增长的主要区域动力，同时工业发展质量也保持了较高水平。上海、广东、江苏、天津、福建和山东等东部省市位于第二象限。由于当前东部地区基本处于产业转型升级阶段，正在由关注速度向效益向质量转变，因此其时序指数上增长较慢，但截面指数上处于领先水平。第三象限主要包括东北地区和内蒙古、云南、甘肃，表明时序指数和截面指数均处

于全国平均水平之下。第四象限集中了大量中西部地区省区，如四川、河南、青海等地区，即时序指数快速增长但在全国横向比较时处于下游水平，这表明尽管多数中西部地区正发挥经济增长的引擎作用，但工业发展质量仍有待提高。

第二节　分类指数分析

根据 2010—2015 年全国 30 个省（区、市）工业发展质量的六个分类指数的均值，并按照六个指数进行地区排序，同时计算六个分类指数的离散程度，计算结果见表 10-4。

速度效益方面，陕西、天津和新疆于全国前三名，三个省份的速度效益指数分别为 82.3、67.4 和 66.9，宁夏、甘肃、山西位于全国最后三位，三个省份的速度效益指数分别为 30.5、23.4 和 22。由计算结果可知，速度效益指数表现较好的主要为中西部省份，而东部发达地区省市的速度效益指数相对较低。同时，速度效益指数的离散系数为 0.28，是六个分类指数的离散程度最低的，表明这方面各地区差距较小。

结构调整方面，广东、江苏和浙江位于全国前三名，三个省份的结构调整指数分别为 67.3、60.8 和 48.8，宁夏、海南、内蒙古位于全国最后三位，三个省份的结构调整指数分别为 12.9、12.2 和 9.4。可以看到，东部发达省份在结构调整方面成绩显著，而中西部地区特别是西部地区的结构调整进展缓慢。同时，结构调整指数的离散系数为 0.55，在六个分类指数的离散程度中排在第 2 位，也表明结构调整方面差距较大。

表 10-4　2010—2015 年全国工业发展质量分类指数各省份表现

排名	速度效益		结构调整		技术创新		资源环境		两化融合		人力资源	
	省份	指数	省份	指数	省份	指数	省份	指数	省份	指数	省份	指数
1	陕　西	82.3	广　东	67.3	北　京	80.5	北　京	66.6	北　京	93.1	内蒙古	61.6
2	天　津	67.4	江　苏	60.8	广　东	75.2	上　海	58.1	上　海	85.9	北　京	59.4
3	新　疆	66.9	浙　江	48.8	上　海	68.6	天　津	58.0	广　东	75.1	天　津	48.0

续表

排名	速度效益		结构调整		技术创新		资源环境		两化融合		人力资源	
	省份	指数	省份	指数	省份	指数	省份	指数	省份	指数	省份	指数
4	内蒙古	66.4	山 东	42.6	湖 南	63.2	广 东	55.9	江 苏	67.5	上 海	47.9
5	江 西	63.3	上 海	35.7	浙 江	60.9	浙 江	51.2	福 建	57.0	新 疆	44.0
6	贵 州	62.4	北 京	32.6	天 津	59.1	江 苏	49.7	浙 江	50.3	吉 林	42.3
7	黑龙江	61.3	重 庆	28.4	重 庆	57.6	福 建	49.2	天 津	49.2	辽 宁	38.5
8	湖 南	59.6	天 津	28.2	安 徽	56.1	重 庆	45.5	重 庆	44.2	宁 夏	37.3
9	河 南	59.2	福 建	27.7	江 苏	54.1	山 东	44.9	山 东	41.6	海 南	36.6
10	福 建	56.8	四 川	24.9	湖 北	46.8	安 徽	37.2	辽 宁	40.3	湖 北	36.2
11	重 庆	54.7	湖 北	24.3	山 东	44.5	湖 北	34.9	湖 北	35.5	江 苏	35.5
12	四 川	54.3	贵 州	24.2	福 建	41.1	河 南	34.7	湖 南	31.4	陕 西	35.4
13	广 西	53.8	安 徽	23.4	黑龙江	38.8	陕 西	34.4	四 川	30.2	青 海	35.3
14	安 徽	53.4	河 北	22.2	陕 西	36.7	湖 南	32.2	广 西	29.4	广 东	34.0
15	湖 北	52.3	江 西	22.1	贵 州	34.0	宁 夏	32.1	安 徽	29.2	福 建	33.9
16	山 东	51.9	河 南	20.2	辽 宁	33.6	吉 林	32.1	黑龙江	26.8	湖 南	32.9
17	海 南	50.4	陕 西	20.1	海 南	33.5	海 南	29.8	河 北	26.1	重 庆	32.8
18	吉 林	49.4	湖 南	19.0	四 川	30.0	黑龙江	28.2	陕 西	24.5	黑龙江	31.9
19	云 南	48.7	辽 宁	18.6	宁 夏	27.8	广 西	28.1	河 南	24.1	山 西	31.5
20	青 海	48.2	广 西	18.2	河 南	25.8	山 西	27.7	江 西	23.7	浙 江	31.5
21	江 苏	46.2	吉 林	17.8	广 西	25.1	江 苏	27.6	吉 林	21.6	山 东	30.3
22	广 东	41.2	黑龙江	17.1	吉 林	23.9	甘 肃	26.5	山 西	20.6	广 西	27.8
23	河 北	37.9	青 海	15.8	山 西	22.6	内蒙古	24.5	新 疆	18.1	四 川	27.7
24	上 海	37.4	云 南	15.7	河 北	22.2	云 南	23.7	海 南	16.6	江 西	26.9
25	北 京	33.9	新 疆	13.6	内蒙古	19.8	四 川	22.8	宁 夏	16.3	河 北	24.6
26	浙 江	32.4	山 西	13.5	甘 肃	19.3	辽 宁	22.6	内蒙古	14.8	贵 州	23.3
27	辽 宁	31.0	甘 肃	13.1	江 西	18.8	贵 州	21.6	青 海	14.1	云 南	22.9
28	宁 夏	30.5	宁 夏	12.9	云 南	18.1	河 北	19.7	贵 州	7.8	甘 肃	22.7
29	甘 肃	23.4	海 南	12.2	新 疆	11.9	新 疆	16.5	甘 肃	6.7	河 南	18.2
30	山 西	22.0	内蒙古	9.4	青 海	4.1	青 海	13.8	云 南	5.7	安 徽	17.4
离散系数	速度效益	0.28	结构调整	0.55	技术创新	0.51	资源环境	0.39	两化融合	0.66	人力资源	0.30

技术创新方面，北京、广东和上海位于全国前三名，三个省份的技术创新指数分别为80.5、75.2和68.6，云南、新疆和青海位于全国最后三位，技术创新指数分别为18.1、11.9和4.1。前三名均为东部地区省市，表明在技术创新领域各地仍然有一定差距，其离散系数为0.51也体现了这一点。

资源环境方面，北京、上海、天津位于全国前三名，三个省市的资源环境指数分别为66.6、58.1和58.0，河北、新疆和青海位于全国最后三位，资源环境指数分别为19.7、16.5和13.8。同时，资源环境离散系数为0.39，表明各地区之间差距有限。

两化融合方面，北京、上海和广东位于全国前三名，三个省市的两化融合指数分别为93.1、85.9和75.1，贵州、甘肃、云南位于全国最后三位，两化融合指数分别为7.8、6.7和5.7。同时，两化融合的离散系数高达0.66，是六个分类指数的离散程度最高的，表明东部和中西部地区在两化融合方面存在明显差距。

人力资源方面，内蒙古、北京、天津位于全国前三名，三个省份的人力资源指数分别为61.6、59.4和48.0，甘肃、河南、安徽位于全国最后三位，三个省份的人力资源指数分别为22.7、18.2和17.4。从全国整体来看，各地区人力资源指数的差距并不大，离散系数为0.3，表明中西部地区在人才方面具有一定后发优势，弥补了与东部之间差距，使得人力资源指数并未呈现较大差异。

从上述六个分类指数的地区分析可以看到，当前，东部发达地区在结构调整、技术创新、两化融合和资源环境等方面明显领先中部和西部地区；速度效益、人力资源两个方面各地差距较小，特别是陕西和内蒙古分别位于两个分类指数的首位，表现突出。

一、北京

1. 总体情况

（1）宏观经济总体情况

2016年，北京实现地区生产总值24899.3亿元，同比增长6.7%。其中，第一、二、三产业增加值分别为129.6亿元、4774.4亿元和19995.3亿元，同比增速分别为-8.8%、5.6%和7.1%。全市常住人口人均GDP为11.5万元。三次产业比值为0.5：19.2：80.3，与上年相比，工业比重略有下降。全年文化创意产业、信息产业和高技术产业均保持快速增长，增速分别为12.5%、10.1%和9.1%。随着行业的快速增长，占区生产总值的比重也有所提升，三个产业占比分别为14.3%、15.3%和22.7%，分别提高了0.5个、0.3个和0.2个百分点。

2016年，全社会固定资产投资达到8461.7亿元，同比增速为5.9%。其中，基础设施投资为2399.5亿元，同比增长10.3%。从基础设施投资投向上看，交通运输投资达到 973 亿元，所占比重为 40.6%；公共服务业投资达到 643.8 亿元，所占比重为 26.8%。民间投资较往年相比有所下降。民间投资完成 2766 亿元，同比下降 5.6%。消费方面，实现社会消费品零售总额 11005.1 亿元，比上年同比增长 6.5%。进出口呈下滑趋势。全年北京地区进出口总值为 18625.2 亿元，同比增速为 -6.1%。其中，出口略有增长，进口呈负增长，增速分别为 0.7% 和 -7.5%。

（2）工业经济运行情况

2016 年，北京实现工业增加值 3884.9 亿元，同比增长 5.0%。其中，规上工业增加值同比增长 5.1%。规上工业中，战略性新兴产业呈正增长，增速为 3.8%。规上工业销售产值为 17447.3 亿元，较上年增长 2.7%。其中，内销呈正增长，增速为 3.7%；但是出口交货值呈下降态势，同比下降 11.9%。

效益方面，2016 年规模以上工业企业经济效益综合指数为 323.3，比 2015 年提高 11.5 个百分点。工业企业利润有所回落，实现利润 1549.3 亿元，比上年下降 0.7%。从重点行业中看，电热生产和供应业实现利润 490.1 亿元，同比下降 7.7%；专用设备制造业利润显著增长，同比增速为 70.3%。

2. 指标分析

（1）时序指数

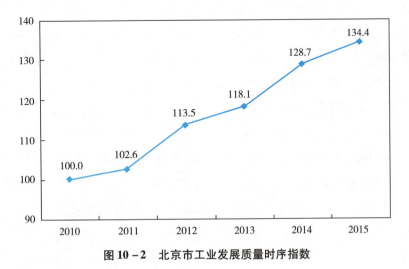

图 10-2　北京市工业发展质量时序指数

资料来源：赛迪智库整理计算，2017 年 1 月。

表 10 – 5 2010—2015 年北京市工业发展质量时序指数

	2010	2011	2012	2013	2014	2015	2010—2015 年平均增速（%）
速度效益	100.0	103.0	107.2	105.2	113.3	116.9	3.2
结构调整	100.0	91.7	91.1	90.4	87.3	79.2	– 4.6
技术创新	100.0	124.3	137.7	131.7	133.1	129.1	5.2
资源环境	100.0	95.7	131.8	158.4	207.9	243.2	19.5
两化融合	100.0	99.3	104.3	107.1	108.9	113.4	2.6
人力资源	100.0	107.8	117.8	127.9	137.5	148.7	8.3
工业发展质量指数	100.0	102.6	113.5	118.1	128.7	134.4	6.1

资料来源：赛迪智库整理计算，2017 年 1 月。

纵向来看，北京工业发展质量时序指数自 2010 年的 100.0 上涨至 2015 年的 134.4，年均增速为 6.1%，高于全国增速 0.1 个百分点。

北京在资源环境和人力资源方面提升较快，年均增速分别达到 19.5% 和 8.3%，其他方面增速均低于总体增速。资源方面，工业污染治理投资强度与工业主要污染物排放强度快速增长，增速分别高达 30.9% 和 18.0%。人力资源方面，工业城镇单位就业人员平均工资增速和第二产业全员劳动生产率增速分别为 13.0% 和 6.7%，是促进该方面快速发展的主要因素，但是就业人员平均受教育年限增速仅为 1.9%，增长缓慢。

北京在技术创新、速度效益和两化融合方面增速虽低于总体增速，但发展比较均衡，稳步提高，年均增速分别为 5.2%、3.2% 和 2.6%。技术创新方面，3 项指标均高于北京工业发展质量总体增速及技术创新增速，仅大中型工业企业新产品销售收入占比增速出现负增长，为 – 3.0%。速度效益方面，3 项指标均有所提升，但总资产贡献率也出现负增长，年均增速为 – 2.3%。两化融合方面，所有 3 项指标均呈现稳定低速增长。

北京在结构调整方面呈负增长，年均增速为 – 4.6%，主要是由于工业制成品出口占比、500 强企业占比和高技术制造业主营业务收入占比呈下降趋势，年均增速分别为 – 13.0%、– 1.7% 和 – 1.4%。

（2）截面指数

表 10 - 6　2010—2015 年北京市工业发展质量截面指数排名

	2010	2011	2012	2013	2014	2015	2010—2015 年均值
速度效益	28	30	26	28	22	17	25
结构调整	5	6	6	7	7	9	6
技术创新	1	1	1	1	1	1	1
资源环境	4	2	1	1	1	1	1
两化融合	1	1	1	1	1	1	1
人力资源	3	4	2	2	1	1	2
截面指数	2	2	1	2	2	2	2

资料来源：赛迪智库整理计算，2017 年 1 月。

横向来看，北京工业发展质量截面指数连续多年处于全国前列，领先优势明显。2015 年截面指数为 64.5，排在全国第 2 名。2010—2015 年平均截面指数为 58.2，同样排名全国第二。

2015 年，北京在技术创新、资源环境、两化融合和人力资源方面表现依旧突出，均处于全国首位。

技术创新方面，大中型工业企业单位 R&D 经费支出发明专利、大中型工业企业 R&D 人员投入强度分别处于全国第 1 位和第 2 位，且近年来始终保持领先位置；大中型工业企业 R&D 经费投入强度和大中型工业企业新产品销售收入占比表现较好，分别为第 6 名和第 9 名。

资源环境方面，单位工业增加值能耗和工业主要污染物排放强度处于全国首位，且近年来始终保持领先优势，是支撑资源环境总体排名较高的有利因素；但工业污染治理投资强度表现欠佳，2015 年仅排在第 18 名，处于全国中下游位置。

两化融合方面，互联网普及率和电子信息产业占比表现突出，多年来始终占据全国第 1 位，领先优势十分明显；工业应用信息化水平则稳中有升，2014 年为第 13 名，2015 年则升至第 12 名。

人力资源方面，北京凭借良好的科教资源和人才吸引力，就业人员平均受教育年限连续多年位于全国第 1 名；而工业城镇单位就业人员平均工资增速和第二产业全员劳动生产率两项指标同样表现不俗，分列全国第 3 名和第 4 名。

除以上四个方面排名全国首位外，北京在结构调整方面也处于全国领先水平，为第6名，且多年来浮动不大。其中，高技术制造业主营业务收入占比与500强企业占比表现突出，分别排在全国第4名和第5名；但是小型工业企业主营业务收入增速表现欠佳，2015年表现与2014年相比并无变化，仍排在全国第27名，成为制约结构调整发展的不利因素。

北京在速度效益方面处于全国下游水平，2015年仅为第25名。其中，工业成本费用利润率和工业主营业务收入利润率相对较好，这两项指标均位居全国第1名；但工业增加值增速和总资产贡献率的排名均表现欠佳，均处于全国第27名，是造成速度效益整体排名较低的主要不利因素。

（3）原因分析

近年来，尽管北京市在环境治理以及产业疏解的大环境下发展速度受到一定程度的影响，但技术创新、两化融合、资源环境和人力资源等方面的优势仍然明显。

技术创新方面，北京市作为全国高端科技人才聚集之地，政府对科技创新的投入也不断增大。2016年9月，国务院印发了《北京加强全国科技创新中心建设总体方案》（国发〔2016〕52号），并提出要将北京作为我国跻身创新型国家前列的有力支撑。据统计，从2000年至2015年，北京市科技创新发生的概率不断提高，中关村自主创新示范区、京津冀协同创新共同体等重点工作顺利推进。科研人员不断聚集和科技经费不断加大投入，专利申请量和授权量、科技服务业增加值等指标连年上升。此外，创新创业领先全国，以"互联网＋"为核心的新产业和新业态不断涌现，为北京创新发展提供新的动力来源。

两化融合方面，北京是全国政治、经济和文化中心，无论是在两化融合的研发端还是应用端都具有显著优势，而且在云计算、大数据、物联网、智能制造、移动互联网等领域都有着得天独厚的条件，聚集了全国一流的人才、技术资源。2016年4月，北京市印发了《推进"互联网＋制造"的指导意见》（京政发〔2016〕4号），鼓励相关企业开展智能制造、工业云、工业大数据、工业电子商务等创新应用，大力推进两化融合。此外，北京两化融合服务联盟于2016年8月成立，这将继续推动北京实体经济创新发展和两化深度融合。

资源环境方面，近年来北京市一直将节能减排作为转变发展方式、调整经济结构的重要抓手，刚柔并用，促进企业通过技术革新，挖掘节能减排潜力，提高用能效率。继续对不符合首都功能定位的企业进行疏解，2016 年，北京市关停退出不符合首都城市战略定位的工业企业 300 家，清退南部 4 区"小散乱污"企业 2500 家左右，推进存量企业清洁生产和技术改造，促进产业升级。

人力资源方面，北京市受惠于在京高校大量高学历毕业生留京工作以及国内外高端人才聚集，整体工作人员素质领先全国。此外，推行精细化就业服务和援助，建立一对一职业指导台账 7512 人次，实现就业比例 88.92%。下发《关于开展 2015 年度稳岗补贴申报工作的通知》（京人社就发〔2016〕57 号），开展稳岗补贴受理、审批工作，有力支撑了北京市就业形势整体向好。制定发布了 2016 年北京市企业工资指导线和行业工资指导线，正常经营企业实现涨薪 9%。

3. 结论与展望

综合时序指数和截面指数来看，北京工业发展质量处于全国排头兵的位置。六个分类指数中，速度效益排名靠后，反映出北京当前产业疏解以及结构调整的背景下，发展重点更侧重于以发展质量为主，而不是一味地追求规模的增长。此外，首都第二机场、城市副中心建设等带来的产业发展机遇将在未来几年逐步显现。

未来，北京可以从以下几个方面着手，一是围绕疏解非首都功能，推动京津冀协同发展。把功能疏解与产业提升有机结合起来，在疏解功能中谋求发展，严格执行新增产业禁止和限制目录，落实疏解腾退空间的管理和使用意见，建立新增建设用地与疏解腾退土地挂钩机制。二是加大结构调整力度，调整供给结构。退出低端无效供给，支持相关企业化解外埠产能。开展亏损企业专项治理，对"僵尸企业"进行分类处置。三是继续取消下放行政审批事项，清理审批中介服务和基层各类证明。打造更有国际竞争力的投资环境，所有投资项目实行一站式审批，并开展全程电子化登记和市场主体简易注销登记试点。

二、天津

1. 总体情况

（1）宏观经济总体情况

2016年，天津实现地区生产总值17885.39亿元，同比增速为9.0%。其中，第一、二、三产业增加值分别为220.22亿元、8003.87亿元和9661.30亿元，分别同比增长3%、8%和10%。三次产业比值为1.2∶44.8∶54。

（2）工业经济运行情况

2016年，天津实现全部工业增加值为7238.70亿元，增长8.3%。其中，规模以上工业增加值同比增长8.3%。2016年规模以上工业总产值为29443.00亿元，同比增速为5.7%。分行业看，全市规模以上39个工业行业大类中，其中35家企业增加值实现增长，24家企业增速超过全市平均水平，制造业发展良好。

2. 指标分析

（1）时序指数

图10-3 天津市工业发展质量时序指数

资料来源：赛迪智库整理计算，2017年1月。

表 10 – 7   2010—2015 年天津市工业发展质量时序指数

	2010	2011	2012	2013	2014	2015	2010—2015 年平均增速（％）
速度效益	100.0	106.3	109.1	107.0	110.5	113.9	2.6
结构调整	100.0	100.8	108.8	109.3	107.5	107.2	1.4
技术创新	100.0	101.7	107.5	109.6	114.1	118.1	3.4
资源环境	100.0	95.6	98.5	108.3	126.1	144.9	7.7
两化融合	100.0	103.6	117.0	121.2	120.1	129.5	5.3
人力资源	100.0	111.6	122.1	130.0	139.9	156.2	9.3
工业发展质量指数	100.0	102.4	109.4	112.7	117.6	125.1	4.6

资料来源：赛迪智库整理计算，2017 年 1 月。

纵向来看，天津工业发展质量时序指数自 2010 年的 100.0 上涨至 2015 年的 125.1，年均增速为 4.6%，低于全国平均增速 1.4 个百分点。

天津在人力资源和资源环境方面提升较快，年均增速分别为 9.3% 和 7.7%。人力资源方面，第二产业全员劳动生产率、工业城镇单位就业人员平均工资增速均呈较快增长，年均增速分别为 11.7% 和 11.0%，共同推动了人力资源实现快速增长。资源环境方面，尽管工业固体废物综合利用率和工业污染治理投资强度两项指标呈现负增长，但工业主要污染物排放强度表现抢眼，增速达到 18.3%，抬高资源环境指标的整体表现。

两化融合方面，互联网普及率的年均增速为 11.9%，是促进该方面发展的有利因素；但电子信息产业占比呈负增长，年均增速为 - 5.2%，一定程度上抵消了有利因素的作用。

天津在速度效益、技术创新和结构调整方面均保持中低速增长，年均增速分别为 2.6%、3.4% 和 1.4%。速度效益方面，工业增加值呈快速增长，年均增速高达 13.4%，是支撑该指标增长的有利因素，而其他三项指标均为负增长。技术创新方面，大中型工业企业 R&D 人员投入强度呈快速增长，增速高达 14.2%，但大中型工业企业单位 R&D 经费支出的发明专利数和大中型工业企业新产品销售收入占比呈负增长，年均增速分别为 - 4.2% 和 - 1.6%，是影响该指标的主要不利因素。结构调整方面，小型工业企业主营业务收入增长较快，年均增速达到 10.3%，但 500 强企业占比和工业制成品出口占比两项指标均为负增长，年均增速分别为 - 7.8% 和 - 1.3% 。

（2）截面指数

表 10 - 8　2010—2015 年天津市工业发展质量截面指数排名

	2010	2011	2012	2013	2014	2015	2010—2015 年均值
速度效益	8	6	6	5	3	2	2
结构调整	10	7	7	6	12	10	8
技术创新	6	6	5	6	7	7	6
资源环境	2	1	4	3	3	2	3
两化融合	6	6	6	7	8	7	7
人力资源	10	8	4	4	6	2	3
截面指数	5	5	4	5	7	6	5

资料来源：赛迪智库整理计算，2017 年 1 月。

横向来看，2015 年天津工业发展质量截面指数为 56.5，排在全国第 6 名。2010—2015 年间平均截面指数为 49.6，排名为全国第 5。

2015 年，天津工业发展质量的六个方面均处于全国领先水平，表现相对均衡。速度效益、资源环境以及人力资源指标均位于全国第 2 名。速度效益方面，工业成本费用利润率与工业主营业务收入利润率增速表现较好，均排在全国第 2 位；工业增加值增速上升了 6 个名次至第 3 名；总资产贡献率与上年持平，仍排在第 8 名。资源环境方面，工业固体废物综合利用率表现突出，近年来始终排在全国首位；单位工业增加值能耗和工业主要污染物排放强度两项指标表现居于全国前列，排名第 4；工业污染治理投资强度也较上年度有明显提升，从 2014 年的第 17 名上升至 2015 年的第 13 名。人力资源方面，所有 3 项指标均表现突出，工业城镇单位就业人员平均工资增速、第二产业全员劳动生产率两项指标均为第 2 名，就业人员平均受教育年限为第 3 名。

此外，技术创新、两化融合和结构调整方面也处于全国上游水平，分别为第 7 名、第 7 名和第 10 名。技术创新方面，大中型工业企业 R&D 经费投入强度排在第 1 名，是支撑技术创新整体良好表现的有利因素；大中型工业企业新产品销售收入占比与大中型工业企业 R&D 经费投入强度两项指标也处于上游水平，分别排在第 7 名和第 8 名；大中型工业企业单位 R&D 经费支出发明专利则表现不尽如人意，排名全国第 23 名。两化融合方面，电子信息产业占比和互联网普及率均表现较好，近年来排名处于全国上游水平且相对稳定，2015 年均排在全国第 6 名。结构调整方面，高技术制造业主营业务收入占比、500 强企业占比和工业制成品出口占比处于全国上游水平且比较稳定，2015 年三项指标全国排名与 2014 年相同，分别排在第 7、8、9 名；小型工业企业主营业务收入增速尽管排名全国第 13，但相较于 2014 年的第 20 名已呈显著上升趋势。

（3）原因分析

速度效益方面，近年来，天津市积极转变发展方式，以大项目、优质项目为抓手，推动航空航天、装备制造等优势产业集群发展、战略性新兴产业规模发展、传统产业升级发展、信息化与工业化融合发展，工业经济保持了健康快速发展。2015 年工业总产值达到 3 万亿元，"十二五"期间工业总产值年均增速 12.5%。规模以上工业增加值规模更是在全国重点城市中排名第 2。

资源环境方面，天津市近年来实施了重点节能改造工程，工业节能成效显著。2010—2015 年，天津市规模以上工业增加值能耗累计下降 42.1%，远远超出"十二五"工业节能 18% 的目标。工业万元增加值取水量排名全国第一，仅为全国平均水平的 1/6。工业固体废弃物综合利用率水平全国领先，达到 98%，碱渣、钢渣、粉煤灰的综合利用率甚至达到 100%。

人力资源方面，天津市积极探索推进人才工作体制机制改革和政策创新，实行了"人才绿卡"制度，加快集聚海内外高层次人才，密集出台了一系列政策文件，各类人才队伍建设取得新进展。此外，深化产学融合，大力发展职业教育，支撑传统产业转型升级。截至 2015 年底，与中德应用技术大学类似的职业院校已达 116 所，在校生 29 万人，形成了"高职、本科、硕士"衔接的现代职教体系，成为中国现代职业教育改革创新示范区。

3. 结论与展望

综合时序指数和截面指数来看，天津在速度效益、资源环境以及人力资源方面表现良好，增长速度位于全国前列。另外天津在技术创新和两化融合方面排名也相对靠前，具备发展潜力，未来应在相关领域进行重点扶持。

未来，天津可以从以下几个方面着手，一是加创新体系建设，积极打造国家自主创新示范区，集聚高端创新要素，突出创新对示范区的支撑引领作用，全面提升集聚、示范、辐射和带动能力，大力培育战略性新兴产业集群，加快产业转型升级跨越发展。深化天津市与中关村国家自主创新示范区合作，促进中关村科技资源、创新资源、科技服务向天津聚集。二是深入开展"互联网＋"相关工作，促进大中型工业企业两化融合水平从单项应用向集成提升跃升，前面提升企业两化融合水平。鼓励重点行业电子商务应用，支持基础较好的企业牵头建设行业电子商务平台。

三、河北

1. 总体情况

（1）宏观经济总体情况

2016 年，河北实现生产总值 31827.9 亿元，比上年增长 6.8%。其中，第一、二、三产业增加值分别为 3492.8 亿元、15058.5 亿元和 13276.6 亿元，增长速度分别为 3.5%、4.9% 和 9.9%。其中，第一、二、三产业占全省生产总值的比重分别为 11%、47.3% 和 41.7%。2016 年，河北完成全社会固定资产投资 31750.0 亿元，同比增长 9.3%。其中，完成固定资产投资 31340.1 亿元，同比增长 8.4%；农户投资 487 亿元，较上年下降 7.1%。在固定资产投资中，第一产业、第二产业和第三产业投资增长相对稳定，增速分别为 9.3%、7.6% 和 9.3%。2016 年，实现社会消费品零售总额 14364.7 亿元，同比增速为 10.6%。其中，乡镇消费增长水平快于城镇消费增速，乡村消费品零售额完成 3169.0 亿元，同比增长 11.4%；城镇消费品零售额完成 11195.7 亿元，增速为 10.3%。进出口总值达到 3074.7 亿元，比上年下降 3.4%。进出口总值相比上年下降主要为进口总值大幅降低导致。2016 年完成出口总值 2014.5 亿元，同比降低 1.3%；进口总值为 1060.2 亿元，同比降低 8%。

（2）工业经济运行情况

2016 年，河北实现工业增加值 13194.4 亿元，同比增长 4.6%。规上工业增加值达到 11663.8 亿元，同比增速为 4.8%。分主要行业看，保持较快速增长的行业包括装备制造业和化学原料及化学制品制造业，增加值同比增速分别为 10.2% 和 11.5%；钢铁工业增长 4.5%，与工业整体增速持平。六大高耗能行业增加值比上年增长 1.4%，增速比上年回落 1.8 个百分点。高新技术产业保持快速增长，工业增加值增速为13%。其中，新能源、新材料、高端技术装备制造领域增加值分别增长27.5%、12.8%和12.7%。2016年，河北完成工业投资15758.8亿元，较上年增长7.6%，完成工业技改投资9375.9亿元，同比增长4.4%，占工业投资的比重为59.4%。

2. 指标分析

（1）时序指数

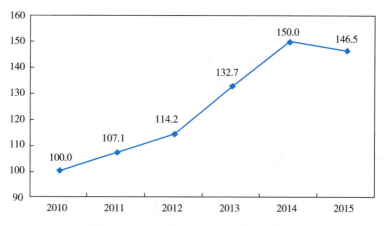

图 10 - 4　河北省工业发展质量时序指数

资料来源：赛迪智库整理计算，2017年1月。

表 10 - 9　2010—2015 年河北省工业发展质量时序指数

	2010	2011	2012	2013	2014	2015	2010—2015 年平均增速（%）
速度效益	100.0	102.0	98.3	100.7	96.9	92.1	-1.6
结构调整	100.0	104.1	112.3	118.6	126.1	125.9	4.7
技术创新	100.0	115.6	134.5	149.7	152.7	168.6	11.0
资源环境	100.0	110.9	112.1	174.4	251.1	206.6	15.6
两化融合	100.0	99.0	108.1	126.3	136.1	146.7	8.0
人力资源	100.0	110.7	117.7	123.0	128.7	135.7	6.3
工业发展质量指数	100.0	107.1	114.2	132.7	150.0	146.5	7.9

资料来源：赛迪智库整理计算，2017年1月。

纵向来看，河北工业发展质量时序指数自2010年的100.0上涨至2015年的146.5，年均增速为7.9%，高于全国平均增速1.9个百分点。

河北在资源环境、技术创新和两化融合方面均提升较快，年均增速分别高达15.6%、11.0%和8.0%，均高于河北省工业发展质量整体增速。

资源环境方面，工业污染治理投资强度增长明显，增速达30.4%，高于工业质量整体增速22.5个百分点；工业主要污染物排放强度、单位工业增加值能耗指标表现同样不俗，2015年增速分别为10.9%和7.3%，但是工业固体废物综合利用率指标则呈现低速增长，年均增速仅为0.5%。

技术创新方面，各要素增长比较均衡，且所有4项指标均高于工业质量整体增速，其中，大中型工业企业新产品销售收入占比、大中型工业企业R&D人员投入强度和大中型工业企业R&D人员投入强度增速均超过或达到10%，分别为13.5%、12.0%和10.0%。

两化融合方面，互联网普及率在3项指标中表现最好，年均增速达10.1%，是支撑两化融良好表现的主要因素；其他2项指标的增速也都接近河北省工业质量整体增速，电子信息产业占比和工业应用信息化水平的年均增速分别为7.4%和7.0%。

结构调整和人力资源稳步发展，年均增速分别为4.7%和6.3%，但低于工业质量时序指数年均增速。结构调整方面，小型工业企业主营业务收入增速涨幅明显，高达11.0%，是支撑结构调整稳定增长的主要因素，但工业制成品出口占比年均增速仅为0.3%，接近于0增长。人力资源方面，工业城镇单位就业人员平均工资增速增长较快，年均增速为9.6%，成为人力资源稳定增长的有利因素。

速度效益呈负增长，增速为−1.6%。其中，工业增加值增速高于工业发展质量时序指数总体增速，达8.9%，是支撑速度效益稳定增长的主要因素，但是总资产贡献率、工业成本费用利润率和工业主营业务收入利润率均呈现为负增长，年均增速分别为−9.4%、−6.5%和−5.2%，这三个指标成为导致速度效益低速增长的不利因素。

（2）截面指数

表 10 - 10　2010—2015 年河北省工业发展质量截面指数排名

	2010	2011	2012	2013	2014	2015	2010—2015 年均值
速度效益	25	22	22	20	25	23	23
结构调整	13	11	19	15	18	16	14
技术创新	27	23	24	22	22	20	24
资源环境	26	30	28	27	23	20	28
两化融合	17	19	20	16	17	19	17
人力资源	22	21	24	28	27	20	25
截面指数	27	27	28	26	26	19	25

资料来源：赛迪智库整理计算，2017 年 1 月。

横向来看，2010—2015 年，河北省工业发展质量截面指数平均值为 24.8，排在全国第 25 名。2015 年河北工业发展质量截面指数为 32.4，排在全国第 19 名，较之前年份显著上升。2015 年，河北在结构调整和两化融合方面表现相对较好，分别排在全国第 16 名和第 19 名。

结构调整方面，500 强企业占比近年来始终处于全国上游水平，2010—2013 年一直排在第 5 名，2014 年与 2015 年均排到第 4 名，是支撑结构调整的有利因素；但高技术制造业主营业务收入占比处于全国下游水平，排在第 24 名。工业制成品出口占比和小型工业企业主营业务收入增速均处于全国中游，分别排在第 14 名和第 19 名。

两化融合方面，互联网普及率与工业应用信息化水平表现较好，分别处于全国第 13 名和第 14 名；但电子信息产业占比表现不佳，较 2014 年排名有所下降，处于全国第 25 名，成为制约两化融合发展的不利因素。

2015 年，河北在技术创新、资源环境、人力资源和速度效益 4 个方面处于全国下游水平，分别排在第 20 名、第 20 名、第 20 名和第 23 名，但这 4 项指标较之前年份均有一定幅度提升。

技术创新方面，大中型工业企业 R&D 经费投入强度、大中型工业企业 R&D 人员投入强度和大中型工业企业新产品销售收入占比 3 项指标均处于全国中游水平，分别排在全国第 16 名、第 16 名和第 15 名；大中型工业企业单位 R&D 经费支出的发明专利数则排名靠后，仅为第 28 名。

资源环境方面，工业污染治理投资强度表现较好，排在全国第 8 名，工业固体废物综合利用率处于全国中游水平，排在第 16 位；但单位工业增加值能耗和工业固体废物综合利用率则处于全国下游水平，分别为第 22 名和第 20 名。

人力资源方面，工业城镇单位就业人员平均工资增速和就业人员平均受教育年限两项指标排名高于人力资源指数的整体排名，分别位于全国第 14 名和第 18 名；第二产业全员劳动生产率三项指标表现不尽如人意，排名第 25。

速度效益方面，工业增加值增速、总资产贡献率、工业成本费用利润率和工业主营业务收入利润率四项指标均处于全国下游水平，排名分别为第 26、21、22、20 名。

（3）原因分析

河北在两化融合和结构调整方面表现较好，处于全国中游水平且呈较快增长。

结构调整方面，截至 2015 年底，河北省高新技术产业增加值占规上工业比例达到 16%，而钢铁等高耗能行业占规上工业的比例连年降低。"十二五"期间累计化解炼铁、炼钢、水泥、平板玻璃过剩产能 3792.5 万吨、4509.1 万吨、13834 万吨、7202.5 万重量箱。此外，河北省重点推进技改工作，重建技改工作体系，2011—2015 年累计完成工业投资 5.6 万亿元，年均增速达 21.5%，技改投资增速年均增长 32.4%，2011—2015 年累计完成技改投资 3.5 万亿元。培育国家级、省级技术创新示范企业 13 家、89 家。

两化融合方面，《河北省信息化条例》发布实施，两化融合工作得以深入推进，两化融合总指数 2015 年底达到 67.05，高于全国平均指数 1 个百分点。重点行业大中型工业企业数字化设计工具普及率达到 85%，关键工序数控化率达到 75%，电子商务交易总额达到 1.2 万亿元。

3. 结论与展望

综合时序指数和截面指数来看，河北在两化融合和结构调整方面表现相对较好，技术创新和资源环境由于历史原因尽管处于全国下游水平，但近年来增速喜人，河北省在这两个方面具有较大的提升空间。

未来，河北省应从以下几个方面着手：一是提升工业创新能力，支持企业自主创新，强化企业自主创新的主体地位，壮大一批具有国际竞争力的创新型企业；开展多种形式的创新政策服务，积极推动"双创"相关工作，支持大企业"双创"平台的开放共享和社会化服务。二是推动产业绿色转型发展，开展绿色评价，打造绿色制造服务平台，鼓励集约化、循环化、低碳化园区建设；促进清洁生产，构建循环经济产业链，在重点行业推进污水深度处理，减少工业固废排放。

四、山西

1. 总体情况

（1）宏观经济总体情况

2016 年，山西完成生产总值 12928.3 亿元，同比增速为 4.5%。其中，一产增加值为 784.6 亿元，同比增长 2.9%，占比为 6.1%；二产增加值为 4926.4 亿元，同比增速为 1.5%，占比为 38.1%；三产增加值为 7217.4 亿元，同比增速为 7.0%，占比为 55.8%。

2016 年，山西完成全社会固定资产投资 14285.0 亿元。其中，固定资产投资为 13859.4 亿元，同比增长 0.8%。分产业看，第一产业投资增长速度较快，同比增速为 19.8%；第二产业投资相比上年下降 5.7%；第三产业投资同比增长 1.6%，略高于固定资产投资增速。2016 年全省社会消费品零售总额为 6480.5 亿元，同比增长 7.4%。其中，实现城镇消费品零售额 5284.5 亿元，同比增速为 7.5%；乡村消费品零售额为 1196 亿元，同比增长 7.6%，乡村消费增长快于城镇。2016 年山西省进出口总额为 1099.0 亿元，进出口总额大幅提升，同比增长 20.5%。其中山西进口额为 443.6 亿元，呈正增长，同比增速为 14.2%；出口额为 655.3 亿元，增速为 25.2%。

（2）工业经济运行情况

2016 年，山西规模以上工业增加值同比增长 1.1%。其中，战略性新兴产业占规上增加值达 12.6%，比上年提高 1.2 个百分点。全省完成工业投资 4961.6 亿元，同比下降 6.1%。规上工业企业实现主营业务收入 13957.0 亿元，同比下降 3.7%。几个主要行业中，装备制造、医药、焦煤、食品和建材工业呈增长态势，增速分别为 6.1%、2.6%、15.7%、

1.6%和8.7%；煤炭、冶金、电力和化学工业为负增长，同比下降分别为6.9%、8.3%、4.7%和12.6%。2016年规模以上工业企业实现利润208.7亿元。

2. 指标分析

（1）时序指数

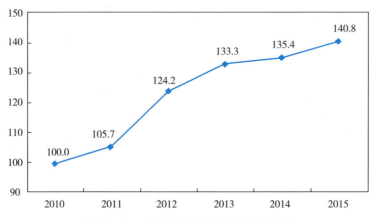

图10-5 山西省工业发展质量时序指数

资料来源：赛迪智库整理计算，2017年1月。

表10-11 2010—2015年山西省工业发展质量时序指数

	2010	2011	2012	2013	2014	2015	2010—2015年平均增速（%）
速度效益	100.0	106.1	90.5	73.9	59.2	45.0	-14.8
结构调整	100.0	105.2	137.7	148.6	157.9	164.4	10.5
技术创新	100.0	109.8	111.9	123.2	123.5	118.8	3.5
资源环境	100.0	93.0	107.1	131.7	119.7	125.7	4.7
两化融合	100.0	110.4	174.5	190.4	216.3	260.3	21.1
人力资源	100.0	114.5	123.6	125.7	129.3	127.1	4.9
工业发展质量指数	100.0	105.7	124.2	133.3	135.4	140.8	7.1

资料来源：赛迪智库整理计算，2017年1月。

纵向来看，山西工业发展质量时序指数自2010年的100.0上涨至2015年的140.8，年均增速为7.1%，高于全国平均增速1.1个百分点。

山西在两化融合以及结构调整方面快速增长，年均增速达到21.1%和

10.5%，比时序指数增速分别高出 15 个和 3.4 个百分点。

两化融合方面，电子信息产业占比指标表现最为抢眼，增速高达 32.0%，互联网普及率增速也超过时序指数整体增速，达到 8.2%，有力地促进了两化融合水平的快速提升。

结构调整方面，指标之间的表现差异较大，高技术制造业主营业务收入占比和工业制成品出口占比两项指标增速均高于时序指数总体增速，年均增速分别高达 25.9% 和 11.9%，但 500 强企业占比呈负增长，年均增速为 −17.8%，成为影响结构调整方面的不利因素。

在技术创新、资源环境和人力资源方面保持稳步增长，年均增速分别为 3.5%、4.7% 和 4.9%。

技术创新方面，大中型工业企业 R&D 人员投入强度、大中型工业企业单位 R&D 经费支出的发明专利数和大中型工业企业新产品销售收入占比实现了稳定增长，年均增速分别为 5.3%、5.1% 和 3.2%，是推动技术创新发展的有利因素，但是大中型工业企业 R&D 人员投入强度为零增长，一定程度上影响了技术创新指数的整体表现。

资源环境方面，工业主要污染物排放强度表现最好，增速为 11.9%，是促进资源环境整体稳定增长的有利因素，单位工业增加值能耗和工业污染治理投资强度两项指标则呈低速增长，增速分别为 4.7% 和 1.3%，但工业固体废物综合利用率负增长，年均增速仅为 −4.1%。

人力资源方面，尽管 3 项指标均低于时序指数整体增速，但都实现了低速稳定增长，工业城镇单位就业人员平均工资增速、第二产业全员劳动生产率和就业人员平均受教育年限增速分别达到 6.4%、5.5% 和 1.4%。

山西在速度效益方面呈负增长，年均增速仅为 −14.8%。其中，除工业增加值增速指标实现正增长外，其他 3 项指标均呈现不同程度的负增长。尤其是工业成本费用利润率和工业主营业务收入利润率两项指标增速甚至超过 −100%，分别为 −147.6% 和 −148.9%，成为速度效益发展的最不利因素。

（2）截面指数

表10-12 2010—2015年山西省工业发展质量截面指数排名

	2010	2011	2012	2013	2014	2015	2010—2015年均值
速度效益	19	20	25	30	30	30	30
结构调整	16	16	26	29	27	29	26
技术创新	22	21	23	23	23	26	23
资源环境	16	21	19	18	25	21	20
两化融合	21	22	22	20	19	22	22
人力资源	4	6	9	27	29	30	19
截面指数	18	19	26	29	30	29	28

资料来源：赛迪智库整理计算，2017年1月。

横向来看，2010—2015年山西工业发展质量截面指数平均数为21.8，排在全国第28名。2015年山西工业发展质量截面指数为17.8，排在全国第29名，较2014年上升了1名，表明山西工业发展质量稳中有升。

2015年，山西在工业发展质量的所有6项指标方面均处于全国下游水平，具体表现为，资源环境排名第21、两化融合排名第22、技术创新排名第26、结构调整排名第29、速度效益和人力资源均排名第30。

资源环境方面，山西省在工业污染治理方面力度较大，工业污染治理投资强度指标表现最好，排名为全国第2名，较上年上升了8个名次；工业固体废物综合利用率名次略有下降，排在第18名；单位工业增加值能耗和工业主要污染物排放强度两项指标排名与上年持平，仍位于全国下游，分别为第27名和第26名。

两化融合方面，互联网普及率和电子信息产业占比处于全国中游水平，排名为全国第11名和第19名；工业应用信息化水平较上一年度排名后退3名，位于全国第25位。

技术创新方面，仅有大中型工业企业R&D经费投入强度1项指标处于全国中下游水平，排名第18，其余3项指标处于下游水平，大中型工业企业R&D人员投入强度、大中型工业企业单位R&D经费支出发明专利和大中型工业企业新产品销售收入占比，分别排在全国第22名、第27名和第25名。

结构调整方面，仅有工业制成品出口占比排名进入全国前20，高技术产业占比、500强企业占比和小型工业企业主营业务收入增速排名均比较落后且近几年在全国排名变化不大，分别排在第22、22、29位。

速度效益方面整体表现较差，所有4项指标均排在全国最后两位之内，其中总资产贡献率排名所有省份最后，工业增加值增速、工业成本费用利润率和工业主营业务收入利润率均排在全国第29位。

人力资源方面，就业人员平均受教育年限表现突出，处于全国第6名，但相较于上一年份的第5名有所下降；第二产业全员劳动生产率排名第17，处于全国中下游水平，而工业城镇单位就业人员平均工资增速则处于全国最后一名。

（3）原因分析

山西省工业经济发展仍存在着经济结构畸重、产业层次较低、技术创新能力不足、能源消耗较大等问题。结构调整方面，重工业占比依然较高，轻工业发展不足。2015年，煤炭产业占全省工业比重达到46.8%，外部市场发生变化对工业经济健康发展影响较大。技术创新方面，全省规模以上工业企业有研发活动的仅占企业总数的8.2%，远低于全国平均水平。规模以上工业企业R&D经费支出占主营业务收入远低于全国平均水平，仅为0.72%。

资源环境方面，高能耗、高污染问题尚未得到根本解决，能耗水平和资源消耗水平远高于全国平均水平，主要高耗能行业能耗占比占规模以上工业的90%左右。

3. 结论与展望

综合时序指数和截面指数来看，山西省虽然部分指数增长较快，但六个指数在全国排名均表现较差。由于山西长期以来以煤炭、化工以及钢铁等重工业为主，在当前化解过剩产能以及国际能源价格波动的背景下，工业发展质量总体表现不佳。

未来，山西省应从以下几个方面着手：一是完善产业技术创新体系，联合北京、上海等科教资源富集地区创新主体，采取政产学研用产业协同创新等新机制新模式，探索新型创新驱动机制；依托各类高等院校、科研院所以及科技服务机构，推进公共创新服务平台建设。二是转变发展方式，强化资源综合利用，重点支持重大资源综合利用示范项目，推动重点行业开展清洁生产工作，支持企业构建循环经济模式，削减大气污染物产生和排放。实施绿色工业园区试点示范，选择一批基础好的工业园区开展绿色园区试点，探索循环绿色发展新模式。

五、内蒙古

1. 总体情况

（1）宏观经济总体情况

2016年，内蒙古实现生产总值达到67008.2亿元，比上年增长7.6%。其中，第一产业4929.1亿元，同比增长3.9%；第二产业30410.0亿元，同比增长6.5%；第三产业增加值31669.0亿元，同比增长9.3%。三次产业比例由上年的7.9∶46.8∶45.3调整为7.3∶45.4∶47.3，第三产业所占比重超越第二产业。

2016年，内蒙古全区500万元以上项目固定资产完成投资达到15283.4亿元，同比增长12%。全区实现社会消费品零售总额突破6000亿元，达到6700.8亿元，同比增长9.7%。全区实现进出口总值772.8亿元，同比下降2.1%。全区居民消费价格同比上涨1.2%，低于全国平均涨幅0.8个百分点。其中，城市同比上涨1.2%；农村牧区同比上涨1.1%。

（2）工业经济运行情况

2016年，内蒙古全区工业增加值7758.2亿元，比上年增长7.0%，其中规模以上工业增加值同比增长7.2%。分轻重工业看，轻工业增加值同比增长5.9%；重工业增加值同比增长7.5%。分经济类型看，国有控股企业、集体企业、股份制企业和外商及港澳台投资企业均实现不同程度增长，增速分别为1.4%、0.9%、7.2%和3.1%。

2. 指标分析

（1）时序指数

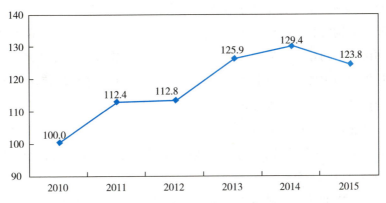

图 10 – 6　2010—2015 年内蒙古工业发展质量时序指数

资料来源：赛迪智库整理计算，2017 年 1 月。

表 10 – 13　2010—2015 年内蒙古工业发展质量时序指数

	2010	2011	2012	2013	2014	2015	2010—2015 年平均增速（%）
速度效益	100.0	104.7	96.0	93.5	81.1	78.1	−4.8
结构调整	100.0	110.6	101.2	98.2	90.6	89.0	−2.3
技术创新	100.0	102.3	118.3	129.5	123.8	139.5	6.9
资源环境	100.0	129.4	109.1	184.8	220.0	175.4	11.9
两化融合	100.0	115.6	144.1	132.9	144.3	137.8	6.6
人力资源	100.0	112.4	121.7	126.4	132.4	142.0	7.3
工业发展质量指数	100.0	112.4	112.8	125.9	129.4	123.8	4.4

资料来源：赛迪智库整理计算，2017 年 1 月。

　　纵向来看，从 2010 年到 2015 年，内蒙古工业发展质量时序指数由 100.0 上涨至 123.8，年均增速达到 4.4%，低于全国 6% 的平均增速。

　　内蒙古在资源环境、技术创新、两化融合、人力资源四个方面增长较快，年均增速分别达到 11.9%、6.9%、6.6% 和 7.3%，其中资源环境与技术创新分别高于全国年均时序指数增速 6.2 个、2.2 个百分点。构成资源环境的各项指标中，单位工业增加值能耗有所下降、工业主要污染物排放强度明显降低，工业污染治理投资强度也明显增大，年均增速分别为 8.0%、19.7% 和

21.2%。构成技术创新各个指标中，大中型工业企业 R&D 人员投入强度、大中型工业企业单位 R&D 经费支出发明专利、大中型工业企业 R&D 经费投入强度均有所改善，年均增速分别达到 11.9%、10.2%、7.6%，但是大中型工业企业新产品销售收入占比有所下滑，年均增速达到 -3.5%，对技术创新产生了负面影响。两化融合方面，互联网普及率年均增速为 10.3%，是促进该方面快速发展的主要因素；电子信息产业占比也较大，年均增速达到 6.9%；工业应用信息化水平也有所提高，年均增速达到 2.2%。人力资源方面，工业城镇单位就业人员平均工资增速和第二产业全员劳动生产率年均增速分别为 10.2% 和 7.4%，是促进该方面快速发展的主要因素，而就业人员平均受教育年限年均增速达到 1.6%。

内蒙古在速度效益、结构调整方面均出现下滑，年均增速为 -4.8% 和 -2.3%。构成速度效益的 4 项指标中，仅有工业增加值快速增长，年均增速达 11.9%，其他 3 项指标工业总资产贡献率、工业成本费用利润率和工业主营业务收入利润率均呈负增长，年均增速分别为 -15.2%、-16.5% 和 -15.2%。结构调整方面，小型工业企业主营业务收入增速表现较好，增速高达 8.6%；高技术制造业主营业务收入占比增速不高，只达到 2.6%；500 强企业占比和工业制成品出口占比年均增速均出现下滑，年均增速分别为 -7.8% 和 -13.3%，成为抑制内蒙古结构调整指数增长的关键因素。

（2）截面指数

表 10 -14　2010—2015 年内蒙古工业发展质量截面指数排名

	2010	2011	2012	2013	2014	2015	2010—2015 年均值
速度效益	3	3	5	3	15	19	4
结构调整	30	25	29	30	29	26	30
技术创新	26	26	26	24	25	22	25
资源环境	27	16	27	22	18	23	23
两化融合	25	25	25	26	28	28	26
人力资源	1	1	1	1	3	3	1
截面指数	19	15	18	20	23	23	22

资料来源：赛迪智库整理计算，2017 年 1 月。

横向来看，2015 年内蒙古工业发展质量截面指数为 28.66，排在全国第

23 名，与 2014 年排名一样，但较 2013 年下滑了 3 个名次。

2015 年，内蒙古在人力资源方面排在全国第 3 名，处于全国领先水平。其中，第二产业全员劳动生产率是促进内蒙古人力资源方面全国领先的主要支撑指标，2010 年以来一直稳居全国第 1 名，但是工业城镇单位就业人员平均工资增速仍没有得到扭转，仍位居 27 位，对人力资源指数增长产生了负面影响。

2015 年，内蒙古在速度效益方面持续下滑，比 2014 年又下降 4 个名次，位居全国第 19 名。其中，工业增加值增速较快，处于全国第 7 位，但是总资产贡献率却排到了全国第 24 名，虽然比 2014 年提升了 1 个名次，但仍是影响速度效益指数向好的最大阻碍。

2015 年，内蒙古工业发展质量截面指数排名靠后主要是受到结构调整、技术创新、资源环境和两化融合四个方面影响，这 4 个指标分别排在全国第 26 名、第 22 名、第 23 名和第 28 名。结构调整方面，高技术制造业主营业务收入占比、500 强企业占比、小型工业企业主营业务收入增速、工业制成品出口占比 4 项指标没有多大起色，排名分别为第 28 名、第 26 名、第 21 名和第 24 名，均处于全国下游水平。技术创新方面，大中型工业企业 R&D 人员投入强度排在全国第 11 名，表现较好，较上年提升了 4 个名次；大中型工业企业单位 R&D 经费支出发明专利和大中型工业企业新产品销售收入占比 2 个指标均排在全国第 29 位，都处于全国下游水平，成为技术创新指数在全国排名靠后的主要原因。资源环境方面，工业污染治理投资强度 2015 年排在全国第 4 名，与上年排名一样，处于全国领先水平；其他 3 个指标单位工业增加值能耗、工业主要污染物排放强度、工业固体废物综合利用率成为资源环境指数排名靠后的主要影响因素，排名分别为第 21、23、27 位，均处于相对落后水平。两化融合方面，互联网普及率排在全国第 14 名，表现相对较好，但是工业应用信息化水平和电子信息产业占比在全国的排名分别为第 27 位和第 29 位，排名均比较靠后。

（3）原因分析

2010—2015 年，内蒙古人力资源一直保持较好的发展态势，这主要是由于内蒙古自治区自 2010 年就制定并落实"草原英才"工程，依靠特色产业高端人才聚集平台、草原硅谷人才特区平台和京蒙人才交流合作平台三大平台，大力吸引了一批创新创业人才及其团队，培育了一批领军人才、高端人才尤其是特色产业高端人才，打造了人才梯队。除此之外，比如说包头稀土高新区与中关村战略联盟、呼和浩特高校产业科技园、鄂尔多斯未来新型产业城等项目都为内蒙古人力资源实力增强提供了强有力支撑。

3. 结论与展望

综合时序指数和截面指数来看，内蒙古在结构调整方面需要大力改进，推动工业转型升级，为经济发展注入新动力。

内蒙古在结构调整方面要加大工作力度，一要重点聚焦新能源和清洁能源、新材料、新一代信息技术、节能环保、高端装备制造、现代服务业、绿色全产业链农畜产品加工、洁净煤发电等产业发展，推进传统产业转型升级，淘汰落后产能，加快新旧动能转换步伐。二要积极落实清洁能源、现代煤化工、绿色农畜产品生产加工等产业发展规划，通过综合施策，分类指导，以及体制机制、政策环境、服务模式、投资方式等方面创新，有效催化工业经济发展潜力。三要加大知识产权的保护力度，为工业经济发展营造公平竞争环境。

六、辽宁

1. 总体情况

（1）宏观经济总体情况

2016年，辽宁实现地区生产总值为22037.88亿元，同比增长－2.5%。第一产业增加值下降4.6%；第二产业增加值下降7.9%；第三产业增加值增长2.4%。辽宁三次产业比例为9.8：38.7：51.5。

2016年，辽宁省社会消费品零售总额实现13414.1亿元，比上年同期增长4.9%。其中，城镇消费品零售额12112.4亿元，同比增长4.5%；乡村消费品零售额1301.7亿元，同比增长8.6%，增速高于城镇。2016年进出口总额为865.21亿美元，比上年下降9.8%。其中，出口总额430.65亿美元，进口总额434.56亿美元。全年固定资产投资仅为6436.3亿元，同比下降高达63.5%。

（2）工业经济运行情况

2016年，辽宁规模以上工业增加值同比下降15.2%，是拖累辽宁GDP负增长的主要因素。大宗商品国际市场价格的大幅下跌对作为国家原材料基地的辽宁冲击巨大。去产能涉及的十多个行业辽宁全有，多数还是辽宁的主导产业，短期内给辽宁经济带来的影响比对许多其他地区的影响要大。

2. 指标分析

（1）时序指数

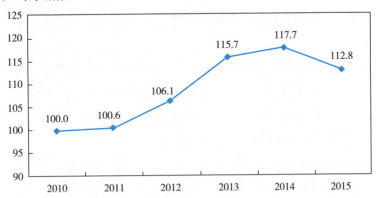

图10-7 2010—2015年辽宁工业发展质量时序指数

资料来源：赛迪智库整理计算，2017年1月。

表10-15 2010—2015年辽宁工业发展质量时序指数

	2010	2011	2012	2013	2014	2015	2010—2015年平均增速（%）
速度效益	100.0	97.8	93.9	98.4	88.9	73.0	-6.1
结构调整	100.0	99.7	101.5	100.5	93.8	86.4	-2.9
技术创新	100.0	102.1	110.4	118.9	127.4	140.4	7.0
资源环境	100.0	88.2	95.5	124.9	137.5	111.7	2.2
两化融合	100.0	111.9	126.7	141.3	146.0	150.2	8.5
人力资源	100.0	110.1	118.1	123.5	131.0	139.8	6.9
时序指数	100.0	100.6	106.1	115.7	117.7	112.8	2.4

资料来源：赛迪智库整理计算，2017年1月。

纵向来看，辽宁工业发展质量时序指数自2010年的100.0上涨至2015年的112.8，年均增速为2.4%，低于全国平均增速3.6个百分点。

辽宁在两化融合方面年均增速为8.5%，比时序指数增速高出6.1个百分点，提升较快。构成两化融合的各指标中，电子信息产业占比增速较快，年均增速为10.7%，是促进两化融合快速发展的主要因素，工业应用信息化水平与互联网普及率增长平稳，年均增速分别为 5.6% 与 7.0%。

辽宁在技术创新方面年均增速为 7.0%，起主要拉动作用的是大中型工业企业单位 R&D 经费支出发明专利，年均增速高达 12.4%；大中型工业企业新产品销售收入占比表现较好，年均增速达到 8.1%；大中型工业企业 R&D 经费投入强度、大中型工业企业 R&D 人员投入强度表现相对较差，年均增速分别为 2.6%、2.9%。

辽宁在人力资源方面年均增速为 6.9%，也保持了较快增长，比时序指数增速高出 4.5 个百分点。其中，工业城镇单位就业人员平均工资和第二产业全员劳动生产率均保持较快增长，年均增速分别为 9.6% 和 7.6%，但是就业人员平均受教育年限增长缓慢，年均增速仅为 0.8%。

辽宁在资源环境方面年均增速达到 2.2%，工业主要污染物排放强度显著下降，年均增速达到 9.4%，但是工业固体废物综合利用率表现不佳，年均增速为 -12.5%，工业污染治理投资强度和单位工业增加值能耗年均增速分别为 0.1% 和 3.9%。

辽宁在速度效益方面，由 2014 年的 88.9% 下降到 2015 年的 73%，下降了 15.9 个百分点，年均增速为 -6.1%，这主要是由于除工业增加值快速增长，年均增速为 6.4% 外，总资产贡献率、工业成本费用利润率、工业主营业务收入利润率均出现负增长，年均增速分别是 -11.2%、-14.2%、-13.3%，成为阻碍速度效益发展的不利要素。

辽宁在结构调整方面年均增速为 -2.9%。这主要是由于 500 强企业占比、工业制成品出口占比与小型工业企业主营业务收入增速均为负增长，分别为 -7.8%、-9.5%、-2.6%，严重影响了结构调整。

（2）截面指数

表 10-16　2010—2015 年辽宁工业发展质量截面指数排名

	2010	2011	2012	2013	2014	2015	2010—2015 年均值
速度效益	23	25	23	23	27	28	27
结构调整	7	12	14	22	26	30	19
技术创新	16	15	15	18	18	17	16
资源环境	21	26	26	23	24	29	26

续表

	2010	2011	2012	2013	2014	2015	2010—2015 年均值
两化融合	9	10	11	9	9	10	10
人力资源	8	14	8	8	15	8	7
截面指数	15	17	17	18	22	25	20

资料来源：赛迪智库整理计算，2017 年 1 月。

横向来看，2015 年辽宁工业发展质量截面指数为 28.82，排在全国第 25 名，落后于之前年度的排名。

2015 年，辽宁在人力资源方面排在全国第 8 位，处于全国中上游水平。其中，第二产业全员劳动生产率排在全国第 5 位，表现较好；工业城镇单位就业人员平均工资增速和就业人员平均受教育年限表现一般，分别排在全国第 23 位和第 10 位。

2015 年，辽宁在两化融合方面方面表现较好，排在全国第 10 位，但较上年下降 1 个名次。其中，互联网普及率表现较好，排在全国第 7 位；但电子信息产业占比和工业应用信息化水平处于全国中下游水平，分别排在第 10 位和第 21 位。

2015 年，辽宁在技术创新方面表现一般，排在全国第 17 位。其中，大中型工业企业 R&D 经费投入强度和大中型工业企业新产品销售收入占比分别排在全国第 9 位和第 11 位，表现较好；但是大中型工业企业 R&D 人员投入强度和大中型工业企业单位 R&D 经费支出发明专利均处于全国第 25 位，处于相对落后水平，成为影响技术创新指数的不利因素。

2015 年，辽宁在结构调整方面排在第 30 位，处于全国中下游水平。其中，500 强企业占比和工业制成品出口占比分别排在第 8 位和第 10 位，表现较好，成为促进结构调整指数排名靠前的主要因素；小型工业企业主营业务收入增速与高技术制造业主营业务收入占比处于全国下游水平，分别排在第 30 位和第 21 位。

2015 年，辽宁在资源环境方面排在第 29 位，处于全国下游水平。资源环境方面，单位工业增加值能耗和工业主要污染物排放强度分别排在第 18 位和第 19 位，均较上年有所上升，对辽宁资源环境的改善起到了一定作用，但工业污染治理投资强度和工业固体废物综合利用率排名相对较低，分别排在全国第26位和第30位，成为影响辽宁资源环境指数排名的不利因素。

2015年，辽宁在速度效益方面处于下游水平，排在第28名，较2014年下滑了1名。其中，工业增加值增速、总资产贡献率、工业成本费用利润率、工业主营业务收入利润率均排名靠后，分别排在全国第30、23、26、26位。

（3）原因分析

2010—2015年期间，辽宁在人力资源方面取得一定成效。辽宁省积极落实《关于进一步加强高级专家队伍建设的意见》《辽宁省"十百千高端人才引进工程"实施办法》等政策文件，给予为经济发展作出突出贡献的急需国外专家永久居留资格；为从事科研或为辽宁引进高新技术项目的外籍人员办理多次有效返回签证；通过制定并落实有关创新型人才政策文件，建立人才特区，加大对辽宁省重点领域人才的培养支持力度，以及对高层次工程技术人才的培养和引进力度，改善人才结构并形成可持续性人才引进机制。

3. 结论与展望

综合时序指数和截面指数结果，辽宁在两化融合与人力资源方面保持较好的发展前景，但在速度效益方面表现不佳，需要大力改进。

就速度效益而言，辽宁要加快绿色改造步伐，为经济发展注入新动力。辽宁一要协调统筹绿色发展战略顶层规划，集聚绿色科技创新新动能，完善绿色开放式制度体系建设。二要做强第一产业、做精第二产业、做大第三产业。建设优质可持续发展、多元规模发展的农业生产及经营体系；推动制造业向高端智能绿色转型，实施新兴产业培育工程及改造提升传统产业工程；树立"吉林元素"优质品牌，推进生产性服务业向专业化和价值链高端延伸，提高辽宁工业发展所需的关键核心技术的研发力度，提高资源利用效率。

七、吉林

1. 总体情况

（1）宏观经济总体情况

2016年，吉林完成地区生产总值14886.23亿元，同比增长6.9%。其中，第一产业达到 1498.52 亿元，同比增长 3.8%，第二产业达到 7147.18 亿元，同比增长 6.1%，第三产业达到 6240.53 亿元，同比增长 8.9%。2016 年，限额以上社会消费品零售总额 7310.42 亿元，同比增长 9.9%，其中城镇达到 6554.51 亿元，同比增长 9.5%；乡村达到 755.91 亿元，同比增长 13.2%。2016 年，实际利用外资金额达到 94.31 亿美元，同比增长 10.0%。2016 年，投资完成额达到 13773.17 亿元，同比增长 10.1%，其中第一产业达到 708.50 亿元，同比增长 31.0%，第二产业达到 7186.49 亿元，同比增长 2.4%，第三产业达到 5878.18 亿元，同比增长 18.8%。

（2）工业经济运行情况

2016 年，吉林规上工业增加值达到 6133.98 亿元，增长 6.3%。其中汽车制造业达到 1644.45 亿元，增长 10.0%；食品产业达到 1021.49 亿元，增长 7.7%；医药产业达到 572.15 亿元，增长 11.8%，占规上工业比重为 9.3%；装备制造产业达到 655.99 亿元，增长 7.9%，占规上工业比重为 10.7%。

2. 指标分析

（1）时序指数

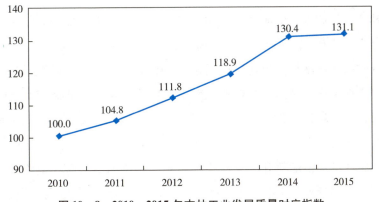

图 10 -8　2010—2015 年吉林工业发展质量时序指数

资料来源：赛迪智库整理计算，2017 年 1 月。

表 10－17　2010—2015 年吉林工业发展质量时序指数

	2010	2011	2012	2013	2014	2015	2010—2015 年平均增速（%）
速度效益	100.0	109.2	105.7	106.8	112.2	103.5	0.7
结构调整	100.0	103.9	120.5	137.1	150.8	146.7	8.0
技术创新	100.0	102.3	102.5	85.1	93.6	98.1	-0.4
资源环境	100.0	102.0	109.8	135.1	156.6	154.3	9.1
两化融合	100.0	104.3	109.2	113.2	122.0	136.5	6.4
人力资源	100.0	110.6	120.1	127.2	133.8	140.1	7.0
时序指数	100.0	104.8	111.8	118.9	130.4	131.1	5.6

资料来源：赛迪智库整理计算，2017 年 1 月。

　　纵向来看，吉林工业发展质量时序指数自 2010 年的 100.0 上涨至 2015 年的 131.1，年均增速为 5.6%，低于全国平均增速 0.4 个百分点。

　　吉林在速度效益方面增速一般，年均增速为 0.7%。这主要是由于除工业增加值呈快速增长，年均增速达到 10.6% 之外，总资产贡献率、工业成本费用利润率和工业主营业务收入利润率均出现负增长，年均增速分别为 -3.6%、-4.7% 和 -4.1%。

　　吉林在结构调整、资源环境、两化融合和人力资源方面呈较快增长，年均增速分别为 8.0%、9.1%、6.4% 和 7.0%。结构调整方面，小型工业企业主营业务收入高速增长，年均增速高达 17.4%，是促进结构调整指数快速增长的主要支撑要素，高技术制造业主营业务收入占比和工业制成品出口占比增速平稳，年均增速分别为 11.4% 和 5.7%，但是 500 强企业占比呈现负增长，年均增速为 -5.6%。资源环境方面，主要工业污染物排放强度持续降低，单位工业增加值能耗和工业污染治理投资强度有所改善，但工业固体废物综合利用率出现显著下滑，年均增速为 -2.9%，成为影响资源环境指数改善的不利要素。两化融合方面，互联网普及率高速增长，年均增速为 8.2%，工业应用信息化水平和电子信息产业占比增长一般，年均增速为 4.1% 和 6.8%。人力资源方面，工业城镇单位就业人员平均工资和第二产业全员劳动生产率增长较快，年均增速分别为 12.2% 和 4.7%，是支撑人力资源发展的有利因素，而就业人员平均受教育年限增速较慢，年均增速仅为 0.9%。

吉林在技术创新方面呈低速增长，年均增速仅为 - 0.4%。其中，大中型工业企业 R&D 经费投入强度表现较好，年均增速达到 8.4%，大中型工业企业 R&D 人员投入强度表现一般，年均增速为 0.8%。但是，大中型工业企业单位 R&D 经费支出发明专利和大中型工业企业新产品销售收入占比均呈负增长，年均增速分别为 - 5.7% 和 - 6.4%，给技术创新方面带来不利影响。

（2）截面指数

表 10 - 18　2010—2015 年吉林工业发展质量截面指数排名

	2010	2011	2012	2013	2014	2015	2010—2015 年均值
速度效益	17	13	16	19	17	20	18
结构调整	23	13	20	23	25	20	21
技术创新	17	16	17	28	26	25	22
资源环境	17	17	17	12	13	16	16
两化融合	15	18	19	23	23	20	21
人力资源	6	13	6	7	4	11	6
截面指数	16	16	16	22	20	20	18

资料来源：赛迪智库整理计算，2017 年 1 月。

横向来看，吉林工业发展质量截面指数连续多年处于全国下游水平，2015 年截面指数为 29.19，排在第 20 位，与 2014 年排名一样。

2015 年，吉林的人力资源处于全国中上游水平，排在第 11 位。其中，第二产业全员劳动生产率排在全国第 7 位，比 2014 年下滑了 1 个位次；工业城镇单位就业人员平均工资增速排在第 21 位，比 2014 年下滑了 16 个名次；就业人员平均受教育年限排在第 16 位，较 2014 年下滑了 1 个名次。

2015 年，吉林的资源环境排在全国第 16 名，处于全国中游水平，较上年下降了 3 个名次。其中单位工业增加值能耗表现较好，2015 年排在第 6 位，工业主要污染物排放强度、工业固体废物综合利用率、工业污染治理投资强度分别排在全国第 15 位、20 位和 24 位，对吉林资源环境的排名产生一定负面影响。

2015 年，吉林在速度效益方面排在全国第 20 位。其中，工业增加值增速排全国第 25 位，较 2014 年下降 1%；总资产贡献率排在全国第 11 位，较 2014 年下降 8 个名次，处于全国中上游水平；工业成本费用利润率和工业主营业务收入利润率有所下降，均处于全国第19位。

2015年，吉林在结构调整方面，排在全国第20位，小型工业企业主营业务收入增速出现大幅上升，从2014年的第25位上升至2015年的第14位；高技术制造业主营业务收入占比表现相对较好，排在全国第15位；500强企业占比和工业制成品出口占比始终处于相对落后水平，2015年分别排在全国第22位和第21位。

2015年，吉林在两化融合方面，排在全国第20位，工业应用信息化水平、电子信息产业占比和互联网普及率3项指标均处于全国下游水平，分别均排在第20、20、19位，直接影响了吉林两化融合指数的排名。

2015年，吉林的技术创新排在第25名，处于全国中下游水平，较上年上升了1个名次。其中，大中型工业企业新产品销售收入占比表现较好，排在全国第13位；但是大中型工业企业R&D经费投入强度、大中型工业企业R&D人员投入强度和大中型工业企业单位R&D经费支出发明专利处于相对落后水平，排名分别为第21位、第20位和第30位，影响了技术创新指数的排名。

（3）原因分析

2010—2015年期间，吉林在人力资源方面取得了不错的成绩，制定并实施了《吉林省重大科技项目研发人才团队支持计划实施办法》《中共吉林省委、吉林省人民政府关于加快发展吉林特色现代职业教育的实施意见》《关于进一步激发人才活力服务创新驱动发展战略的若干意见》等政策文件，重点推出一系列激发人才创新创业活力的政策措施，为人才搭建成长的"绿色通道"，促进科技成果转化，将吉林省原来规定的职务发明成果转化收益70%的比例作为奖励，提高到不低于70%，直至上不封顶，极大地促进了人才创新能力提升，同时吸引优秀人才来共同建设吉林。

2010—2015年期间，吉林在资源环境方面取得了不错的成绩，基于自身资源环境、发展速度及产业优劣，提出"绿色发展"理念，制定并实施了《"十二五"节能减排综合性实施方案》及《2014—2015年节能减排低碳发展实施方案》等政策文件，提高能源利用效率，以新闻发布会方式通报十起环境资源司法保护典型案例，加大资源环境执法力度，推进以政府为主导、以企业为主体、市场有效驱动的节能减排工作，切实有效地推动绿色发展、循环发展、低碳发展。

3. 结论与展望

综合时序指数和截面指数结果，吉林在人力资源以及资源环境方面保持较好的发展前景，但 2015 年相比 2014 年出现了下滑了趋势，需要引起注意。此外，吉林下一步需要改进和提升技术创新方面，这是由于该指标虽然在 2015 年较 2014 年上升了 1 个名次，但仍处于全国中下游水平，需要大力改进。

吉林在技术创新方面要加大工作力度，一要深化行政审批制度改革，加大有关创新创业、高技术服务等领域的行政审批力度，切实开展有效的清理、调整与创新创业相关的审批、认证、收费等事项。二要建立跨部门的财政科技项目统筹决策和联动管理制度，积极筹建国家重点实验室以及省部共建重点实验室，加速重点关键及重大技术的研发步伐；强化高水平智库建设，积极打造协同创新平台，大力开展产学研用合作，推动各方力量围绕全省产业技术重大创新进行深度研究、战略研判。三要赋予省属高校、科研院所科技成果使用、处置和收益管理自主权，建立有利于企业家参与创新决策、凝聚创新人才、整合创新资源的新机制。

八、黑龙江

1. 总体情况

（1）宏观经济总体情况

2016 年，黑龙江地区生产总值（亿元）达到 15386.1 亿元，同比增长 6.1%，其中第一产业达到 2670.5 亿元，同比增长 5.3%，第二产业达到 4441.4 亿元，同比增长 2.5%，第三产业达到 8274.2 亿元，同比增长 8.6%；黑龙江固定资产投资达到 10432.6 亿元，同比增长 5.5%；社会消费品零售总额达到 8402.5 亿元，同比增长 10.0%；进出口下降明显，总值为 165.4 亿美元，同比下降 -21.3%，其中出口仅为 50.4 亿美元，同比下降高达 37.2%；实际利用外资达到 589647 万美元，同比增长 6.3%；公共财政收入达到 1148.4 亿元，同比下降 1.1%；公共财政支出达到 4228.0 亿元，同比增长 5.2%；城镇常住居民人均可支配收入达到 25736 元，同比增长 6.3%；农村常住居民人均可支配收入达到 11832 元，同比增长 6.6%。

（2）工业经济运行情况

2016年，黑龙江规模以上工业增加值2994.2亿元，同比增长2.0%，规模以上工业综合能源消费量达到5051.3万吨标准煤，同比增长0.5%，工业用电量达到540.5亿千瓦时，同比增长0.9%。

2. 指标分析

（1）时序指数

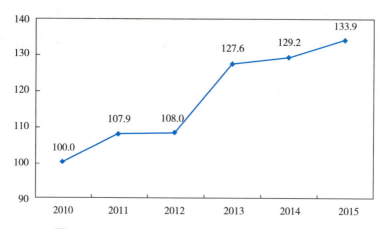

图10-9 2010—2015年黑龙江工业发展质量时序指数

资料来源：赛迪智库整理计算，2017年1月。

表10-19 2010—2015年黑龙江工业发展质量时序指数

	2010	2011	2012	2013	2014	2015	2010—2015年平均增速（%）
速度效益	100.0	105.0	96.9	89.0	81.7	62.8	-8.9
结构调整	100.0	97.6	103.1	107.0	108.4	100.6	0.1
技术创新	100.0	116.5	122.6	136.0	139.0	143.7	7.5
资源环境	100.0	122.9	102.4	190.7	191.5	226.2	17.7
两化融合	100.0	98.5	108.6	116.4	125.6	142.4	7.3
人力资源	100.0	109.3	119.2	126.9	130.1	133.9	6.0
时序指数	100.0	107.9	108.0	127.6	129.2	133.9	6.0

资料来源：赛迪智库整理计算，2017年1月。

纵向来看，黑龙江工业发展质量时序指数自2010年的100.0上涨至2015年的133.9，年均增速为6.0%，与全国平均增速持平。

　　黑龙江在资源环境方面快速增长，年均增速为 17.7%。其中，工业污染治理投资强度表现特别好，年均增速达到 33.7%，而单位工业增加值能耗与工业主要污染物排放强度表现也较好，年均增速分别达到 13.2% 和 11.8%，共同促进了资源环境指数的增长；但是，工业固体废物综合利用率表现不佳，年均增速仅为 −7.4%。

　　黑龙江在技术创新方面年均增速为 7.5%。其中，大中型工业企业单位 R&D 经费支出发明专利发展较好，年均增速达到 21.9%，促进技术创新取得较大成绩；大中型工业企业 R&D 经费投入强度表现一般，年均增速为 2.3%；大中型工业企业 R&D 人员投入强度增速表现不好，年均增速为 0.5%；大中型工业企业新产品销售收入占比表现较差，年均增速为 −2.7%。

　　黑龙江在两化融合方面年均增速为 7.3%。其中，互联网普及率和电子信息产业占比相对来说实现快速增长，年均增速分别达到 8.6% 和 7.8%，是推动两化融合指数增长的主要因素；工业应用信息化水平增速相对较慢，年均增速为 5.3%。

　　黑龙江在人力资源方面年均增速为 6.0%。其中，工业城镇单位就业人员平均工资快速增长，年均增速为 10.2%；第二产业全员劳动生产率也保持较快增长，年均增速为 4.8%；但是就业人员平均受教育年限增长不佳，增速仅为 0.2%。

　　黑龙江在结构调整方面年均增速为 0.1%。其中，小型工业企业主营业务收入增长较快，年均增速达到 12.8%，是促进结构调整指数增长的主要因素；高技术制造业主营业务收入占比表现相对一般，年均增速为 6.7%；500 强企业占比增速和工业制成品出口占比增速较差，年均增速分别为 −12.9% 和 −9.9%，成为阻碍结构调整的主要影响因素。

　　黑龙江在速度效益方面表现不佳，年均增速为 −8.9%。其中，工业增加值保持较快增长，年均增速为 7.9%，但是，总资产贡献率、工业成本费用利润率和工业主营业务收入利润率均呈负增长，年均增速为分别为 −17.3%、−22.5% 和 −20.6%。

（2）截面指数

表 10-20　2005—2014 年黑龙江工业发展质量截面指数排名

	2010	2011	2012	2013	2014	2015	2010—2015 年均值
速度效益	4	2	4	10	20	24	7
结构调整	9	23	16	17	30	23	22
技术创新	11	13	13	15	15	15	13
资源环境	22	20	21	19	16	14	18
两化融合	12	14	18	17	21	18	16
人力资源	9	17	10	15	26	18	18
截面指数	12	14	13	15	25	21	14

资料来源：赛迪智库整理计算，2017 年 1 月。

横向来看，黑龙江工业发展质量截面指数呈下滑趋势。2015 年截面指数为 32.2，排在全国第 21 名，较 2014 年上升 4 个名次。

黑龙江在人力资源、技术创新、资源环境和两化融合四个方面处于全国中游水平，2015 年分别排在第 18 名、第 15 名、第 14 名和第 18 名。其中，人力资源方面，第二产业全员劳动生产率一直处于全国中上游位置，2015 排在第 12 名，较 2014 年下降了 3 个名次；工业城镇单位就业人员平均工资增速在 2014 年大幅下降后，2015 年又出现显著上升，从第 29 名升至第 18 名；就业人员平均受教育年限与上年持平，排名处于第 21 位。技术创新方面，大中型工业企业 R&D 人员投入强度处于全国上游水平，2015 年排在全国第 8 名；大中型工业企业 R&D 经费投入强度和大中型工业企业单位 R&D 经费支出发明专利数处于全国中等偏上水平，2015 年分别排在全国第 14 名和第 16 名；大中型工业企业新产品销售收入占比表现不佳，处于全国下游水平，2015 年排在第 26 名。资源环境方面，工业污染治理投资强度表现特别好，2015 年排在第 7 名；单位工业增加值能耗表现也较好，2015 年排在第 15 名，较上年前进 4 个名次；工业主要污染物排放强度和工业固体废物综合利用率表现不佳，分别排在第 18 名和第 23 名。

黑龙江在速度效益方面出现明显下滑，2015 年排在全国第 24 名，较 2014 年下降 4 个名次，处于全国下游水平。其中，工业增加值增速 2015 年排在全国第 20 名，较 2014 年上升了 9 个名次。总资产贡献率、工业成本费用利润率和工业主营业务收入利润率，2015年分别排在全国第22名、第25名和第25名，分别较2014年下降12个、21个和20个名次。另外，黑龙江在结构调整方面取得一定成效，2015年排在第23名，较上年提高了7个名次。其中，小型工业企业主营业务收入2015年有所提高，从2014年的第30名上升至2015年的第23名；高技术制造业主营业务收入占比、500强企业占比和工业制成品出口占比都处于下游水平，2015年分别排在第23名、第22名和第25名。

（3）原因分析

2010—2015年期间，黑龙江在技术创新方面成绩有所下滑。虽然黑龙江出台新"工业17条"大力促进工业化和信息化深度融合，助力创新驱动型企业研发高附加值产品，并且在2014年重点围绕"五大规划"和"十大重点产业"建设，积极推进创新驱动发展战略，不断健全技术转移机制，加速科技创新步伐，全力打造科技园区建设，但是相对全国各个省份创新力度来看，黑龙江技术创新力度还是有待进一步提高，需要更有力度、更有深度的措施释放技术创新对经济社会发展的推动力，深化科技体制改革，落实科技成果转化活动，激活经济社会发展活力。

2010—2015年期间，黑龙江在资源环境方面取得一定成效。这主要是由于黑龙江积极落实生态文明建设，积极探寻资源环境治理的根源所在，找准治理源头，在生产、流通、分配和消费的各个环节融入环境保护思想；通过制定专项节能工程等几十项地方标准方式强化技术标准体系建设，提高项目环保准入门槛，提高对环境保护考核指标的权重，加强生态保护和防灾减灾体系建设，坚持保护优先和自然恢复为主，从源头上扭转生态环境恶化趋势；落实政府责任，加强部门协作，实施区域性、特征性污染控制，鼓励全社会参与环境保护，促进企业履行环境责任，全方位加强资源环境保护工作。

3. 结论与展望

综合时序指数和截面指数结果，黑龙江在资源环境方面取得了一定成效，但技术创新力度有所下降，并且速度效益指标表现不佳，成为黑龙江下一步需要改进和提升的主要方面。

黑龙江要加大速度效益方面的工作力度，一是加大重大关键技术攻关力度，充分发挥东北黑土资源保护产业技术创新战略联盟作用，增强对东北黑土资源保护技术的研发，积极开展农业面源污染减排技术攻关，推进秸秆综合利用和畜禽粪便综合处理技术研究。二是强有力推进生态文明建设，打造工业经济绿色发展平台，大力推广电力、化工、水泥、造纸、焦化、食品、医药等重点行业和大、中型工业锅（窑）炉脱硫、脱硝等清洁生产示范工程。三是积极落实《关于加强技能人才队伍建设的若干意见》及《关于实施"98113"龙江技能振兴计划的意见》，加快黑龙江省技能型人才培育，营造崇尚技能、尊重人才的优良环境。

九、上海

1. 总体情况

（1）宏观经济总体情况

2016年，上海市实现地区生产总值（GDP）27466.15亿元，比上年增长6.8%。其中，第一产业、第二产业和第三产业增加值分别为109.47亿元、7994.34亿元和19362.34亿元，分别增长-6.6%、1.2%和9.5%，第三产业增加值占上海市生产总值的比重高达70.5%，比上年提高2.7个百分点。2016年，上海全社会固定资产投资总额达到6755.88亿元，比上年增长6.3%。其中，第一产业、第二产业和第三产业投资分别为4.09亿元、982.69亿元和5769.11亿元，同比增长分别为3.6%、2.5%和7%。2016年，上海社会消费品零售总额达到10946.57亿元，同比增长8.0%。2016年，上海市进出口总额达到28664.37亿元，同比增长2.7%。其中，进口总额达到16558.92亿元，同比增长5.2%，出口总额达到12105.45亿元，同比增长-0.5%。2016年，上海市城市居民和农村居民家庭人均年可支配收入分别为57692元和25520元，分别比上年增长8.9%和10.0%。

（2）工业经济运行情况

2016年，上海工业总产值达到33079.72亿元，同比增长0.7%。其中，电子信息产品制造业、汽车制造业、石油化工及精细化工制造业、精品钢材制造业、成套设备制造业和生物医药制造业的工业总产值分别达到6045.08亿元、5781.58亿元、3259.33亿元、1060.17亿元、3896.48亿元、958.63亿元，同比增长分别为-2.2%、-12.6%、-0.3%、-5.5%、-2.6%和

5.9%。2016年，上海规模以上工业总产值达到31082.72亿元，同比增长0.8%。2016年，上海规模以上工业企业利润总额达到2898.52亿元，同比增长8.1%；上海规模以上工业企业税金总额达到1954.19亿元，同比下降1.9%；上海规上工业亏损占比高达21.9%。

2. 指标分析

（1）时序指数

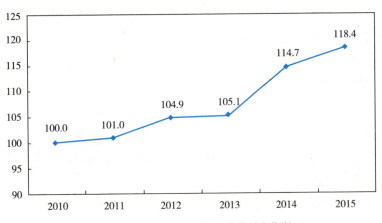

图 10 - 10　上海工业发展质量时序指数

资料来源：赛迪智库整理计算，2017年1月。

表 10 - 21　2010—2015年上海工业发展质量时序指数

	2010	2011	2012	2013	2014	2015	2010—2015年平均增速（%）
速度效益	100.0	96.4	94.0	102.9	106.2	108.7	1.7
结构调整	100.0	101.5	92.9	87.3	84.8	80.5	-4.2
技术创新	100.0	108.3	117.0	126.3	133.3	132.6	5.8
资源环境	100.0	89.9	110.0	98.6	139.8	155.6	9.2
两化融合	100.0	102.3	109.7	111.7	115.0	120.6	3.8
人力资源	100.0	109.7	114.0	118.2	126.4	136.0	6.3
工业发展质量指数	100.0	101.0	104.9	105.1	114.7	118.4	3.4

资料来源：赛迪智库整理计算，2017年1月。

纵向来看，上海工业发展质量时序指数自2010年的100.0上涨至2015年的118.4，年均增速为3.4%，低于全国平均增速2.6个百分点。

上海在技术创新、资源环境和人力资源方面快速增长，年均增速分别为5.8%、9.2%和6.3%。技术创新方面，R&D人员投入强度高速增长，年均增速达到10.2%；单位R&D经费投入强度的年均增速也达到9.4%，这2项指标成为带动技术创新指数增长的主要因素；而R&D经费支出发明专利、工业新产品销售收入占比增长缓慢，年均增速分别为3.2%和0.2%，限制了技术创新指数的增长。在资源环境方面，主要污染物排放强度年均增速为11.3%；单位工业污染治理投资强度年均增速为15.5%；但是工业固体废物综合利用率和工业增加值能耗表现不佳，年均增速分别为 - 0.1%和4.8%。人力资源方面，工业就业人员平均工资增速较快，年均增速达到11.1%；第二产业全员劳动生产率和就业人员平均受教育年限提高相对缓慢，年均增速分别为3.4%和2.2%。

两化融合方面，工业应用信息化水平提升最快，年均增速达到4.4%；电子信息产业占比增长也较快，年均增速为4.1%；互联网普及率占比提高有限，年均增速为2.5%。

速度效益方面增速较缓，年均增速为1.7%。总资产贡献率、工业成本费用利润率和工业主营业务收入利润率3项指标的增长幅度均较低，年均增速分别为 - 1.5%、1.4% 和 1.8%；工业增加值增速相对明显，年均增速为4.2%。

上海在结构调整方面进展不大，年均增速为 - 4.2%。其中，仅规上小企业主营业务收入实现了增长，年均增速为0.5%，而其余3项指标均呈下降趋势，高技术制造业主营业务收入占比、500强企业占比和工业制成品出口占比年均增速分别为 - 0.5%、 - 9.7%和 - 6.8%。

（2）截面指数

表10 - 22　2010—2015年上海工业发展质量截面指数排名

	2010	2011	2012	2013	2014	2015	2010—2015年均值
速度效益	20	28	30	26	21	14	24
结构调整	4	5	5	5	6	6	5
技术创新	5	4	4	3	3	4	3
资源环境	1	3	2	2	2	3	2

	2010	2011	2012	2013	2014	2015	2010—2015 年均值
两化融合	2	2	2	2	2	3	2
人力资源	14	5	7	6	2	4	4
截面指数	3	4	5	4	3	3	3

资料来源：赛迪智库整理计算，2017 年 1 月。

横向来看，上海工业发展质量截面指数连续多年排在全国前 4 名，处于全国领先水平，2015 年截面指数为 60.2，与 2014 年排名相同，均列第 3 位。

速度效益方面，2015 年上海排在第 14 位，较上年排名提升 7 个名次，处于全国中上游水平。其中工业增加值增速排名靠后，2014—2015 年连续两年都排在全国第 28 位；总资产贡献率排名进一步提升，2014 年排名第 17 位，2015 年排名升至第 13 位；工业成本费用利润率和工业主营业务收入利润率排名较上年都有明显提高，2015 年分别排在第 5 位和第 3 位。

结构调整方面，2015 年上海排在第 6 位，处于全国上游水平。其中，高技术制造业主营业务收入占比排名第 3，工业制成品出口占比排名全国第 5 位；500 强企业占比有一定下滑，2014 年排在第 9 位，但 2015 年下降至第 14 位；小型工业企业主营业务收入增速一直处于全国落后位置，2013 年之前都处于 28 名之后，2014 年有明显提高，排名处于第 17 位，但在 2015 年再一次下滑至第 24 位。

技术创新方面，2015 年上海排在第 4 位，处于全国上游水平。其中，R&D 经费投入强度、R&D 人员投入强度和工业企业新产品销售收入占比表现最好，2015 年分别名列第 1 名、第 3 名和第 4 名；单位 R&D 经费支出的发明专利数稍微逊色，2015 年排在全国第 10 位。

资源环境方面，2015 年上海排在第 3 位，处于全国上游水平。其中，主要污染物排放强度和工业固体废物综合利用率均排在全国第 2 位；单位工业增加值能耗排名全国第 7 位，工业污染治理投资强度在全国处于中下游水平，2015 年排在第 16 位。

两化融合方面，2015 年上海排在第 3 位，处于全国上游水平。其中，工业应用信息化水平一直处于全国领先水平，2015 年排在全国第 4 位；互联网普及率自 2005 年以来一直处于第 2 名；电子信息产业占比排名也很高，近 5 年都排在全国第 3 位。虽然上海的两化融合水平的年均增速低于全国平均水平，但是由于其基数较大，所以较低的增长也能使其保持全国领先优势。

人力资源方面，2015 年上海排在第 4 位，处于全国上游水平。其中就业人员平均受教育年限自 2005 年以来一直排在全国第 2 位，处于全国领先水平；第二产业全员劳动生产率处于上游水平，近 4 年一直排名第 8 位；而工业城镇单位就业人员平均工资增速较快，2013 年排在全国第 19 名，2015 年排名第 5 位，尽管较 2014 年下降 2 个名次，但全国排名仍然靠前。

（3）原因分析

2010—2015 年期间，上海在速度效益方面进步显著，排位逐步靠前。上海市充分发挥了本地区在工业化与信息化融合方面丰富的经验，通过实施政府顶层规划引导、优惠的财税及金融信贷优惠政策，推动科技重大专项实施，以示范区、创新区引领产业结构转型，搭建平台、促进区域及部门间协同合作，随着新兴技术不断应用和推广，新兴业态迅速成长，促进了工业成本速度效益显著提高。

同时，上海在两化融合、资源环境、技术创新方面始终维持全国领先地位。两化融合方面，上海作为国家级两化融合试验区，主要聚焦规划政府引导、典型示范引路、平台共性服务、园区集群等 10 大领域，以两化融合改造提升传统产业，不断培育新技术、新业态、新模式。资源环境方面，近年来上海制定了《上海市清洁空气行动计划（2013—2017）》，积极推动节能减排和应对气候变化重点工作，实行总量控制和效率提升"双控"制度、环境保护和建设综合协调推进机制，由点及面对环境进行综合整治，资源环境明显改善。技术创新和人力资源同样是上海保持竞争力的重要因素，上海围绕科技重大专项实施工作，在创新中心建设、基础研究、创新资金投入、创新合作模式、创新人才培养等方面继续加大投入力度，带动上海的技术创新能力进一步提升。

3. 结论与展望

综合时序指数和截面指数结果，上海除了速度效益指标排名在全国中游位置外，在结构调整、技术创新、资源环境、两化融合、人力资源等方面优势显著，如何进一步加快上海工业速度与效益的提升与改进成为"十三五"

期间上海的工作重点。

在速度效益方面，上海应充分发挥在两化融合、技术创新、人力资源方面的优势，加快大数据、物联网、"互联网＋"等技术创新应用，改造传统产业，培育并壮大节能环保、新一代信息技术、高端装备制造等战略性新兴产业。同时，引导并优化资源、资本配置，降低企业生产运营成本，帮助企业做技术创新和改造，提升企业竞争力；推动产业、技术创新、区域间集群集聚式发展，发挥乘数效应。

十、江苏

1. 总体情况

（1）宏观经济总体情况

2016 年，江苏实现地区生产总值（GDP）76086.2 亿元，比上年增长7.8%。从三次产业看，第一产业、第二产业和第三产业增加值分别为4078.5亿元、33855.7 亿元和 38152 亿元，分别增长 0.7%、7.1%和 9.2%。2016年，江苏居民人均 GDP 达到 95259 元，同比增长 7.5%。其中，城镇常住居民人均可支配收入达到 40152 元，同比增长 8%；农村常住居民人均可支配收入达到 17606 元，同比增长 8.3%。2016 年，江苏完成固定资产投资 49370.9亿元，比上年增长 7.5%。第一产业、第二产业和第三产业投资分别为 293.1亿元、24673.8 亿元和 24403.9 亿元，分别增长 26.2%、7.8%和 7.1%。第二产业投资中，工业投资为 24544.4 亿元，比上年增长 7.9%。其中，制造业投资为 22869.7 亿元，同比增长 7.7%；技术改造投资为 13603.9 亿元，同比增长 10.2%。2016 年，江苏进出口总额达到 33634.8 亿元，同比增长 0.7%。其中，进口额达到 12571.6 亿元，同比增长 −2.2%，出口额达到 21063.2 亿元，同比增长 0.2%。2016 年，江苏社会消费品零售总额实现 28707.1 亿元，比上年增长 10.9%。

（2）工业经济运行情况

2016 年，江苏工业增加值同比增长 7.7%。其中，轻工业增加值同比增长 7.6%，重工业增加值同比增长 7.7%。2016 年，江苏规模以上工业企业主营业务收入达到 15.8 万亿元，比上年增长 7.5%；规模以上工业企业利润为

10525.8亿元，同比增长10.0%。企业亏损面12.3%，比上年下降1.5个百分点。2016年，规模以上工业中，汽车制造业、医药制造业、专用设备制造业、电器机械及器材制造业和通用设备制造业实现快速增长，同比增长分别为13.1%、12.3%、8.4%、9.4%和6.4%。

2. 指标分析

（1）时序指数

图10-11　江苏工业发展质量时序指数

资料来源：赛迪智库整理计算，2017年1月。

表10-23　2010—2015年江苏工业发展质量时序指数

	2010	2011	2012	2013	2014	2015	2010—2015年平均增速（%）
速度效益	100.0	103.9	102.7	108.0	112.2	116.6	3.1
结构调整	100.0	100.4	104.1	103.2	102.6	104.3	0.8
技术创新	100.0	114.0	122.6	126.3	136.5	133.1	5.9
资源环境	100.0	114.5	127.6	158.3	151.2	176.5	12.0
两化融合	100.0	106.0	118.8	118.3	124.6	129.2	5.3
人力资源	100.0	112.2	122.8	140.2	148.3	158.9	9.7
工业发展质量指数	100.0	107.8	115.3	123.7	126.5	133.2	5.9

资料来源：赛迪智库整理计算，2017年1月。

纵向来看，江苏工业发展质量时序指数自2010年的100.0上涨至2015年的133.2，年均增速为5.9%，低于全国平均增速0.1个百分点。

江苏在资源环境、人力资源、技术创新方面快速增长，年均增速分别达到12.0%、9.7%、5.9%。资源环境方面，主要污染物排放强度明显下降，年均增速为15.3%，对江苏资源环境指数的增长起到了较强的拉动作用；单位工业增加值能耗增速平稳，年均增速为6.6%；但工业固体废物综合利用率和工业污染治理投资强度比呈下降趋势，年均增速分别为－0.6%和－8.9%，对江苏资源环境指数的增长起到了较强的抑制作用。人力资源方面，工业城镇单位就业人员平均工资快速增长，年均增速达到14.3%；第二产业全员劳动生产率也实现了较快增长，年均增速为9.3%；就业人员平均受教育年限提高较慢，年均增速为1.4%。技术创新方面，单位R&D经费支出发明专利数和R&D人员投入强度快速增长，年均增速分别为8.6%和8.0%，是促进技术创新指数快速增长的重要因素；工业企业新产品销售收入占比和R&D经费投入强度增长较慢，年均增速分别为4.5%和1.8%。

江苏在两化融合、速度效益、结构调整三方面均较其他三方面增速较缓，年均增速分别为5.3%、3.1%和0.8%。两化融合方面，工业应用信息化水平增长最快，年均增速为6.4%，是促进两化融合水平快速提升的重要方面；互联网普及率提高较快，年均增速达到5.3%；电子信息产业占比增长相对较慢，年均增速为4.5%。速度效益方面，工业增加值快速增长，年均增速达到10.0%；总资产贡献率、工业主营业务收入利润率和工业成本费用利润率3项指标增长较慢，年均增速分别为0.6%、0.1%、－0.4%。结构调整方面，小企业主营业务收入高速增长，年均增速达到7.9%，是促进结构调整指数快速增长的重要因素；高技术制造业主营业务收入占比增长相对较慢，仅为1.0%，工业制成品出口占比和500强企业占比出现负增长，年均增速分别为－1.1%和－4.8%，对结构调整指数的快速增长起到一定的抑制作用。

（2）截面指数

表10－24　2010—2015年江苏工业发展质量截面指数排名

	2010	2011	2012	2013	2014	2015	2010—2015年均值
速度效益	26	24	20	16	13	5	21
结构调整	2	2	1	2	2	2	2
技术创新	7	7	8	8	8	8	9

	2010	2011	2012	2013	2014	2015	2010—2015 年均值
资源环境	6	5	7	7	7	6	6
两化融合	4	4	4	4	4	4	4
人力资源	19	10	13	5	21	9	11
截面指数	4	3	3	3	4	4	4

资料来源：赛迪智库整理计算，2017 年 1 月。

横向来看，江苏工业发展质量截面指数连续多年处于全国上游水平，领先优势较为明显，且自 2010 年以来排名一直在前 5 位，2015 年截面指数为 59.7，排在第 4 位。

速度效益方面，2015 年江苏排在第 5 位，处于全国上游水平。其中总资产贡献率近年来一直处于中等偏下水平，2013 年开始有所提升，到 2015 年位列第 4 位；工业增加值增速增长较快，2014 年位列第 19 位，到 2015 年位列第 8 位；工业成本费用利润率和工业主营业务收入利润率近些年来的排名有所上升，2015 年分别排在第 9 位和第 8 位。

结构调整方面，2015 年江苏排在第 2 位，处于全国领先水平。其中高技术制造业主营业务收入占比、500 强企业占比和工业制成品出口占比 3 项指标表现突出，多年来都处于全国前 5 位以内，2015 年分别排在第 5 位、第 3 位和第 2 位；小型工业企业主营业务收入增速较慢，2015 年在全国排名第 17 位，处于中下游水平。

技术创新方面，2015 年江苏排在全国第 8 位，处于全国上游水平。其中 R&D 经费投入强度从 2014 年的第 9 位下降至 2015 年的第 13 位；R&D 人员投入强度仍然保持在第 5 位；工业企业新产品销售收入占比也处于上游水平，由 2014 年的第 7 位下降到 2015 年的第 8 位；单位 R&D 经费支出的发明专利数仍然保持在第 11 位。

资源环境方面，2015 年江苏排在全国第 6 位，处于全国上游水平。其中单位工业增加值能耗、主要污染物排放强度和工业固体废物综合利用率一直处于全国领先水平，2015 年在全国分别排第 8 位、第 5 位和第 3 位，排名近几年相对稳定；工业污染治理投资强度一直处于全国下游水平，2015 年排在第 21 位，比 2014 年上升 5 个名次。

两化融合方面，2015 年江苏排在第 4 位，处于全国上游水平。其中，电子信息产业占比和互联网普及率占比多年来排名一直稳定，2015 年分别排在第 4 位和第 8 位；工业应用信息化水平在 2015 年出现下滑，由 2014 年的第 5 名下滑至 2015 年的第 8 位。

人力资源方面，2015 年江苏排在第 9 位，处于全国上游水平，比 2014 年上升了 12 个名次。其中，工业就业人员平均工资增速 2015 年排全国第 8 位，比 2014 年上升了 17 个名次；第二产业全员劳动生产率一直处于全国中上游水平，2015 年排在第 11 位；就业人员平均受教育年限处于全国中上游水平，2015 年排在第 11 位。

（3）原因分析

2010—2016 年，江苏经济始终保持全国领先，工业发展质量也是一直处于全国领先水平，尤其在速度效益、结构调整、两化融合、资源环境等方面表现突出。

速度效益方面，江苏当前正处于经济转型、结构调整期，但在 2015 年速度效益排名进一步提升至全国第 5 的位置，工业缓中趋稳，尤其在工业增加值增速方面有了较大提升，在 40 个工业大类行业中超过 30 个行业保持了不同程度增长，企业盈利稳定、工业运行质量进一步提升。

结构调整方面，江苏产业规模较大，结构调整任务较重，近年来一直以培育新业态、新模式，优化提升传统产业为目标，不断提升自主创新能力，积极拉动消费，在供给端发展战略新兴产业或用新技术改造传统产业，在消费端积极扩大消费，实现了消费的稳步增长；同时在区域上因城施策，在苏南城市群打造自主创新示范区，在苏中推动融合发展，在苏北推进关键性工程建设，抓住了结构调整的方向。

两化融合方面，江苏省开展推进全省企业两化融合相关工作，明确了江苏省两化融合转型升级化示范企业以及江苏省两化融合试点企业，重点覆盖了精益制造、服务制造、绿色低碳安全生产等重点领域，推进了两化融合在江苏省的应用发展，有效推动了产业信息化发展水平，为提升工业竞争力奠定了坚实基础。

资源环境方面，江苏近年来积极倡导发展绿色发展循环经济，如推动环太湖城市群产业结构优化升级，进一步加大工业污染治理投资强度，引导企业运用大数据、"互联网＋"、节能减排等高新技术改造传统产业，重点发展能效高、技术含量高、少污染、效益好的战略性新兴产业，推动产业向绿色化、智能化方向发展。

3. 结论与展望

综合时序指数和截面指数结果，江苏在诸多指标均列全国前列，技术创新、人力资源两方面相对其他指标，仍有较大的提升空间。

技术创新方面，江苏省目前围绕建设苏南国家自主创新示范区、布局重大创新功能平台、实施引领产业重点科技专项规划、构建开放式创新网络等创新工作方案，有望进一步发挥政策规划、财税资金、创新示范等引导作用，激发企业技术创新及应用的热情，为不断提高企业自主技术创新能力，实现创新引领工业发展提供有力支撑。

人力资源方面，随着江苏省进一步落实《江苏省中长期人才发展规划纲要（2010—2020 年）》、百万高技能人才培养工程、产业人才开发工程以及汇智计划、高层次技术人才引进计划政策等重要措施，近年来江苏省人力资源全国排位有所回升，随着各种政策措施的落实到位，江苏省人力资源潜力将进一步发挥，为产业发展发展及技术创新提供强有力的智力支撑。

十一、浙江

1. 总体情况

（1）宏观经济总体情况

2016 年，浙江省实现地区生产总值（GDP）46485 亿元，同比增长7.5%。从三次产业看，第一产业、第二产业和第三产业增加值分别为 1966亿元、20518 亿元和 24001 亿元，比上年分别增长 2.7%、5.8% 和 9.4%。人均 GDP 达到 83538 元（按年平均汇率折算为 12466 美元），比上年增长6.7%。三次产业增加值占比分别为 4.2%、44.2% 和 51.6%，第三产业比重同比提高 1.8 个百分点。

2016 年，浙江省固定资产投资 29571 亿元，比上年增长 10.9%。其中，第一产业、第二产业和第三产业投资分别为 386 亿元、9109 亿元和 20076 亿元，分别增长 13.9%、3.5% 和 14.6%。其中工业投资为 9097 亿元，同比增长 4.0%。2016 年社会消费品零售总额为 21971 亿元，同比增长 11%。2016 年进出口总额为 22202 亿元，比上年增加 3.1%；其中进口额为 4536 亿元，同比增加 3.7%；出口额为 17666 亿元，同比增长 3.0%。2016 年浙江省居民人均可支配收入达到 38529 元，比上年增长 8.4%，扣除价格因素实际增长 6.4%；按常住地分，城镇居民和农村居民家庭人均可支配收入分别为 47237 元和 22866 元，比上年分别增长 8.1% 和 8.2%，扣除价格因素分别实际增长 6.0% 和 6.3%。

（2）工业经济运行情况

2016 年，浙江省规上工业企业实现增加值 14009 亿元，比上年增长 6.2%；其中轻工业增加值为 5857 亿元、重工业增加值为 8152 亿元，比上年分别增长 3.0% 和 8.6%。规上工业企业销售产值 67222 亿元，同比增长 4.5%。规上工业企业完成出口交货值 11837 亿元，同比下降 1.4%。

2016 年，制造业中，高新技术产业增加值 5624 亿元，同比增长 10.1%，占规模以上工业的比重达到了 40.1%，对工业增长贡献率为 68.5%；装备制造业增加值 5430 亿元，同比增长 10.9%；战略性新兴产业增加值 3206 亿元，同比增长 8.6%。

2. 指标分析

（1）时序指数

图 10－12　浙江工业发展质量时序指数

资料来源：赛迪智库整理计算，2017 年 1 月。

表 10 – 25   2010—2015 年浙江工业发展质量时序指数

	2010	2011	2012	2013	2014	2015	2010—2015 年平均增速（%）
速度效益	100.0	100.2	95.0	101.0	103.1	105.5	1.1
结构调整	100.0	98.1	100.4	105.8	111.6	111.4	2.2
技术创新	100.0	110.2	124.5	139.2	146.6	161.1	10.0
资源环境	100.0	110.6	136.2	197.1	217.8	209.9	16.0
两化融合	100.0	102.6	112.4	125.5	139.3	160.0	9.9
人力资源	100.0	111.8	120.8	131.3	141.4	151.1	8.6
工业发展质量指数	100.0	104.9	114.0	132.4	142.1	147.4	8.1

资料来源：赛迪智库整理计算，2017 年 1 月。

纵向来看，浙江工业发展质量时序指数自 2010 年的 100.0 上涨至 2015 年的 147.4，年均增速为 8.1% 。

浙江在资源环境、技术创新、两化融合和人力资源方面快速增长，年均增速分别为 16.0% 、10.0% 、9.9% 和 8.6% 。资源环境方面，工业污染治理投资强度和主要污染物排放强度明显下降，年均增速分别为 29.2% 和 15.1% ；单位工业增加值能耗增速为 6.3% ，但工业固体废物综合利用率无明显改善，年均增速仅为 0.3% 。

技术创新方面，R&D 人员投入强度高速增长，年均增速达到 14.9% ，工业新产品占比、R&D 经费投入强度年均增速分别为 11.4% 、10.1% ，这三项是促进技术创新指数提升的重要因素。单位 R&D 经费支出的发明专利数增速相对较慢，年均增速仅为 2.5% 。

两化融合方面，工业应用信息化水平高速增长，年均增速达到 13.5% ，是促进两化融合指数提升的重要因素；电子信息产业占比显著提升，年均增速为 10.4% ；互联网普及率增速较慢，年均增速只有 4.0% 。

人力资源方面，工业就业人员平均工资增长较快，年均增速达到 13.3% ，是促进人力资源指数提高的主要因素；第二产业全员劳动生产率也稳步提高，年均增速为 7.1% ；就业人员平均受教育年限提高较为缓慢，年均增速为 2.2% 。

浙江在结构调整、速度效益方面增速相对较缓，年均增速分别为 2.2% 、

1.1%。结构调整方面，规上小企业主营业务收入快速增长，年均增速为5.0%；高技术产业占比和500强企业占比增长年均增速分别为4.8%和4.6%；但工业制成品出口占比出现负增长，年均增速为－4.0%，对结构调整指数的增长起到抑制作用。

速度效益方面，工业增加值较快增长，年均增速达到7.2%；总资产贡献率、工业成本费用利润率和工业主营业务收入利润率呈现负增长，年均增速分别为－3.8%、－0.6%和－0.7%。

（2）截面指数

表 10－26 2005—2014 年浙江工业发展质量截面指数排名

	2010	2011	2012	2013	2014	2015	2010—2015 年均值
速度效益	29	29	29	27	23	21	26
结构调整	3	3	4	3	3	3	3
技术创新	8	9	6	4	4	3	5
资源环境	5	6	6	5	5	5	5
两化融合	7	7	8	6	7	5	6
人力资源	16	12	22	21	16	17	20
截面指数	6	7	7	6	5	5	6

资料来源：赛迪智库整理计算，2017 年 1 月。

横向来看，浙江工业发展质量截面指数连续多年处于上游水平，领先优势较为明显，2010 年至 2015 年均排名前 7 位，2015 年截面指数为 57.6，排在全国第 5 位。

速度效益方面，2015 年浙江排在第 21 位，处于全国下游水平。工业增加值增速和总资产贡献率 2 项指标在全国的排名均处于相对落后水平，分别排在第 24 位和第 19 位，严重影响了浙江速度效益指数的整体排名。工业增加值增速和和工业主营业务收入利润率排名有所提升，均排在第 13 位。

结构调整方面，2015 年浙江排在第 3 位，处于全国领先水平。其中，500强企业占比表现最为出色，2015 年排在第 1 位；工业制成品出口占比多年来始终排在第 3 位；高技术产业占比近年来排名不断下滑，2015 年排在全国第18 位；小型工业企业主营业务收入增速排名同样下滑，排在全国第 20 位。

技术创新方面，浙江排名不断提高，2015 年排名全国第 3 位。工业新产品占比一直处于全国前列，2015 年排在全国第 1 位；R&D 经费投入强度近两年上升较快，2015 年排在全国第 2 位；R&D 人员投入强度排名上升很快，从 2010 年的第 13 位升至 2015 年的第 4 位；单位 R&D 经费支出的发明专利数处于中游水平，2015 年排在全国第 15 位。

资源环境方面，领先优势也比较明显，2015 年排在全国第 5 位。其中，单位工业增加值能耗、主要污染物排放强度和工业固体废物综合利用率都处于全国上游水平，且排名比较稳定；2015 年分别排在第 5 位、第 7 位和第 4 位。排名上升最显著的是工业污染治理投资强度，2012 年以前，一直处于全国下游水平，排在 20 位之后；2013 年开始进入中游水平，连续 3 年排在第14 位。

两化融合方面，2015 年排在第 5 位，处于全国上游水平。其中互联网普及率自 2010 年以来一直处于全国上游水平，2015 年排在全国第 5 位；工业应用信息化水平排名提升较大，2015 年排在全国第 1 位；电子信息产业占比排名延续下降趋势，2010 年排名第 8 位，之后一直稳定在第 10 位，2015 年仍排在第 10 位。

人力资源方面，多年来一直处于全国下游水平，但近两年排名有所提升，2015 年浙江排在第 17 位。其中工业就业人员平均工资增速排名近两年有所提升，从 2010 年的第 11 位提升到 2015 年的第 9 位；第二产业全员劳动生产率的排名则比较稳定，长期以来一直在落后位置，2015 年排在第 26 位；就业人员平均受教育年限近几年逐步上升到上游水平，2015 年排在第 8 位。

（3）原因分析

浙江省工业发展质量近年来处于全国上游水平，2015 年排名全国第 5 位，浙江省尤其在结构调整、技术创新、资源环境、两化融合几方面重点突破，成绩突出。

结构调整方面，浙江省以《浙江省高端装备制造业发展规划（2014—2020 年）》为指导，重点发展高端装备制造业，推进两化融合，提高装备智能化水平，培育了一批高新技术企业，优化了工业结构。同时，浙江省积极优化外贸结构，通过国际科技合作、实施出口优惠政策等一系列措施不断提升对外贸易发展能力，工业制成品出口稳居全国前列，保证了结构调整指标全国领先。

技术创新方面，浙江省"十二五"以来大力实施创新驱动发展战略，出台了《关于实施领军型创新创业团队引进培育计划的意见》《浙江省重点企业研究院建设与管理试行办法》《关于加快培育发展科技型小微企业的若干意见》等一系列政策措施，重点营造创新环境，调配科技创新资源，培育企业创新主体地位，加大科研经费的投入和产品的研发，创新水平显著提升。

资源环境方面，浙江省先后出台《关于建立主要污染物总量控制激励制度推进产业转型升级的通知》《浙江省"万吨千家"企业（单位）能源管理体系建设推进计划》《关于实施企业刷卡排污总量控制制度的通知》等相关政策文件，针对总量控制、排放交易制度、能效管理等方面采取了一系列措施，促进企业节能减排，保证了浙江省在单位工业增加值能耗、主要污染物排放强度、工业固体废物综合利用率三项指标上始终位于全国前列。

两化融合方面，浙江省重点聚焦十大传统产业和战略性新兴产业，从区域、行业、企业三方面推进两化融合，近年来，《浙江省人民政府关于建设信息化和工业化深度融合国家示范区的实施意见》的贯彻以及试点示范专项行动的实施为工业向绿色化、智能化、高端化发展提供了较好的产业环境和发展空间。

3. 结论与展望

浙江省工业发展质量全国领先，尤其在结构调整、资源环境、技术创新、两化融合方面表现突出，为保障工业长期发展质量提供了强大动力，同时，在速度效益和人力资源两方面全国排名中后，应重点提升以上两方面水平，从而实现工业质量不断提升。

速度效益方面，浙江省正从"速度领跑"向"质量效益领先"的发展方式转变，为保证经济转型，浙江积极谋划"腾笼换鸟"，浙江省积极实施创新驱动战略，科研经费逐年提高，技术密集型产业迅速崛起，有望不断提升速度效益。

人力资源方面，浙江省"十三五"期间将深化实施人才强省和人才优先发展战略，突出人才"高精尖缺"导向，积极推进"五位一体"人才生态优化工程，一系列政策措施的推进将为工业发展提供强有力的智力支持和人才保障。

十二、安徽

1. 总体情况

（1）宏观经济总体情况

2016年，安徽省实现地区生产总值（GDP）24117.9亿元，比上年增长8.7%。从三次产业看，第一产业、第二产业和第三产业增加值分别为2567.7亿元、11666.6亿元和9883.6亿元，同比分别增长2.7%、8.3%和10.9%。三次产业增加值占比分别为10.6%、48.4%和41%，其中工业增加值占GDP比重为41.1%。人均GDP达到39092元（折合5885美元），比上年增加3095元。

2016年，安徽省完成固定资产投资26758.1亿元，比上年增长11.7%。第一产业、第二产业和第三产业投资分别增长了6.6%、9.7%和13.6%。分行业看，工业投资比上年增长9.6%，其中制造业同比增长9.4%，制造业中的装备制造业同比增长16.8%。六大高耗能行业投资增长8.1%。2016年社会消费品零售额10000.2亿元，比上年增长12.3%。2016年进出口总额443.8亿美元，同比下降7.2%。其中，出口总额分别为284.8亿美元，比上年下降了7.2%。进口总额为159亿美元，比上年增长了2.1%。从出口商品类别看，机电产品和高新技术产品出口分别同比增长9.6%和10.4%。2016年全省城镇居民和农村居民家庭人均可支配收入分别为29156元和11720元，比上年分别增长8.2%和8.3%，扣除价格因素，实际分别增长6.3%和6.6%。

（2）工业经济运行情况

2016年，安徽省规模以上工业企业增加值比上年增长8.8%。从细分行业看，40个工业行业中有36个增加值保持增长；其中电子信息业增长21.6%，有色金属冶炼及加工业增长20.8%，汽车制造业增长18%，通用设备制造业增长8.2%，以上行业成为影响工业增速的重要行业。高新技术产业、装备制造业、六大工业主导产业增加值分别比上年增长19.7%、12.9%和9.6%。另外，战略性新兴产业产值比上年增长16.4%。

2016年，安徽省工业产品产量同上年相比，原煤产量同比下降8.7%，发电量同比上年增长 7.7%，粗钢比上年增长 1.4%，钢材比上年下降 3.8%，水泥比上年增长 2%，电视机、洗衣机、电冰箱分别比上年增长 9.1%、16.3% 和 5.8%，空调比上年下降 0.3%，汽车比上年增长 25.9%。

2. 指标分析

（1）时序指数

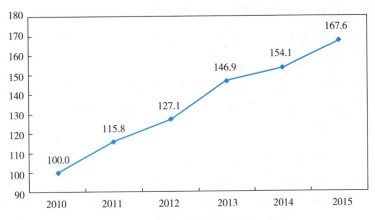

图 10 – 13　安徽工业发展质量时序指数

资料来源：赛迪智库整理计算，2017 年 1 月。

表 10 – 27　2010—2015 年安徽工业发展质量时序指数

	2010	2011	2012	2013	2014	2015	2010—2015 年平均增速（%）
速度效益	100.0	95.8	98.8	98.5	97.5	99.0	− 0.2
结构调整	100.0	132.9	149.2	157.2	196.8	220.3	17.1
技术创新	100.0	117.9	133.9	135.7	150.9	160.0	9.9
资源环境	100.0	108.1	124.4	215.0	154.4	169.9	11.2
两化融合	100.0	112.4	111.4	120.8	153.2	170.8	11.3
人力资源	100.0	114.7	124.5	127.7	133.8	139.1	6.8
工业发展质量指数	100.0	115.8	127.1	146.9	154.1	167.6	10.9

资料来源：赛迪智库整理计算，2017 年 1 月。

纵向来看，安徽工业发展质量时序指数自 2010 年的 100.0 上涨至 2015 年的 167.6，年均增速为 10.9%，高于全国平均增速。

安徽在结构调整、两化融合、资源环境方面均快速增长，年均增速分别达到 17.1%、11.3% 和 11.2%。结构调整方面，小型工业企业主营业务收入和高技术制造业主营业务收入占比高速增长，年均增速分别达到 21.0% 和 19.8%，是促进结构调整指数快速增长的主要因素；工业制成品出口占比和 500 强企业占比的年均增速也分别达到了 15.1% 和 13.4%，对结构调整指数的增长贡献相对较少。

两化融合方面，互联网普及率和电子信息产业占比高速增长，年均增速高达 11.7% 和 12.5%，对两化融合指数的增长起到积极促进作用；工业应用信息化水平年均增速为 8.7%。

资源环境方面，单位工业增加值能耗和主要污染物排放强度均明显改善，年均增速分别为 10.5% 和 16.1%；工业污染治理投资强度波动较大，2013 年大幅增长，近两年趋稳，近 5 年年均增速为 12.2%；工业固体废物综合利用率年均增速仅有 1.3%，制约资源环境指数的快速提升。

安徽省在技术创新、人力资源和速度效益方面稳步增长，年均增速分别为 9.9%、6.8% 和 −0.2%。技术创新方面，单位 R&D 经费支出的发明专利数高速增长，年均增速达到 18.5%，是促进技术创新指数快速增长的主要因素；R&D 人员投入强度也增长较快，年均增速达到了 9.5%；而 R&D 经费投入强度和工业新产品占比两项指标则增长缓慢，年均增速分别为 4.0% 和 4.6%。

人力资源方面，工业就业人员平均工资快速增长，年均增速达到 8.3%，促进了人力资源指数的增长；第二产业全员劳动生产率也保持了较快增长，年均增速为 8.1%；就业人员平均受教育年限提高较慢，年均增速为 1.9%。

速度效益方面，工业增加值快速增长，年均增速达到 13.3%；其余 3 项总资产贡献率、工业成本费用利润率和工业主营业务收入利润率都呈现负增长，年均增速分别为 −5.5%、−8.9% 和 −8.4%。

（2）截面指数

表 10 − 28　2010—2015 年安徽工业发展质量截面指数排名

	2010	2011	2012	2013	2014	2015	2010—2015 年均值
速度效益	9	15	15	13	16	15	14
结构调整	12	8	21	18	11	12	13

续表

	2010	2011	2012	2013	2014	2015	2010—2015 年均值
技术创新	10	8	9	7	6	5	8
资源环境	14	12	12	10	11	10	10
两化融合	14	13	16	22	12	13	15
人力资源	25	24	26	30	30	29	30
截面指数	14	12	14	14	11	11	13

资料来源：赛迪智库整理计算，2017 年 1 月。

横向来看，安徽工业发展质量截面指数连续多年处于全国中上水平，2015 年截面指数为 42.3，排在第 11 位。

速度效益方面，2015 年安徽排在第 14 位，处于全国中游水平。其中工业增加值增速排名一直处于上游水平，2015 年排在第 6 位，是支撑安徽速度效益指数排名的主要因素。总资产贡献率、工业成本费用利润率和工业主营业务收入利润率的排名在 2015 年略微上升，分别排在第 14 位、第 21 位和第 21 位。

结构调整方面，2015 年安徽排在第 12 位，处于全国中上游水平。其中小型工业企业主营业务收入的排名波动较大，2010—2011 年连续 2 年排在第 2 位，但 2012—2013 年排名下降明显，2015 年再度回升第 8 位。高技术产业占比有所提升，处于中上游水平，2015 年排在第 11 位；500 强企业占比和工业制成品出口占比排名稳中有升，2015 年分别排在第 10 位和第 11 位。

技术创新方面，近年来一直处于上升趋势，2015 年排在第 5 位，处于全国上游水平。单位 R&D 经费支出的发明专利数排名上升很快，从 2010 年的第 9 位上升到 2015 年第 3 位。R&D 人员投入强度和工业新产品占比也表现不错，2015 年在全国分别排在第 3 位和第 6 位，均较 2010 年有一定提升。R&D 经费投入强度一直比较稳定，处于全国上游水平，2015 年排在第 10 位。

资源环境方面，2015 年安徽排在第 10 位，处于全国上游水平。其中，单位工业增加值能耗和主要污染物排放强度处于中游水平，2015 年分别排在第 13 位和第 14 位。工业固体废物综合利用率近年来在全国的排名较为稳定，2015 年提升至第 7 位，是支撑资源环境指数排名靠前的有利因素。工业污染治理投资强度前些年一直处于全国中下游水平，2013 年显著提升后近两年再次下降，2015 年排名第 25 位。

两化融合方面，2015 年安徽排在第 13 位，处于全国中上游水平。其中工业应用信息化水平排在第 2 位，是推动两化融合指数排名提升的主要因素。电子信息产业占比处于中下游水平，2015 年排在第 17 位，较前几年有一定幅度下降。互联网普及率多年来一直处于下游水平，2015 年排在第 25 位，严重影响了安徽两化融合指数的排名。

人力资源方面，2015 年安徽排在第 29 位，处于全国下游水平。其中工业就业人员平均工资增速排名处于下降趋势，2010 年在全国排第 10 位，2015 年排在第 26 位。而第二产业全员劳动生产率自 2010 年以来一直排在第 30 位，处于全国下游水平。就业人员平均受教育年限也处于全国下游水平，2015 年排在第 27 位。

（3）原因分析

安徽省作为承接长三角产业转移的重点省份，近年来主要在结构调整、技术创新和两化融合方面狠下功夫，成绩显著，带动工业发展质量显著逐年提升，处于全国中上游水平。

结构调整方面，安徽省在重点推进传统产业提质增效的同时，积极推进新兴产业规模化发展。政府引导和帮助企业不断提升创新发展能力，鼓励企业建设各类国家级、省级创新中心和工程技术中心，加大传统产业技术改造力度，扩大新兴产业投资规模，产业结构有效调整。

技术创新方面，安徽省努力建设科技强省，不断健全科技创新体系，推进"34122"行动计划，科研经费投入不断加大，高新技术企业数中部领先，合芜蚌国家自主创新示范区的发展将集聚全省工业创新要素，提高工业创新能力。

两化融合方面，安徽省近年来贯彻落实《安徽省信息化和工业化深度融合专项行动计划实施方案（2013—2017 年）》，两化融合综合支撑服务平台和企业信息化工程建设卓有成效，两化融合基础更加坚实。

3. 结论与展望

2010—2015 年，安徽省工业发展质量稳步提升，2015 年全国排名第 11 位。当前，速度效益近年来改善不大，甚至略微下降，人力资源排名靠后，成为工业发展质量提升的制约因素，未来应重点提升速度效益和人力资源发展水平。

速度效益方面，安徽省应加快产业结构调整和效益提升，继续加大对传统产业的技术改造，重点做好强基、强企、强区、强龙等技改工程；同时，重点发展机器人、集成电路、新能源汽车等战略新兴产业，保障工业有规模、有速度、可持续增长。

人力资源方面，安徽省应继续落实好《安徽省技能人才振兴计划实施方案（2014—2017年)》，围绕战略性新兴产业，建立高技术人才引进机制与激励机制，优化人才发展环境，强化高级技能培训，力争人力资源达到全国中游水平。

十三、福建

1. 总体情况

（1）宏观经济总体情况

2016年，福建省实现地区生产总值（GDP）28519.15亿元，比上年增长8.4%。分产业来看，第一产业、第二产业和第三产业增加值分别为2364.14亿元、13912.73亿元和12242.28亿元，分别比上年增长3.6%、7.3%和10.7%。三次产业增加值占比分别为8.3%、48.8%和42.9%。人均GDP达到73951元，比上年增长7.5%。

2016年，福建省全社会固定资产投资完成22927.99亿元，同比增长9.3%。分产业看，第一产业、第二产业和第三产业投资分别增长39.9%、4.9%和9.3%；其中制造业投资增长5.8%。2016年社会消费品零售总额为11674.54亿元，比上年增长11.1%。2016年进出口总额达到10351.56亿元，比上年下降1.2%；其中出口额和进口额分别为6838.87亿元和3512.69亿元，出口同比下降2.2%，进口同比增长0.7%。2016年福建省居民人均可支配收入为27608元，同比增长8.7%；扣除价格因素，实际增长6.9%；其中城镇居民和农村居民家庭人均可支配收入分别为36014元和14999元，分别同比增长8.2%和8.7%，扣除价格因素，分别实际增长7.1%和6.3%。

（2）工业经济运行情况

2016年，福建省全部工业增加值11517.21亿元，比上年增长7.4%。

规模以上工业增加值同比增长 7.6%；从细分行业看，在规模以上工业的 38 个行业大类中，有 15 个行业增速为两位数。福建省的三大主导产业增加值为 3744.42 亿元，增长 10.0%；其中，机械装备产业、电子信息产业和石油化工产业增加值分别为 1754.08 亿元、777.02 亿元和 1213.32 亿元，分别增长 11.0%、10.6% 和 8.6%。高技术产业增加值为 1116.55 亿元，增长 11.7%。

2. 指标分析

（1）时序指数

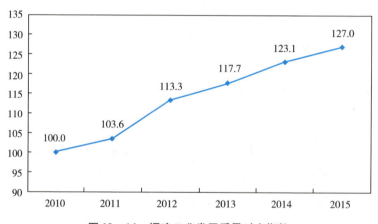

图 10 - 14　福建工业发展质量时序指数

资料来源：赛迪智库整理计算，2017 年 1 月。

表 10 - 29　2010—2015 年福建工业发展质量时序指数

	2010	2011	2012	2013	2014	2015	2010—2015 年平均增速（%）
速度效益	100.0	103.4	100.1	100.3	103.4	103.9	0.8
结构调整	100.0	100.1	108.1	102.5	104.6	113.4	2.5
技术创新	100.0	112.0	123.7	127.1	130.3	119.6	3.6
资源环境	100.0	94.4	119.0	142.8	153.1	161.6	10.1
两化融合	100.0	104.2	109.1	107.7	113.8	121.9	4.0
人力资源	100.0	112.2	122.1	133.8	144.1	152.6	8.8
工业发展质量指数	100.0	103.6	113.3	117.7	123.1	127.0	4.9

资料来源：赛迪智库整理计算，2017 年 1 月。

纵向来看，福建工业发展质量时序指数自 2005 年的 100.0 上涨至 2015 年的 127.0，年均增速为 4.9%，低于全国平均增速。

福建在资源环境和人力资源方面提升较快，年均增速分别达到了 10.1% 和 8.8%，均高于时序指数年均增速。资源环境方面，主要污染物排放强度明显改善，年均增速为 16.6%；单位工业增加值能耗年均增速为 7.4%，工业固体废物综合利用率出现负增长，增速为 -1.7%；工业污染治理投资强度年均增速为 11.5%，促进了资源环境指数的提升。

人力资源方面，工业就业人员平均工资快速增长，年均增速达到 13.5%，促进了人力资源指数的增长；第二产业全员劳动生产率也保持了较快增长，年均增速为 7.7%；就业人员平均受教育年限提高较慢，年均增速为 1.8%。

福建在两化融合、速度效益、技术创新和结构调整方面提升较慢，年均增速分别为 4.0%、0.8%、3.6% 和 2.5%，均低于时序指数年均增速。两化融合方面，互联网普及率有所增长，年均增速高达 6.5%，工业应用信息化水平稳步增长，年均增速为 7.1%，对两化融合指数的增长起到积极促进作用。电子信息产业占比增长较慢，年均增速为 0.7%，抑制了两化融合指数的快速提升。

速度效益方面，总资产贡献率快速增长，年均增速达到 14.7%；其余 3 项工业增加值、工业成本费用利润率和工业主营业务收入利润率也都保持了一定的增速，年均增速分别为 7.0%、6.4% 和 6.0%。

技术创新方面，新产品消费收入占比和单位 R&D 经费支出的发明专利数快速增长，年均增速分别为 13.3% 和 17.2%，是促进技术创新指数快速增长的主要因素。R&D 经费投入强度和 R&D 人员投入强度增长有限，年均增速分别为 1.1% 和 1.7%。

结构调整方面，小型工业企业主营业务收入高速增长，年均增速达到 17.5%，是促进结构调整指数快速增长的主要因素；500 强企业占比提高很慢，年均增速仅为 1.4%；高技术产业占比和工业制成品出口占比有所上升，年均增速分别为 9.4% 和 5.7%，对结构调整指数的增长起到一定促进作用。

（2）截面指数

表 10 - 30　2010—2015 年福建工业发展质量截面指数排名

	2010	2011	2012	2013	2014	2015	2010—2015 年均值
速度效益	14	12	11	7	6	13	10
结构调整	8	9	9	10	8	8	9
技术创新	15	12	12	12	13	13	12
资源环境	7	8	5	6	6	7	7
两化融合	5	5	5	5	6	6	5
人力资源	11	7	16	20	19	16	15
截面指数	7	8	8	9	8	9	9

资料来源：赛迪智库整理计算，2017 年 1 月。

横向来看，福建工业发展质量截面指数连续多年处于全国上游水平，2015 年截面指数为 46.7，排在第 9 位。

速度效益方面，2015 年福建排在第 13 位，处于全国中上游水平。其中工业增加值增速排名一直处于中游水平，2015 年有明显回落，排在第 16 名；总资产贡献率 2015 年上升至第 7 位，近几年工业成本费用利润率和工业主营业务收入利润率的排名较为稳定，2015 年都排在第 14 位。

结构调整方面，2015 年福建排在第 8 位，处于全国上游水平。其中，高技术产业占比和工业制成品出口占比一直稳居全国上游水平，2015 年分别排在第 9 位和第 6 位；规上小企业主营业务收入排名上升较快，2015 年排在第 3 位；500 强企业占比排名处于中下游水平，2015 年排名第 19 位。

技术创新方面，近年来一直处于上升趋势，2015 年排在第 13 位，处于全国中上游水平。其中，R&D 经费投入强度和工业新产品占比排名一直比较稳定，处于全国中上游水平，2015 年分别排在第 11 位和第 14 位。R&D 人员投入强度和单位 R&D 经费支出的发明专利数排名有所下降，2015 年都排在第 17 位。

资源环境方面，2015 年福建排在第 7 位，处于全国上游水平。其中，单位工业增加值能耗、主要污染物排放强度、工业污染治理投资强度、工业固体废物综合利用率都处于上游水平，2015 年分别排在第 9 位、第 6 位、第 9 位和第 10 位。

两化融合方面，2015 年福建排在第 6 位，处于全国上游水平。其中互联网普及率排在第 4 位，是推动两化融合指数排名提升的主要因素。电子信息产业占比处于上游水平，2015 年排在第 8 位。工业应用信息化水平多年来一直处于中上游水平，2015 年排在第 10 位。

人力资源方面，2015 年福建排在第 16 位，处于全国中下游水平。其中工业就业人员平均工资增速和就业人员平均受教育年限排名波动较大，但逐渐从中下游水平提升至中上游水平，2015 年分别排在第 11 位和第 14 位。第二产业全员劳动生产率出现下滑，2015 年排在第 23 位。

（3）原因分析

福建省近年来在资源环境、两化融合和结构调整三方面发展状况较好，保证了工业发展质量总体处于全国上游水平。

资源环境方面，"十二五"期间福建省重点落实生态发展战略，工业发展更加注重生态、低碳、绿色发展。在《"十二五"主要污染物总量减排考核办法》《节能减排补助资金管理暂行办法》等一系列政策的实施推动下，福建省主要污染物排放强度、单位工业增加值能耗等指标位于全国前列。

两化融合方面，福建省主要推进了数字福建、两化融合管理体系贯标试点、工业互联网、"百千万"企业示范推广等工程项目，加快推进了两化融合专项行动，保证了电子信息产业占比、工业应用信息化水平、互联网普及率等指标全国排名靠前。

结构调整方面，福建省"十二五"期间从产业结构、城乡统筹、扩大内需、闽台交流合作等多方面优化结构，既抓工业增量，又抓工业存量调整，同时出台了一系列促进进出口的政策，加快了结构调整步伐。

3. 结论与展望

2010—2015 年期间，福建工业发展质量整体保持在全国上游水平，但速度效益、人力资源和技术创新三项指标尚处于全国中游水平，仍有可挖掘的潜力。

速度效益方面，随着《福建省人民政府关于促进全省工业经济稳定增长若干措施的通知》《福建省人民政府办公厅关于贯彻落实促进进出口稳增长调结构政策措施的实施意见》《支持技改 12 条》等措施的落实推进，福建省工业有望获得新的增长动力；同时鼓励出口的多项资金税收政策也有望扩大企业对外出口，在众多优惠政策的激烈下，福建省有望释放速度效益发展潜力。

人力资源方面，随着《福建省中长期教育改革和发展规划纲要（2010—2020)》《福建省"海纳百川"高端人才聚集计划（2013—2017)》等重要规划的推进落实，福建省有望在人才资源数量特别是高新技术产业人才储备方面获得增长潜力，在就业人员培训、劳动生产率两方面也会获得显著提升。

技术创新方面，福建省近年排名始终处于全国中上游水平，未来应依靠科技创新专项行动计划加快推进工业转型升级，集聚创新要素，培育创新主体和创新人才，鼓励企业加大新产品创新力度，进一步优化协同创新的发展环境。

十四、江西

1. 总体情况

（1）宏观经济总体情况

2016年，江西省实现地区生产总值（GDP）达到18364.4亿元，比上年增长9.0%。分产业来看，第一、二、三产业增加值分别为1904.5亿元、9032.1亿元和7427.8亿元，分别增长4.1%、8.5%和11%。三次产业增加值占比分别为4.8%、47.4%和47.8%。人均GDP为40106元，比上年增长8.4%。

2016年，江西省全社会固定资产投资完成19694.2亿元，同比增长13.3%。分产业看，第一产业、第二产业和第三产业投资分别为436.2亿元、10322.0亿元和8620.5亿元，分别增长1.7%、14.2%和14.5%；其中工业投资10284.9亿元，增长15.3%。2016年社会消费品零售总额为6634.6亿元，增长12%。2016年进出口总值2643.9亿元，比上年增长0.6%；其中出口值为1966.9亿元，同比下降4.1%，进口值为677.0亿元，同比增长17.3%。2016年江西省城镇居民和农村居民家庭人均可支配收入分别为28673元和12138元，分别同比增长8.2%和9.0%。

（2）工业经济运行情况

2016年，江西省规模以上工业增加值7803.6亿元，同比增长9.0%；分行业看，规模以上工业38个行业大类中共有34个保持增长，占比为89.4%；装备制造业实现增加值1925.6亿元，增长16.7%，高于全省平均水平7.7个百分点，贡献率达24.7%。其中，电子、汽车、电气机械、农副食品、化工等五大重点行业表现突出，分别增长26.0%、17.0%、13.2%、10.1%和9.3%，占规上工业的三成以上，对规模以上工业增长的贡献率达47.3%。江西省六大高耗能产业增加值为2812.5亿元，降1.8%占规上工业的36.0%。分产品看，江西省357种主要工业产品中六成以上实现了不同程度的增长，其中有114种工业产品达到了两位数以上增长。其中，手机产量比上年增长51.7%，汽车产量比上年增长27.4%，铜材产量比上年增长15.3%，家用电冰箱产量比上年增长14.3%，变压器产量比上年增长13.1%，化学原料产量比上年增长12.5%。

2. 指标分析

（1）时序指数

图 10 – 15　江西工业发展质量时序指数

资料来源：赛迪智库整理计算，2017年1月。

表 10 – 31　2010—2015 年江西工业发展质量时序指数

	2010	2011	2012	2013	2014	2015	2010—2015 年平均增速（%）
速度效益	100.0	107.7	114.1	121.4	127.8	125.4	4.6
结构调整	100.0	108.3	122.2	130.0	138.7	145.9	7.8
技术创新	100.0	96.0	99.3	108.3	119.2	106.1	1.2
资源环境	100.0	91.9	88.7	127.9	125.5	140.9	7.1
两化融合	100.0	128.3	73.7	163.9	170.2	179.7	12.4

续表

	2010	2011	2012	2013	2014	2015	2010—2015 年 平均增速（%）
人力资源	100.0	112.9	113.8	133.3	143.0	151.2	8.6
时序指数	100.0	106.3	103.8	129.4	136.0	140.1	7.0

资料来源：赛迪智库整理计算，2017 年 1 月。

纵向对比来看，江西省工业发展质量时序指数自 2010 年的 100.0 上涨至 2015 年的 140.1，年均增速达到 7%，高出全国平均增速 1 个百分点。

江西工业发展质量时序指数增长较快，主要是在两化融合方面增速较快，年均增速达到 12.4%，比时序指数增速高出 5.4 个百分点。究其原因，主要是江西省电子信息产业占比增长较快，年均增速达到 14.4%，此外，全省互联网普及率增速达到 12.6%，工业应用信息化水平年均增速为 8.6%，这些数据表明江西省在以电子信息产业快速发展及互联网普及的引领下，传统企业的信息化改造升级较快。

从其他方面看，江西在人力资源及结构调整两方面增速尚可，年均增速快于时序指数。在人力资源方面，主要是工业城镇单位就业人员平均工资增长较快，年均增速达到 12%，此外第二产业全员劳动生产率（2010 年不变价）年均增速也达 9.1%。在结构调整方面，小型工业企业主营业务收入年均增速达到 11.7%。

但江西在技术创新和速度效益方面提升较慢，年均增速大大低于平均水平，分别为 1.2% 和 4.6%。技术创新方面，大中型工业企业 R&D 经费投入强度、大中型工业企业新产品销售收入占比、大中型工业企业 R&D 人员投入强度三项细分指标均出现负增长，分别为 -8.7%、-4.9%，-2.1%。速度效益方面，工业主营业务收入利润率以及工业成本费用利润率两项细分指标增速仅为 0.1% 与 0%。

（2）截面指数

表 10-32　2010—2015 年江西工业发展质量截面指数排名

	2010	2011	2012	2013	2014	2015	2010—2015 年均值
速度效益	15	14	8	4	2	1	5
结构调整	11	24	17	12	14	15	15

	2010	2011	2012	2013	2014	2015	2010—2015 年均值
技术创新	20	22	27	27	28	29	27
资源环境	18	22	23	21	19	19	21
两化融合	20	21	27	13	16	17	20
人力资源	15	20	30	3	23	25	24
截面指数	17	24	27	13	18	18	17

资料来源：赛迪智库整理计算，2017 年 1 月。

横向对比来看，江西工业发展质量截面指数稳定在全国中下游水平，2015 年截面指数为 34.5，排在全国第 18 位，与上年持平。

速度效益是江西表现较为突出的方面，2015 年江西该指标全国排名第 2 位，处于领先水平。其中总资产贡献率自 2010 年起处在不在上升阶段，并稳定在全国第一方阵，从 2010 年的全国第 5 位逐步升至 2015 年第 1 位。工业增加值增速常年保持全国上游水平，并且近几年排名增长较快，从 2010 年的第 8 位升至 2015 年的第 4 位。工业成本费用利润率以及工业主营业务收入利润率两项排名处于中等偏上水平，2015 年全国排名分别为第 8 位和第 10 位。

除了速度效益指标表现强劲之外，江西在其他指标方面表现一般，在结构调整、两化融合、资源环境方面处于全国中等偏下水平，全国排名分别为第 15 位、第 17 位和第 19 位，而在人力资源、技术创新方面则处于全国落后状态，排名则跌落至全国第 25 位和第 29 位。

结构调整方面，高技术制造业主营业务收入占比、工业制成品出口占比、小型工业企业主营业务收入增速、500 强企业占比四项细分指标均排名处于全国中上等水平，分别为第 10 位、第 11 位、第 12 位、第 12 位。

两化融合方面，工业应用信息化水平以及电子信息产业占比两项指标排名位居全国中上等水平，均排第 13 位。而互联网普及率则位居全国落后水平，仅排名第 28 位。

资源环境方面，各项细分指标均位列全国中下游水平，工业主要污染物排放强度排名位列全国第 16 位，工业污染治理投资强度、工业固体废物综合利用率两项指标排名分别为第 22 位和第 26 位。

人力资源方面，主要是受就业人员平均受教育年限以及第二产业全员劳动生产率两项指标拖累，其排名分别为全国第 20 位和第 29 位。工业城镇单位就业人员平均工资增速指标排名处于中游水平，位列全国第 15 位。

技术创新方面，4 项细分指标均处在全国下游水平，表明江西技术创新实力有待进一步提升。尤其是大中型工业企业 R&D 经费投入强度和大中型工业企业 R&D 人员投入强度两项指标，分别排全国第 26 位与第 28 位，说明企业创新投入严重不足。

（3）原因分析

江西省工业经济规模和发展质量在全国均处于中等偏下水平，但工业发展质量较前些年有明显提升，主要是速度效益及两化融合及等方面发展水平较高。

速度效益方面，在"十三五"开局之年，江西省保持了"十二五"期间较快的工业投资增速，通过坚持引进重大项目、建设重点园区等手段实现了工业规模快速增长，全省的总资产贡献率排名全国第一。

两化融合方面，江西省近年来相继推出若干条重大政策措施，例如《关于加快推进信息化与工业化深度融合的意见》《"宽带中国"江西工程实施方案》《江西省人民政府关于加快电子商务产业发展的若干意见》等等，在资金、技术、人才建设培养等方面对企业推进两化融合进行支持，并通过政策评估、保障体系等手段，切实推进全省企业两化融合快速发展。

3. 结论与展望

从时序指数的纵向对比来看，2015 年江西工业发展质量稳中有进，但从截面指数的横向对比来看，其在全国的排名仍不理想。未来应从技术创新、人力资源以及资源环境等三方面着重发力，显著提升工业发展质量。

技术创新方面，深入落实国家关于"大众创业、万众创新"的相关精神指示，以及江西省相关配套政策，如《江西省人民政府关于进一步加强协同创新提升企业创新能力的实施意见》等实施方案，结合《中国制造 2025》关于制造业创新中心建设的相关工作，通过组建产业创新联盟，设立战略性新兴产业投资基金，通过市场化手段加强对企业创新的扶持，在技术研发、专利申报等方面寻求突破，加快产学研一体化进程。

资源环境方面，应贯彻落实绿色生产理念，强化并继续完善节能减排考核工作，对工业生产的重点污染环节开展专项节能减排活动，实施节能减排改造示范工程、节能技术示范试点，并加强淘汰落后产能等重点工作。通过进一步落实

《江西省落实大气污染防治行动计划实施细则》，确保空气质量取得明显提升。

人力资源方面，应加强行业领军人才引进与培育，培育一批专业技术人才，加大省内相关配套政策对吸引培育人才的扶持力度，在"千百万人才工程"以及"专业技术人员继续教育知识更新工程"等原有人才培育工作方案的基础之上，建立健全人才评价以及培养与选拔机制，确保人才数量与质量的双丰收，加大人才对工业发展的支撑力度。

十五、山东

1. 总体情况

（1）宏观经济总体情况

2016年，山东省实现地区生产总值（GDP）67008.2亿元，同比增长7.6%。从三次产业看，第一产业、第二产业和第三产业增加值分别为4929.1亿元、30410.0亿元、31669.0亿元，分别增长3.9%、6.5%和9.3%。三次产业增加值占比分别为7.3%、45.4%和47.3%。人均GDP达到67706元，按年均汇率折算达到10193美元。

2016年，山东省完成固定资产投资52364.5亿元，同比增长10.5%。新开工项目43760个，同比增长7.1%。其中，亿元以上新开工项目5157个，同比增长10.2%。其中，制造业投资总额达到23399.9亿元，同比增长12.1%。2016年社会消费品零售总额达到30645.8亿元，同比增长10.4%。2016年进出口总额为15466.5亿元，同比增长3.5%；其中，出口额为9052.2亿元，同比增长1.2%；进口额为6414.3亿元，同比增长6.8%。2016年山东省居民人均可支配收入为21495元，增长8.3%；其中城镇居民和农村居民家庭人均可支配收入分别为34012元和13954元，分别增长7.8%和8.8%。城镇、农村居民人均现住房建筑面积分别为37.5平方米和42.1平方米。

（2）工业经济运行情况

2016年，山东省全部工业增加值26648.6亿元，比上年增长6.6%。规模以上工业增加值比上年增长6.8%。其中，重工业、轻工业分别增长7.5%和5.5%；规模以上工业主营业务收入达到150034.9亿元，同比增长3.7%；实现利润 8643.1 亿元，同比增长 1.2%；实现利税 13312.9 亿元，同比增长 0.4%。2016 年，山东规模以上工业企业年主营业务收入过 10 亿元企业 1935 家、超过 100 亿元企业 145 家、超过 1000 亿元的企业 2 家。

2. 指标分析

（1）时序指数

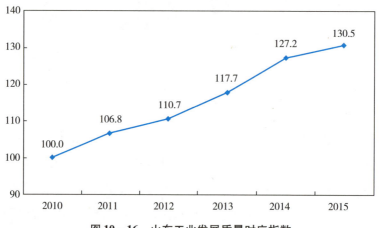

图 10 - 16　山东工业发展质量时序指数

资料来源：赛迪智库整理计算，2017 年 1 月。

表 10 - 33　2010—2015 年山东工业发展质量时序指数

	2010	2011	2012	2013	2014	2015	2010—2015 年平均增速（%）
速度效益	100.0	102.4	103.2	105.6	102.4	101.2	0.2
结构调整	100.0	102.3	106.2	110.5	117.0	124.4	4.5
技术创新	100.0	113.1	117.9	123.2	122.9	131.1	5.6
资源环境	100.0	109.1	115.4	129.9	164.8	150.7	8.5
两化融合	100.0	105.2	104.8	112.0	122.0	136.4	6.4
人力资源	100.0	111.0	119.2	129.5	137.7	143.6	7.5
时序指数	100.0	106.8	110.7	117.7	127.2	130.5	5.5

资料来源：赛迪智库整理计算，2017 年 1 月。

纵向对比来看，山东工业发展质量时序指数由 2010 年的 100.0 上升至 2015 年的 130.5，年均增速为 5.5%，落后于全国平均水平。

从细分指标来看，山东在资源环境、人力资源以及两化融合等方面增长较快，年均增速分别达到8.5%、7.5%和6.4%。资源环境方面，工业主要污染物排放强度指标增长较快，年均增速14.1%，是促进资源环境改善的主要因素；工业污染治理投资强度与单位工业增加值能耗两项指标也增长稳健，年均增速为8.6%、7.8%；但工业固体废物综合利用率指标出现负增长，年均增速为－1.1%。

人力资源方面，工业城镇单位就业人员平均工资增速较快，年均增速为10.6%，是促进全省人力资源水平提升的重要因素；第二产业全员劳动生产率水平稳步增长，年均增速达7.4%；就业人员平均受教育年限指标增长较慢，年均增速仅为2.1%。

两化融合方面，互联网普及率、工业应用信息化水平、电子信息产业占比三项指标增速较为稳健且平均，年均增速分别达到6.8%、6.7%和6.1%。说明山东省在促进工业化与信息化融合发展方面的工作较为稳健。

山东在速度效益方面增速缓慢，年均增速仅为0.2%。该项指标的细分领域中，只有工业增加值增速一项实现正增长，年均增速为10.2%，另外三项细分指标总资产贡献率、工业成本费用利润率、工业主营业务收入利润率均为负增长，分别为－5.4%、－4.6%、－4.0%，这对速度效益指数的增长起到了很大抑制作用。

山东在技术创新与结构调整两方面表现平稳，年均增速分别为5.6%与4.5%。技术创新方面，大中型工业企业新产品销售收入占比与大中型工业企业单位R&D经费支出发明专利两项指标增长较快，年均增速分别为17%和15.8%，但大中型工业企业R&D经费投入强度和大中型工业企业R&D人员投入强度两项指标增长缓慢，年均增速仅为1.2%和1.9%。

结构调整方面，500强企业占比增长较快，年均增速达到15.4%，细分领域其他三项指标增长平稳，高技术制造业主营业务收入占比、工业制成品出口占比、小型工业企业主营业务收入增速三项指标增速分别为8%、7.1%和6.3%。

（2）截面指数

表 10 - 34　2010—2015 年山东工业发展质量截面指数排名

	2010	2011	2012	2013	2014	2015	2010—2015 年均值
速度效益	22	19	14	8	11	11	16
结构调整	6	4	3	4	4	4	4
技术创新	14	11	11	11	12	11	11
资源环境	10	7	9	9	9	9	9
两化融合	8	8	9	10	10	9	9
人力资源	17	16	20	17	20	19	21
截面指数	8	6	6	7	9	8	7

资料来源：赛迪智库整理计算，2017 年 1 月。

横向对比来看，山东的工业发展质量截面指数一直处于全国上游水平，2015 年截面指数为 43.19，全国排名第 8 位。

结构调整、资源环境与两化融合等指标是山东表现较为突出的方面，在全国排名为第 4 位与并列第 9 位，处于上游水平。结构调整方面，500 强企业占比与工业制成品出口占比两项细分指标全国排名遥遥领先，分别位列第 2 位与第 4 位，这使大型企业与出口增长迅速成为全省工业结构调整的重要助推力，但小型工业企业主营业务收入增速与高技术制造业主营业务收入占比两项指标则排名较靠后，分别为全国第 16 位与第 20 位，说明中小企业与科技型企业发展不足；资源环境方面，工业固体废物综合利用率与工业主要污染物排放强度两项指标排名靠前，分别为全国第 6 位与第 9 位，说明工业污染投资与治理力度较大。与此同时，工业污染治理投资强度与单位工业增加值能耗排名也处于全国中等水平，分别为全国第 12 位与第 14 位；两化融合方面，工业应用信息化水平排名较高，位列全国第 3 位，说明全省工业企业的信息化改造整体程度较高。但电子信息产业占比、互联网普及率两项指标全国排名中游，分别为全国第 11 位与第 17 位。

除了结构调整、资源环境与两化融合等指标表现强劲之外，山东在其他指标方面表现一般，在技术创新、速度效益以及人力资源方面处于全国中等偏下水平，全国排名分别为第 11 位、第 16 位和第 21 位。

技术创新方面，大中型工业企业 R&D 经费投入强度全国排名靠前，位列第 7 位，表明大中型企业技术研发投入较多。但大中型工业企业新产品销售收入占比、大中型工业企业 R&D 人员投入强度以及大中型工业企业单位 R&D 经费支出发明专利分别为第 12 位、第 13 位、第 20 位。

速度效益方面，总资产贡献率排名位列全国第 6 位，表明其对工业经济增长促进作用较大。工业增加值增速、工业成本费用利润率、工业主营业务收入利润率三项指标排名位居全国中等水平，前者位列全国第 11 位，后两项均并列第 15 位，说明工业企业整体收入水平增速一般。

人力资源方面，各项细分指标均位列全国中下游水平，就业人员平均受教育年限、第二产业全员劳动生产率、工业城镇单位就业人员平均工资增速三项指标排名分别为第 12 位、第 18 位和第 22 位，说明工业企业发展的人力资源储备相对不足。

（3）原因分析

山东省经济规模在全国排名较为靠前，仅次于广东、江苏两省，排名全国第 3。近年来，为保持全省工业经济稳步增长与结构调整，山东省出台了一系列政策，取得一定成效。

结构调整方面，山东省先后出台了一些文件确保工业发展质量不断提升，例如出台《山东省推进工业转型升级行动计划（2015—2020 年）》《山东省 22 个重点行业转型升级实施方案》，加大了工业结构调整力度。在大力发展高端装备制造、现代医药、新一代信息技术、新材料 4 大新兴产业的同时，山东还加强对机械、化工、轻工、冶金、纺织和建材等传统产业的技术改造升级，从而保证工业结构优化发展。

速度效益方面，为稳定工业增长，相继出台《山东省人民政府办公厅关于促进进出口稳增长、调结构的实施意见》等文件，强调利用财税政策促进全省工业企业出口，以减轻企业税费、贸易融资优惠政策等手段，确保了山东省工业产品出口连续排名靠前的地位。同时确立并发展节能环保、物联网等战略新兴产业，在打造先进工业体系方面取得一定成效。

资源环境方面，山东省按照国务院统一部署，加快淘汰落后产能，大力推广节能减排技术，建立企业节能减排工作机制，并加强环保督查，将绿色生产贯彻到工业结构调整工作中来，有效减少了工业排放并改善了空气质量。

3. 结论与展望

综合来看，山东省工业发展质量在全国处于领先地位，但技术创新、人力资源、两化融合等方面的发展基础仍相对薄弱，需加强相关工作。

技术创新方面，应结合"中国制造2025"产业创新中心建设这项重点工作，在山东省已具备一定技术创新实力的重点领域，发挥企业在技术创新方面的主力军作用，并加快产学研一体化步伐，重点打造1—2个产业创新中心，发挥示范引领作用。

人力资源方面，建立并完善技能型、专业型人才队伍，加强对行业领军人才的培养与引进力度，通过出台相关吸引与培育政策，确保人才留得住、用得好。发挥山东省作为教育大省的人才储备优势，吸引在外省市的人才返乡进行创新创业。

两化融合方面，加快落实《山东省信息化和工业化深度融合专项行动方案（2014—2018年）》，重点发展信息服务业、信息制造业等战略性新兴产业，利用大数据、云计算等手段改造提升传统制造环节，并打造一批智能制造工厂与示范车间，积极申报两化融合示范项目。

十六、河南

1. 总体情况

（1）宏观经济总体情况

2016年，河南省地区生产总值（GDP）为40160.01亿元，比上年增长8.1%。从三次产业结构来看，第一、二、三产业增加值分别为4286.30亿元、19055.44亿元和16818.27亿元，与上年相比增长率分别为4.2%、7.5%和9.9%。三次产业结构比重分别为10.7%、47.4%和41.9%。

2016年，全省完成全社会固定资产投资39753.93亿元，比上年增长13.7%；第一产业、第二产业和第三产业投资分别为1932.11亿元、18523.16亿元和19298.66亿元，分别增长31.1%、9.0%和17.1%。其中，工业投资18536.63亿元，同比增长8.9%，占固定资产投资的46.6%。全年地方财政收入达4706.96亿元，同比增长5.6%。全年增加城镇就业人员达145.1万人。

（2）工业经济运行情况

2016 年，河南省实现工业增加值 16830.74 亿元，同比增长 7.5%。规上工业增加值同比增长 8.0%。其中，高技术产业比上年增长 15.5%，占规上工业的 8.7%。高成长性制造业比上年增长 10.6%，占规上工业的 48.4%。传统支柱产业比上年增长 5.3%，占规上工业的 44.5%。六大高能耗产业比上年增长 6.1%，占规上工业的 32.3%。2016 年，河南规上工业企业主营业务收入达到 79195.70 亿元，同比增长 7.9%；利润总额 5174.14 亿元，比上年增长 6.4%。

2. 指标分析

（1）时序指数

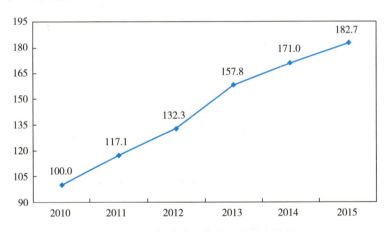

图 10 – 17　河南工业发展质量时序指数

资料来源：赛迪智库整理计算，2017 年 1 月。

表 10 – 35　2010—2015 年河南工业发展质量时序指数

	2010	2011	2012	2013	2014	2015	2010—2015 年平均增速（%）
速度效益	100.0	101.0	95.0	97.0	96.1	94.1	− 1.2
结构调整	100.0	133.8	172.4	204.4	226.2	270.1	22.0
技术创新	100.0	101.9	102.0	121.7	119.7	118.1	3.4
资源环境	100.0	116.2	112.0	170.5	199.3	178.0	12.2
两化融合	100.0	130.7	176.7	199.2	214.3	241.4	19.3
人力资源	100.0	108.5	114.7	116.1	125.4	133.9	6.0
时序指数	100.0	117.1	132.3	157.8	171.0	182.7	12.8

资料来源：赛迪智库整理计算，2017 年 1 月。

按照时间序列发展来看，河南工业发展质量时序指数自 2010 年的 100.0 上升至 2015 年的 182.7，年均增速达到 12.8%，远远高于全国 6% 的平均增速。

河南在结构调整、两化融合以及资源环境等方面表现突出，年均增速为 22%、19.3% 和 12.2%。其中，在结构调整方面，工业制成品出口占比与高技术制造业主营业务收入占比两项增速较快，成为促进本项指数提升的主要因素，其年均增速分别达到 36.9% 和 22.1%；小型工业企业主营业务收入增速相对较慢，年均增速为 11.5%；500 强企业占比则出现负增长，年均增速为 -9.7%，拖累了本项指标的增长。

在两化融合方面，电子信息产业占比增长迅猛，年均增速为 29%；互联网普及率与工业应用信息化水平两项细分指标则增速一般，其年均增速分别为 9% 和 3.3%。

在资源环境方面，工业主要污染物排放强度、工业污染治理投资强度、单位工业增加值能耗三项细分指标增速较快，年均增速分别达到 16.4%、14.8% 和 11.6%；但工业固体废物综合利用率增速较慢，年均增速仅为 0.5%，不利于资源环境指标的改善。

河南在人力资源、技术创新和速度效益方面增速相对较慢，年均增速分别为 6.0%、3.4% 和 -1.2%。其中，人力资源方面，第二产业全员劳动生产率与工业城镇单位就业人员平均工资增速增长较快，年均增速分别达 7.9% 和 6.6%，成为促进该指数提升的主要因素；就业人员平均受教育年限增长缓慢，年均增速仅为 1.8%。

技术创新方面，大中型工业企业新产品占比增长相对较快，年均增速为 6.6%；另外两项细分指标，大中型工业企业单位 R&D 经费支出的发明专利数和大中型工业企业单位 R&D 人员投入强度增速一般，年均增速分别为 3.7% 和 2.4%。大中型工业企业 R&D 经费投入强度则出现负增长，年均增速为 -0.2%。

速度效益方面，除去工业增加值一项指标实现较快增长（年均增速为 10.4%），其他三项指标均为负增长，总资产贡献率、工业成本费用利润率和工业主营业务收入利润率年均增速分别为 -9.0%、-6.9% 和 -6.1%，成为拖累速度效益增长的主要原因。

（2）截面指数

表 10 – 36　　2010—2015 年河南工业发展质量截面指数排名

	2010	2011	2012	2013	2014	2015	2010—2015 年均值
速度效益	10	9	10	12	8	6	9
结构调整	22	18	22	20	15	11	16
技术创新	19	18	22	21	21	21	20
资源环境	15	14	15	13	12	11	12
两化融合	16	17	17	18	20	21	19
人力资源	28	30	28	29	24	23	29
截面指数	21	18	19	21	16	16	16

资料来源：赛迪智库整理计算，2017 年 1 月。

横向对比来看，河南工业发展质量截面指数始终处于全国中等水平，2015 年截面指数为 35.7，全国排名为第 16 位。

速度效益方面，2015 年全国排名第 6 位，是河南工业发展质量截面指数各细分指标中排名最为靠前的一项。速度效益指标中的 4 类细分项均排名靠前，工业成本费用利润率、工业主营业务收入利润率两项指标全国排名均为第 7 位；工业增加值增速全国排名第 8 位；总资产贡献率全国排名第 10 位。

结构调整与资源环境两项指标也处于全国中上游水平，2015 年全国排名均为第 11 位。结构调整方面，工业制成品出口占比指标始终排名较为靠前，近两年排名均为全国第 7 位；小型工业企业主营业务收入增速与高技术制造业主营业务收入占比两项指标近两年排名均为全国第 12 位。

资源环境方面，各项指标在全国排名均处于中等水平。工业固体废物综合利用率、单位工业增加值能耗两项指标是促使资源环境改善的主要原因，2015 年全国排名均为第 11 位；工业主要污染物排放强度指标排名也始终处在中游水平，2015 年全国排名为第 13 位；但工业污染治理投资强度排名处在全国下游水平，2015 年全国排名仅为第 23 位。

技术创新、两化融合与人力资源三项指标河南省在全国排名均处于下游水平，2015 年全国排名分别为第 21 位、第 21 位与第 23 位。技术创新方面，大中型工业企业单位 R&D 经费支出发明专利一项指标全国排名仅为第 26 位，成为拖累技术创新突破的主要原因；大中型工业企业 R&D 经费投入强度、大中型工业企业 R&D 人员投入强度、大中型工业企业新产品销售收入占比等指标排名亦处在中下游水平，分别位列全国第 22 位、第 18 位与第 17 位。

两化融合方面，互联网普及率在全国排名处于下游水平，2015 年全国排名第 26 位；工业应用信息化水平、电子信息产业占比两项指标排名也不甚理想，分别位列全国第 19 位与第 18 位。

人力资源方面，第二产业全员劳动生产率一项在全国排名处于下游水平，2015 年全国排名第 28 位；就业人员平均受教育年限、工业城镇单位就业人员平均工资增速两项指标排名也不甚理想，分别位列全国第 19 位与第 17 位。

（3）原因分析

河南省经济总量常年位列全国第 5，与其经济大省的地位相比，该省工业发展质量排名始终处在全国中下游水平。究其原因，虽然在速度效益与结构调整方面进步显著，但在技术创新、两化融合与人力资源等方面表现不尽如人意。

速度效益方面，河南省通过与工业和信息化部开展省部合作，并连续举办中国（郑州）产业转移系列对接活动，吸引了众多东部沿海及其他地区的产业项目落户河南，例如富士康郑州工厂等，加强了与外省市的产业、技术以及人才交流力度，促进了全省工业总量的稳步增长。

此外，在"工业稳增长、调结构、促发展"方面，河南出台了一系列政策，在强调工业总量增长的同时，通过培育高端装备、电子信息等战略性新兴产业，有效优化了全省工业结构，实现了工业发展的提质增效。

3. 结论与展望

综合来看，河南省工业发展质量还需进一步提升，尤其是要加强技术创新、两化融合与人力资源等方面工作。此外，还需要抓住郑州被列为"国家中心城市"的契机，加快发展产业辐射带动效应强的产业，促进郑州与周边地区的发展，并加快河南与其他省份的产业互动。

技术创新方面，加强推进落实《中共河南省委河南省人民政府关于深化科技体制改革推进创新驱动发展若干实施意见》等相关政策，以创新驱动发展战略为引领，加强对大中型企业技术创新的引导，并结合"大众创业、万众创新"，重点培育一批制造业"双创"企业。

两化融合方面，以"数字企业"建设为契机，结合"中国制造2025"战略确定的智能制造等重点项目，加大对全省制造业企业的信息化改造力度，并打造一批两化融合示范项目。

人力资源方面，应加强对行业领军人才的引进与培育，培育一批专业技术人才，加大省内相关配套政策对吸引培育人才的扶持力度，并发挥河南省人力资源丰富的特点，加强对本省技术人才的培育。

十七、湖北

1. 总体情况

（1）宏观经济总体情况

2016年，湖北省地区生产总值达到32297.91亿元，同比增长8.1%。其中一、二、三产业增加值分别为3499.3亿元、14375.13亿元和14423.48亿元；同比分别增长3.9%、7.8%和9.5%；三次产业结构比例调整为10.8：44.5：44.7。从第三产业分类来看，营利性服务业增长最快，增幅高达18.4%，其次是金融业，增幅为12.4%，而批发和零售业、住宿和餐饮业、房地产业、交通运输仓储和邮政业增幅较小，分别为5.7%、6.9%、7.7%、3.5%。

2016年，湖北省完成固定资产投资总额29503.88亿元，同比增长13.1%。按产业结构划分，第一、二、三次产业完成投资额分别达到889.94亿元、12224.54亿元和16389.40亿元，同比增幅分别为41.8%、10.1%、14.2%。

（2）工业经济运行情况

2016年，湖北省工业经济保持稳定增长。从主要运行指标来看，全省工业增加值完成12255.46亿元，同比增幅为7.8%；全省规模以上工业企业数量稳步增长，总量达到16464家，比上年增加了539家，同比增长3.4%。规模以上工业增加值增长率达8.0%，按企业类别来看，国有及国有控股企业效益较好，增加值同比增长2.6%；集体企业效益同比下降1.5%；股份合作企业效益同比下降3.6%；外商及港澳台企业效益同比增长8.3%；其他类型企业效益同比增长7.7%。轻工业增加值同比增长6.0%；重工业增加值同比增长9.2%。

2016年全省制造业同比增长8.4%，比规上工业增速快0.4个百分点。其中，高技术制造业同比增长10.7%，比规上工业增速快2.7个百分点，占规上工业增加值的比例为8.3%，对规上工业增长值的贡献达到10.8%。

2. 指标分析

（1）时序指数

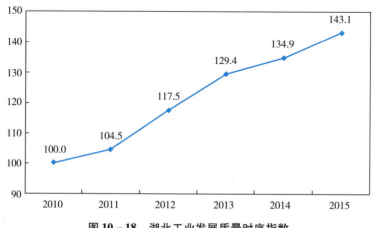

图10-18 湖北工业发展质量时序指数

资料来源：赛迪智库整理计算，2017年1月。

表10-37 2010—2015年湖北工业发展质量时序指数

	2010	2011	2012	2013	2014	2015	2010—2015年平均增速（%）
速度效益	100.0	97.5	97.6	100.8	103.0	104.9	1.0
结构调整	100.0	109.9	141.4	160.9	168.8	180.7	12.6
技术创新	100.0	107.6	113.0	114.6	115.1	120.4	3.8
资源环境	100.0	83.4	93.9	107.5	116.6	119.4	3.6
两化融合	100.0	116.7	123.9	143.9	147.3	165.8	10.6
人力资源	100.0	114.8	124.7	133.9	142.3	151.8	8.7
时序指数	100.0	104.5	117.5	129.4	134.9	143.1	7.4

资料来源：赛迪智库整理计算，2017年1月。

纵向对比来看，湖北省工业发展质量时序指数自2010年的100.0上涨至2015年的143.1，年均增速达7.4%，高出全国平均水平1.4个百分点。

结构调整与两化融合增速较快，是湖北省工业发展质量时序指数增长的主要原因，年均增速分别为 12.6% 和 10.6%，比时序指数增速分别高出 5.2 个和 3.2 个百分点。

结构调整方面，小型工业企业主营业务收入增速较快并成为结构调整的主要动力，年均增速达到 21.0%；500 强企业占比同样增长较快，年均增速达到 16.3%；但高技术制造业主营业务收入占比与工业制成品出口占比两项指标增速较慢，年均增速分别为 6.7% 和 6.0%。

两化融合方面，电子信息产业占比增速较快，年均增速达到 13.5%；工业应用信息化水平与互联网普及率两项指标增速一般，年均增速分别为 8.2% 和 7.0%。

湖北在人力资源、技术创新、资源环境以及速度效益等方面表现一般，年均增速水平均低于 10%，分别为 8.7%、3.8%、3.6%、1.0%。尤其是技术创新、资源环境以及速度效益，增速均不超过 5%。

人力资源方面，就业人员平均受教育年限年均增速仅为 2.1%，成为阻碍人力资源提升的主要原因；技术创新方面，大中型工业企业新产品销售收入占比年均增速仅为 2.4%，成为阻碍湖北省工业企业技术创新能力提升的主要原因；资源环境方面，工业污染治理投资强度与工业固体废物综合利用率两项指标均出现负增长，其年均增速分别为 −19.8% 和 −4.0%，成为阻碍资源环境改善的主要原因；速度效益方面，除了工业增加值增速一项外，工业成本费用利润率、工业主营业务收入利润率和总资产贡献率三项细分指标均为负增长，成为拖累湖北省工业总量增长的主要原因。

（2）截面指数

表 10−38　2010—2015 年湖北工业发展质量截面指数排名

	2010	2011	2012	2013	2014	2015	2010—2015 年均值
速度效益	13	16	19	15	12	12	15
结构调整	14	14	8	11	13	13	11
技术创新	9	10	10	10	11	10	10
资源环境	11	13	13	14	14	18	13
两化融合	10	11	10	11	15	11	11
人力资源	5	11	18	18	11	13	10
截面指数	10	13	12	12	12	12	11

资料来源：赛迪智库整理计算，2017 年 1 月。

横向对比来看，2015 年湖北工业发展质量截面指数为 40.4，排名为全国第 12 位，近年来一直稳定在全国中游水平。

湖北在技术创新和两化融合等方面表现优异，2015 年全国排名分别为第 10 位与第 11 位。技术创新方面，大中型工业企业 R&D 经费投入强度近年来全国排名一直稳定在第 5 位，成为促进湖北工业企业技术创新提升的主要原因。但大中型工业企业单位 R&D 经费支出发明专利与大中型工业企业新产品销售收入占比两项指标排名较为靠后，仅位列全国第 19 位和第 20 位；两化融合方面，工业应用信息化水平近年来全国排名提升较快，从 2014 年的第 15位提升到 2015 年的第 6 位，成为促进全省工业企业两化融合水平提升的主要动力。

湖北在资源环境方面表现相对落后，近年来排名处于全国下游水平且排名不断退后。从细分指标来看，资源环境中的单位工业增加值能耗和工业污染治理投资强度两项指标排名均处在全国落后水平，2015 年排名分别为第 20位与第 27 位，这成为拖累全省工业企业绿色生产水平提升的主要原因。

湖北在速度效益、结构调整以及人力资源等方面表现稳定，这些指标均处于全国中游水平，2015 年排名分别为第 12 位、第 13 位、第 13 位。

（3）原因分析

湖北工业发展质量排名始终保持全国中上游水平，主要是在技术创新与两化融合方面表现优异，这与湖北省科教资源丰富以及电子信息产业发展快速有关。例如，武汉作为湖北省的省会，已被列为"中国制造 2025 示范试点城市"，其在产业规模以及产业体系方面都体现了龙头带动作用，以光电子、电子信息、高端智能装备等为代表的先进制造业体系已构建完成，在传统产业做大做强的同时，利用信息化手段改造提升传统产业的步伐不断加快，两化融合发展势头良好。此外，湖北作为全国科教资源较为集中的地区，在利用高校以及科研院所资源进行产学研创新方面一直表现优异，产品专利及其他创新指标一直位于全国前列，同时大中型国有企业的科技创新实力也不断增强。

3. 结论与展望

综合来看，湖北省的工业发展质量还有进一步提升的空间，这主要表现在资源环境、速度效益以及结构调整等指标表现不太理想，还需要进一步加强相关工作，解决全省工业发展的短板。例如在资源环境方面，需通盘考虑长江经济带建设对环境污染整治的需求，做好工业生产的节能减排工作。

未来，湖北需抓紧落实两大战略的实施，即以"中国制造2025"战略为抓手促进全省产业结构调整升级，加大培育战略性新兴产业力度，加快工业供给侧改革，寻找产业新的增长点。积极融入"长江经济带"建设，抓住武汉被列为"国家中心城市"的契机，加快发展产业辐射带动效应强的产业，促进武汉与周边地区的发展，并加快湖北与其他省份的产业互动。其次，湖北省应加快创新驱动发展战略实施，切实将全省的人才优势转化为产业发展优势，通过培育和引进一批产业领军人才，发挥人才对特定产业发展的快速拉动效应。

十八、湖南

1. 总体情况

（1）宏观经济总体情况

2016年，湖南省地区生产总值达到31244.7亿元，同比增长7.9%。分产业来看，第一、二、三产业增加值分别达到3578.4亿元、13181.0亿元和14485.3亿元，分别比上年增长3.3%、6.6%和10.5%。按全省常住人口总量来计算，2016年人均GDP达到45931元，同比增长7.3%。从产业结构来看，全省第一、二、三次产业比例为11.5∶42.2∶46.3，对经济增长的贡献率分别为4.8%、37.0%和58.2%。其中工业增加值对经济增长贡献率最高，比例达到了31.6%，而生产性服务业对经济增长贡献率相对较低，占比仅为20.0%。

（2）工业经济运行情况

2016年，湖南省实现工业增加值11177.3亿元，同比增长6.6%。其中规模以上工业增加值同比增长6.9%。高加工与高技术制造业增长较快，增加值分别比上年增长10.6%和11.4%；占规模以上工业增加值的比重分别为38.0%和11.2%，比上年提高0.8个和0.7个百分点。六大高耗能行业增加值增长5.1%，占规模以上工业的比重为30.6%，比上年提高0.3个百分点。

2016年，湖南省规模以上工业企业实现利润达到1620.5亿元，同比增长4.5%。其中国有企业实现利润为113.7亿元，同比下降12.6%；股份制企业实现利润达1249.4亿元，同比增长6.0%；集体企业实现利润达8.9亿元，同比下降12.8%；股份合作制企业实现利润1.7亿元，同比增长50.7%；外商及港澳台商企业实现利润141.1亿元，同比增长12.8%；其他内资企业实现利润105.7亿元，同比增长2.2%。

2. 指标分析

（1）时序指数

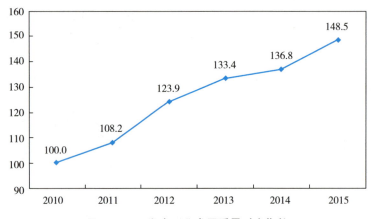

图10－19　湖南工业发展质量时序指数

资料来源：赛迪智库整理计算，2017年1月。

表10－39　2010—2015年湖南工业发展质量时序指数

	2010	2011	2012	2013	2014	2015	2010—2015年平均增速（%）
速度效益	100.0	101.9	99.4	98.4	94.3	97.3	-0.5
结构调整	100.0	122.3	139.5	154.2	158.6	172.1	11.5
技术创新	100.0	99.8	118.4	113.0	111.2	115.8	3.0
资源环境	100.0	87.8	107.5	126.1	127.7	150.8	8.6
两化融合	100.0	118.1	145.3	164.3	175.7	188.8	13.6
人力资源	100.0	117.0	128.4	137.7	149.5	160.5	9.9
时序指数	100.0	108.2	123.9	133.4	136.8	148.5	8.2

资料来源：赛迪智库整理计算，2017年1月。

纵向对比来看，湖南工业发展质量时序指数增长较快，由 2010 年的 100.0 增长到 2015 年的 148.5，年均增速达到 8.2%，比全国 6.0% 的平均增速高出 2.2 个百分点。

湖南在两化融合及结构调整两方面表现优异，年均增速达到 13.6% 和 11.5%，成为促进全省工业发展质量快速提升的主要动力。从细分指标来看，两化融合中的电子信息产业占比指标年均增速领先，达到 19.1%，成为提升全省两化融合水平的主要原因；结构调整中的工业制成品出口占比指标年均增速领先，达到 16.7%。此外，高技术制造业主营业务收入占比与小型工业企业主营业务收入两项指标年均增速也较高，分别为 12.8% 和 11.5%。

湖南在技术创新和速度效益两方面表现较差，年均增速分别为 3.0% 和 −0.5%。技术创新方面，大中型工业企业单位 R&D 经费支出发明专利出现负增长，年均增速为 −0.8%，表明全省大中型工业企业技术创新活力不足；速度效益方面，除工业增加值增速一项指标实现正增长外，工业成本费用利润率、工业主营业务收入利润率、总资产贡献率三项细分指标均为负增长，成为拖累全省工业企业规模增长的主要原因。

湖南在人力资源和资源环境两方面表现尚可，始终保持在全国中等水平，年均增速分别达到 9.9% 和 8.6%。

（2）截面指数

表 10 − 40　2010—2015 年湖南工业发展质量截面指数排名

	2010	2011	2012	2013	2014	2015	2010—2015 年均值
速度效益	5	7	7	9	14	10	8
结构调整	15	15	24	25	21	19	18
技术创新	4	5	3	5	5	6	4
资源环境	13	18	16	15	15	13	14
两化融合	13	12	13	14	13	14	12
人力资源	26	9	15	24	13	15	16
截面指数	9	10	11	11	10	10	10

资料来源：赛迪智库整理计算，2017 年 1 月。

横向对比来看，湖南省工业发展质量截面指数 2015 年为 42.5，全国排名为第 10 位，近年来一直稳定在全国中上游水平。

湖南在技术创新方面表现一直较为突出，2015 年全国排第 6 位。其中，大中型工业企业新产品销售收入占比和大中型工业企业 R&D 经费投入强度两项指标是促使全省工业企业技术创新保持持久活力的主要原因，两项指标全国排名分别为第 2 位和第 4 位。

湖南在结构调整方面表现较为落后，虽排名有所上升但仍一直处于全国中下游水平，2015 年全国排名为 19 位。分析其原因发现，细分的 4 项指标均排名不甚理想，500 强企业占比与工业制成品出口占比两项指标排名都为全国第 16 位，高技术制造业主营业务收入占比与小型工业企业主营业务收入增速分别排名全国第 13 位与第 15 位。

湖南在速度效益、资源环境、两化融合以及人力资源等方面表现相对稳定，且均处于全国中上游水平，2015 年上述指标排名分别为全国第 10 位、第 13 位、第 14 位和第 15 位。

（3）原因分析

近年来湖南省工业发展质量稳定提升，主要是技术创新指标表现良好，尤其是全省的大中型企业在产品研发、技术专利申请方面表现尤为突出。这与湖南不断推进创新驱动发展，加强与科技部、工信部等部委合作密切相关。此外，湖南省作为传统工业大省，拥有一批军工企业，技术储备相对雄厚，近年来也加强了军民融合发展，促进了一批军工技术的民用化、产业化，有效提升了全省工业企业的科技含量。

3. 结论与展望

综合来看，近年来湖南省通过加强技术创新、两化融合等工作，工业发展质量稳居全国中游水平，且处在不断提升的阶段。但是，还需看到，湖南在结构调整、人力资源等方面还存在短板，仍有较大提升空间。

未来需做好以下工作：首先，结合"中国制造 2025"战略的稳步推进，湖南应加大产业结构升级相关工作，重点培育智能装备、高速轨道交通等战略性新兴产业，并加大对传统产业的技术改造，结合制造业创新中心建设这项重点工作，在若干优势领域形成对全国乃至全球产业发展的引领作用；其次，加强产业发展的人才队伍建设，建立并完善技能型、专业型人才队伍，加大对行业领军人才的培养与引进力度，通过出台相关吸引与培育政策，确保人才留得住、用得好。

十九、广东

1. 总体情况

（1）宏观经济总体情况

2016 年，广东省实现 GDP 总量为 79512.05 亿元，同比增长 7.5%。其中，第一、二、三产业增加值分别实现 3693.58 亿元、34372.46 亿元和 41446.01 亿元，与上年相比分别增长 3.1%、6.2% 和 9.1%，对 GDP 增长的贡献率则分别为 1.9%、36.8% 和 61.3%。全省三次产业结构比例为 4.7：43.2：52.1。2016 年，全省先进制造业增加值达到了 15739.78 亿元，同比增长 9.5%；现代服务业增加值达到了 25568.17 亿元，同比增长 10.4%；高技术制造业增加值达到 8817.68 亿元，同比增长 11.7%。

（2）工业经济运行情况

2016 年，广东省全部工业增加值同比增长 6.4%，规上工业增加值同比增长 6.7%。其中，重工业同比增长 8.7%，轻工业同比增长 3.3%。从不同类型企业来看，股份制企业与民营企业保持较快增长，增速分别为 10.2% 和 11.4%；国有及国有控股企业、外商及港澳台投资企业和股份合作制企业保持平稳增长，增速分别为 5.0%、2.3% 和 7.6%；集体企业有所回落，同比下降 0.1%。

2016 年，广东省高技术制造业增加值同比增长 11.7%，先进制造业增加值同比增长 9.5%，优势传统产业增加值同比增长 3.2%，全省产业结构升级效果显著。其中，装备制造业和钢铁冶炼及加工业保持快速增长，同比增速分别为 11.1% 和 13.8%。

2. 指标分析

（1）时序指数

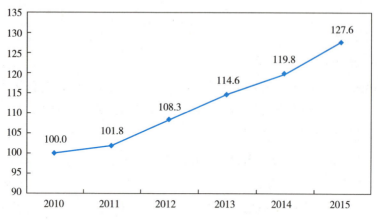

图 10 - 20　广东工业发展质量时序指数

资料来源：赛迪智库整理计算，2017 年 1 月。

表 10 - 41　2010—2015 年广东工业发展质量时序指数

	2010	2011	2012	2013	2014	2015	2010—2015 年平均增速（%）
速度效益	100.0	93.7	91.2	94.3	98.2	103.0	0.6
结构调整	100.0	101.6	102.7	110.9	115.9	118.8	3.5
技术创新	100.0	110.1	121.0	123.0	123.2	123.9	4.4
资源环境	100.0	91.1	105.3	115.3	126.2	135.9	6.3
两化融合	100.0	107.1	114.3	120.7	121.7	146.7	8.0
人力资源	100.0	110.3	120.7	128.4	139.5	150.7	8.5
工业发展质量指数	100.0	101.8	108.3	114.6	119.8	127.6	5.0

资料来源：赛迪智库整理计算，2017 年 1 月。

从时间序列来看，广东工业发展质量时序指数由 2010 年的 100.0 上涨至 2015 年的 127.6，年均增速为 5.0%，低于全国平均水平。

广东在人力资源方面提升速度明显，年均增速达 8.5%，比时序指数的增速高出 3.5 个百分点。从细分指标来看，人力资源中的工业城镇单位就业人员平均工资增速达到年均 13.2%，成为推动广东在人力资源方面快速提升的主要动力。

2015 年表现最差的分类指标是速度效益，年均增速为 0.6%，比时序指数的增速低了4.4个百分点。速度效益中的多项指标均出现负增长现象，例如总资产贡献率、工业成本费用利润率、工业主营业务收入利润率这三项指标的年均增速分别为 -2.8%、-3.2%和 -2.7%，这成为速度效益指标表现不佳的主要因素。

另外，广东在结构调整和技术创新等方面的增速也相对缓慢，年均增速分别为3.5%和4.4%，均低于时序指数的增速。分析其原因，是由于结构调整中各细分指标增速缓慢，如工业制成品出口占比、高技术制造业主营业务收入占比的增速仅为 -1.3%和2.1%；而技术创新方面，细分指标中的大中型工业企业单位R&D 经费支出发明专利增速为 -0.3%，成为拖累该项指标增长的主要原因。

（2）截面指数

表 10 -42　2010—2015 年广东工业发展质量截面指数排名

	2010	2011	2012	2013	2014	2015	2010—2015 年均值
速度效益	24	26	24	25	18	9	22
结构调整	1	1	2	1	1	1	1
技术创新	2	2	2	2	2	2	2
资源环境	3	4	3	4	4	4	4
两化融合	3	3	3	3	3	2	3
人力资源	21	18	11	22	5	6	14
截面指数	1	1	2	1	1	1	1

资料来源：赛迪智库整理计算，2017 年 1 月。

从横向对比来看，2015 年，广东工业发展质量截面指数为 60.3，排在全国第 1 位，2010 年以来一直在全国处于领先水平。

广东在结构调整、技术创新、两化融合等方面表现优异，2015 年全国排名分别为第 1 位、第 2 位和第 2 位。例如，结构调整中的高技术制造业主营业务收入占比、工业制成品出口占比两项指标均位于全国领先地位，2010 年以来排名均列第 1 位。

广东在速度效益方面表现一般，全国排名为第 9 位，处于上游水平。速度效益中的工业增加值增速和总资产贡献率两项指标的全国排名均相对处于中后位，分别为第 16 位和第 12 位，成为拖累广东速度效益提升的主要原因。

广东在资源环境以及人力资源方面表现同样优异，全国排名分别为第4位和第6位，位于全国上游水平。

（3）原因分析

广东工业发展质量近年来一直位居全国榜首主要是由于结构调整方面表现优异。分析其原因，一是始终把创新驱动放在首位，以此为抓手，努力推动产业转型升级；二是以发展新技术为核心，推动相关领域企业和产业的发展，加快存量企业的技术改造，鼓励企业掌握自主可控的核心技术，以企业转型升级来带动整体产业的转型升级；三是加快制定日益严格的环保、技术及质量标准，发展市场机制的基础性作用，积极淘汰落后产能，实现产业结构的日益优化与升级。

3. 结论与展望

综合来看，广东近年来工业发展质量一直稳居全国领先水平，但从细分指标看，广东在速度效益、人力资源等指标上有较大提升空间，急需加强相关工作。

首先要牢牢树立协调发展理念，在整体工业经济进入新常态的大背景下，广东工业经济发展既要保持一定的发展速度，也要坚持发展质量和提升工业发展的经济效益；既要培育发展高附加值的战略性新兴产业，也要加快传统产业的转型升级步伐。其次，广东应加快人力资源提升及建设步伐，在积极向外引进高端急需人才的同时，应努力培育本地各类专业人才，特别是加强对高级技术工人的培育，形成高端人才与中低端人才协调发展的合理的人力资源供需结构。

二十、广西

1. 总体情况

（1）宏观经济总体情况

2016年，广西全区GDP总量达到18245.07亿元，同比增长7.3%。其中，第一、二、三产业分别实现增加值2798.61亿元、8219.86亿元和7226.60亿元，分别比上年增长3.4%、7.4%和8.6%，三次产业对GDP增长的贡献率分别为7.2%、47.0%和45.8%，三次产业结构比例调整为15.3∶45.1∶39.6。

2016年，广西固定资产投资17652.95亿元，同比增长12.8%。其中工业投资达到 6404.46 亿元，同比增长 0.2%。

（2）工业经济运行情况

2016 年，广西实现工业增加值总量为 6764.13 亿元，同比增长 7.3%。其中，规上工业增加值同比增长 7.5%。在规模以上工业中，重工业增幅较大，同比增长 9.1%，轻工业则同比增长 3.8%。分行业类别来看，在全部 40 个大类工业中，比上年增长的行业达到 36 个，占比为 90%。其中增速较快的行业为：计算机通信和其他电子设备制造业，增速为 11.3%；木材加工业，增速为 11.4%；黑色金属冶炼和压延加工业，增速为 6.1%；电气机械和器材制造业，增速为 15.6%；化学原料和化学品制造业，增速为 6.0%；有色金属冶炼和压延加工业，增速为 15.9%；非金属矿物制品业，增速为 14.4%；汽车制造业，增速为 7.1%。

2016 年，广西规模以上工业企业出口情况良好，实现出口交货值 857.70 亿元，同比增长 7.9%。规上工业主营业务利润率为 5.16%，同比提高 0.12 个百分点。

2. 指标分析

（1）时序指数

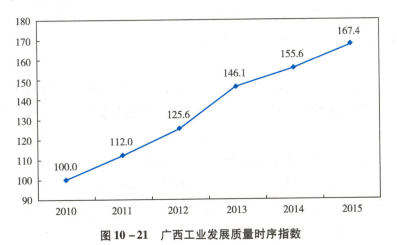

图 10 - 21　广西工业发展质量时序指数

资料来源：赛迪智库整理计算，2017 年 1 月。

表 10-43　2010—2015 年广西工业发展质量时序指数

	2010	2011	2012	2013	2014	2015	2010—2015 年平均增速（%）
速度效益	100.0	97.5	95.9	94.5	100.2	106.1	1.2
结构调整	100.0	117.8	128.4	148.8	157.6	169.0	11.1
技术创新	100.0	113.5	126.0	158.0	159.2	142.5	7.3
资源环境	100.0	113.4	125.7	155.2	164.0	193.7	14.1
两化融合	100.0	113.2	151.0	175.1	199.9	230.4	18.2
人力资源	100.0	111.6	126.3	139.7	151.0	166.5	10.7
工业发展质量指数	100.0	112.0	125.6	146.1	155.6	167.4	10.8

资料来源：赛迪智库整理计算，2017 年 1 月。

从时间序列来看，广西工业发展质量时序指数自 2010 年的 100.0 上涨至 2015 年的 167.4，年均增速达到 10.8%，明显高出全国平均水平。

从细分指标来看，两化融合与资源环境两方面增长较快，年均增速分别为 18.2% 与 14.1%。在构成两化融合的各项指标中，工业应用信息化水平成为促进该指标提升的主要因素，年均增速高达 15.0%；在构成资源环境的各项指标中，工业主要污染物排放强度增长较快，年均增速高达 15.8%，成为该项指标提升的主要因素。

速度效益和技术创新两项指标增长较慢，年均增速分别为 1.2% 和 7.3%。速度效益中的总资产贡献率、工业成本费用利润率、工业主营业务收入利润率三项指标为负增长，分别仅为 -2.8%、-3.2% 和 -2.7%，严重制约了广西速度效益的增长；技术创新中的大中型工业企业单位 R&D 经费支出发明专利出现负增长，成为拖累广西全区技术创新增长的主要因素。

在结构调整、资源环境和人力环境等方面广西则较为平稳，年均增速分别为 11.1%、14.1% 和 10.7%。

（2）截面指数

表 10 – 44　2010—2015 年广西工业发展质量截面指数排名

	2010	2011	2012	2013	2014	2015	2010—2015 年均值
速度效益	11	17	17	18	10	7	13
结构调整	21	19	23	24	20	17	20
技术创新	24	17	20	20	20	24	21
资源环境	20	23	20	17	20	17	19
两化融合	18	16	15	12	14	15	14
人力资源	29	28	25	14	14	12	22
截面指数	23	22	21	19	19	15	19

资料来源：赛迪智库整理计算，2017 年 1 月。

从横向对比来看，2010 年至 2015 年，广西工业发展质量全国排名一直位于中下游水平，2015 年截面指数为 28.9。

从细分指标来看，广西在速度效益方面表现相对突出，全国排名为第 7 位，且近年来进步显著，其中总资产贡献率排全国第 3 位。

广西在技术创新方面的全国排名相对靠后，排在全国的第 24 位。技术创新中的大中型工业企业 R&D 经费投入强度和大中型工业企业 R&D 人员投入强度分别排名全国第 29 位和第 27 位，成为拖累技术创新增长的主要原因。

广西在结构调整、资源环境、两化融合、人力资源等方面排名位于全国中游水平，分别排在全国的第 17 位、第 17 位、第 15 位和第 12 位。

（3）原因分析

广西工业发展质量进步显著，主要是由于两化融合方面做了很多工作。一是以"做大做强"工业为目标，促进先进信息技术的应用，不断提高企业效益，优化产业结构，大幅提升产品附加值；二是积极开展企业信息化应用示范的"千百工程"，设立两化融合专项资金，加大对相关的两化融合项目的扶持力度；三是推进工业和信息化的深度融合，培育发展壮大若干个电子产业基地，扶持电子信息产业跨越式发展，努力促进数字城市和数字广西建设进度，不断提升信息化水平。

3. 结论与展望

综合来看，广西工业发展质量在全国的排名并不是十分突出，整体处于中游水平，特别是技术创新方面发展较慢，未来还有较大的发展空间。

针对广西的技术创新发展滞后的局面，未来应在以下几个方面做出努力：一是把握新一轮科技革命趋势，大力推进科技进步与创新，全面打造广西特色的创新体系；二是选取一批重点领域，开展技术攻关，掌握核心关键技术和自主知识产权，培育一批具有国际竞争力的大型企业，打造若干个创新型产业集群；三是加快创新平台建设，完善一批服务于中小企业的公共服务平台，强化各类孵化器建设，扩大各类创新平台的开放共享；四是推进科技体制机制改革，加快各项科技成果转化速度，完善各类激励机制。

二十一、海南

1. 总体情况

（1）宏观经济总体情况

2016 年，海南完成地区生产总值总计达 4044.51 亿元，以可比价格计算，同比增幅为 7.5%。其中，第一、二、三产业增加值分别实现 970.93 亿元、901.68 亿元和 2171.90 亿元，与上年相比分别增长 4.1%、5.1% 和 10.1%。2016 年，海南省三次产业比值为 24.0：22.3：53.7。全省经济发展不断提速，东、中、西部各地区经济发展速度加快，后劲不断增强，发展差距日渐缩小等特点。

2016 年，按年平均常住人口计算，海南省人均地区生产总值 44252 元，按现行平均汇率计算为 6664 美元，比上年增长 6.7%。

（2）工业经济运行情况

2016 年，海南工业增加值累计为 479.22 亿元，较上年增长 2.7%。其中，规模以上工业增加值为 441.82 亿元，较上年增长了 2.6%。按轻重工业分，轻工业增加值 138.33 亿元，同比增长 5.2%；重工业增加值 303.49 亿元，同比增长 1.5%。按经济类型分，国有企业、股份制企业和外商及港澳台投资企业保持平稳增长，增速分别为 6.1%、1.8% 和 2.8%。

2016 年，从行业情况来看，海南省八大重点行业中，农副食品加工业、造纸及纸制品业、石油加工业、化学原料和化学制品制造业、医药制造业、非金属矿物制品业、汽车制造业和电热生产供应业均有不同程度增长，增速分别为 3.2%、4.8%、2.2%、7.7%、7.2%、3.4%、0.2% 和 3.6%。2016 年，海南省规模以上工业企业实现主营业务收入 1484.70 亿元，比上年下降 0.2%；规上企业实现利润总额 93.76 亿元，同比增长 4.7%。

2. 指标分析

（1）时序指数

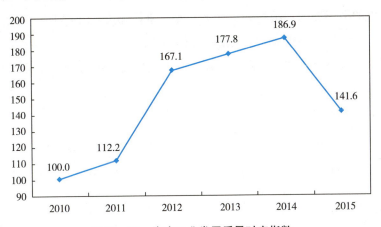

图 10－22　海南工业发展质量时序指数

资料来源：赛迪智库整理计算，2017 年 1 月。

表 10－45　2010—2015 年海南工业发展质量时序指数

	2010	2011	2012	2013	2014	2015	2010—2015 年平均增速（%）
速度效益	100.0	80.7	89.3	85.1	82.0	81.6	-4.0
结构调整	100.0	80.1	116.7	125.2	157.9	104.3	0.9
技术创新	100.0	110.3	130.1	167.6	188.4	162.2	10.2
资源环境	100.0	195.7	282.9	242.3	328.0	133.9	6.0
两化融合	100.0	103.3	288.7	355.2	214.6	258.5	20.9
人力资源	100.0	110.7	118.1	125.2	133.9	146.9	8.0
工业发展质量指数	100.0	112.2	167.1	177.8	186.9	141.6	7.2

资料来源：赛迪智库整理计算，2017 年 1 月。

纵向来看，海南工业发展质量时序指数自 2010 年的 100.0 上涨至 2015 年的 141.6，年均增速为 7.2%，高于全国平均增速。

海南在两化融合方面提升较快，年均增速高达 20.9%，比时序指数增速高出 13.7 个百分点。构成两化融合的各指标中，电子信息产业占比高达 31.8%，是促进海南两化融合快速发展的主要因素。

海南在速度效益和结构调整等方面发展缓慢，年均增速分别为 -4.0% 和 0.9%，大幅低于时序指数的平均水平。速度效益中的工业增加值增速、总资产贡献率和工业成本费用利润率的年均增长率均较低，是造成海南速度效益发展缓慢的主要原因；结构调整中的小型工业企业主营业务收入增速年均增速为 -11.1%，是导致此方面发展缓慢的主要因素。

海南在人力资源和资源环境方面方面表现一般，年均增速分别为 8.0% 和 6.0%，具有较大的提升空间。

（2）截面指数

表 10 - 46　2010—2015 年海南工业发展质量截面指数排名

	2010	2011	2012	2013	2014	2015	2010—2015 年均值
速度效益	6	21	18	22	9	18	17
结构调整	27	20	30	27	23	25	29
技术创新	21	20	21	13	10	19	17
资源环境	19	11	10	20	21	26	17
两化融合	22	23	21	24	26	26	24
人力资源	13	22	14	13	12	5	9
截面指数	20	23	22	23	17	22	23

资料来源：赛迪智库整理计算，2017 年 1 月。

横向来看，海南的工业发展质量截面指数从 2010 年开始，其排名一直比较靠后，大多数年份排名在 20 位以后，处于中下游水平，2015 年其截面指数为 30.9。

海南 2015 年人力资源方面表现较好，排在全国第 5 位，处于上游水平。人力资源中的工业城镇单位就业人员平均工资增速排在全国第 1 位，表现较为突出，是提升海南人力资源水平的主要因素。

海南在资源环境和两化融合方面表现最差，均排在全国的第 26 位。两化融合中的工业应用信息化水平排在全国第 28 名，是导致海南两化融合方面落后的主要原因。而资源环境中单位工业增加值能耗和工业主要污染物排放强度分别排在全国的第 24 名和第 22 名，是导致此方面发展缓慢的主要因素。

海南在技术创新方面发展比较一般，处于全国的中下游水平，排名为第19位。

（3）原因分析

从截面指数看，海南在人力资源方面表现较为突出。

近年来，海南坚持人才优先工作主线，坚持民生为本的原则，主动作为，积极采取措施重点提升人力资源发展水平。一是采取多项措施，如劳务输出、转移就业、技能培训等，广泛开展就业扶贫工作；二是以供给侧改革为抓手，积极出台各项人才政策，围绕重点产业开展职业技能培训，主动降低企业社保费率，为企业切实减负；三是围绕绿色崛起战略和建设国际旅游岛目标，有针对性地加强人才队伍建设，满足各项战略对人才的需求。

3. 结论与展望

综合时序指数和截面指数来看，海南在人力资源方面表现优秀，在速度效益方面表现相对较差，亟待提升。

海南省速度效益方面存在不少问题，展望未来，海南应重点做好以下几个方面的工作：首先，要加快培育发展战略性新兴产业，努力利用先进适用技术改造提升传统产业，实现工业转型升级，提升海南各重点产业在价值链中的位置。其次，要切实帮助企业解决发展中遇到的问题，对于企业负担过重的问题，应积极采取多项举措予以解决，从而实现企业生产效益的提升。最后，要坚持创新驱动发展战略，找寻工业经济发展的新动能，提高产业发展速度和提升产品附加值的同时，实现经济发展速度与发展效益的齐头并进。

二十二、重庆

1. 总体情况

（1）宏观经济总体情况

2016 年，重庆地区生产总值为 17558.76 亿元，比 2015 年增长 10.7%。一、二、三产业增加值分别为 1303.24 亿元、7755.16 亿元和 8500.36 亿元，分别增长 4.6%、11.3%和 11.0%。三次产业结构的比例为 7.4∶44.2∶48.4。

2016 年，重庆固定资产投资总额为 17361.12 亿元，同比增长 12.1%。分产业来看，第一产业投资额为 558.09 亿元，较上年增长了 4.7%；第二产业投资额为5666.36亿元，较上年增长了13.4%；第三产业投资额为11136.67亿元，较上年增长了11.9%。2016年，全市社会消费品零售总额实现11136.67亿元，较上年增长了13.2%。

（2）工业经济运行情况

2016年，重庆实现工业增加值6040.53亿元，同比增速为10.2%。而规模以上工业增加值增长了10.3%。

从主要行业来看，计算机通信和其他电子设备制造业、电气机械和器材制造业、农副食品加工业、非金属矿物制品业、通用设备制造业和汽车制造业均保持快速增长，增速分别为32.7%、10.3%、12.2%、10.4%、11.7%和11.2%。黑色金属冶炼和压延加工业与上年相比下降明显，同比下降12.3%。工业战略性新兴产业与高技术产业均保持高速增长，增速分别为27.2%和24.2%。2016年，重庆规上工业企业利税总额达2652.01亿元，同比增长了7.8%；规上工业实现利润总额达到了1584.97亿元，同比增长了12.6%。

2. 指标分析

（1）时序指数

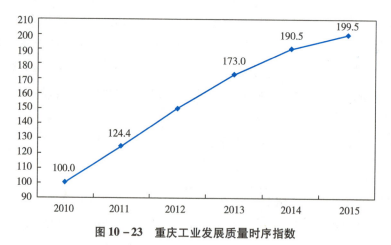

图10-23　重庆工业发展质量时序指数

资料来源：赛迪智库整理计算，2017年1月。

表 10 – 47   2010—2015 年重庆工业发展质量时序指数

	2010	2011	2012	2013	2014	2015	2010—2015 年平均增速（%）
速度效益	100.0	105.9	102.1	119.6	131.5	137.4	6.6
结构调整	100.0	153.1	218.7	265.8	299.0	311.8	25.5
技术创新	100.0	105.1	98.0	90.7	98.9	104.3	0.8
资源环境	100.0	96.0	105.9	129.3	131.2	147.5	8.1
两化融合	100.0	163.9	221.5	254.7	286.2	283.7	23.2
人力资源	100.0	109.5	117.9	128.2	139.2	150.7	8.5
工业发展质量指数	100.0	124.4	149.9	173.0	190.5	199.5	14.8

资料来源：赛迪智库整理计算，2017 年 1 月。

纵向来看，重庆工业发展质量时序指数自 2010 年的 100.0 上涨至 2015 年的 199.5，年均增速为 14.8%，排在全国第 1 位。

重庆在结构调整方面提升较快，年均增速高达 25.5%，比时序指数增速高出 10.7 个百分点。构成结构调整的各指标中，高技术制造业主营业务收入占比和工业制成品出口占比的年均增速分别达到了 30.8% 和 36.6%，增速较快，共同构成促进重庆结构调整快速发展的主要因素。

重庆在技术创新方面提升较慢，年均增速仅为 0.8%，低于时序指数年均增速 14 个百分点。构成技术创新的 4 项指标中，大中型工业企业 R&D 经费投入强度、大中型工业企业新产品销售收入占比均较低，有的甚至为负增长，成为制约技术创新增长的关键指标。

此外，重庆在资源环境、人力资源和速度效益方面的增速都低于平均增速，增速有待进一步提高。

（2）截面指数

表 10 – 48   2010—2015 年重庆工业发展质量截面指数排名

	2010	2011	2012	2013	2014	2015	2010—2015 年均值
速度效益	18	18	21	11	4	3	11
结构调整	17	22	12	8	5	5	7
技术创新	3	3	7	9	9	9	7
资源环境	8	9	8	8	8	8	8
两化融合	11	9	7	8	5	8	8
人力资源	24	26	19	11	7	7	17
截面指数	11	9	9	8	6	7	8

资料来源：赛迪智库整理计算，2017 年 1 月。

横向来看，重庆工业发展质量截面指数连续多年处于全国上游水平，2015 年截面指数为 51.1，排在全国第 7 位。

2015 年，重庆在速度效益和结构调整方面都表现较为突出，处于全国上游水平。速度效益方面，工业增加值增速全国排名第 1 位，处于全国领先水平。结构调整方面，高技术制造业主营业务收入占比表现较好，排名全国第 2 位。

2015 年，重庆在技术创新方面处在上游水平，技术创新中的大中型工业企业 R&D 经费投入强度、大中型工业企业 R&D 人员投入强度和大中型工业企业单位 R&D 经费支出发明专利等处于中游水平，尚有较大的提升空间。

2015 年，重庆在结构调整、资源环境、两化融合、人力资源等方面表现较为稳定，处于全国上游水平。

（3）原因分析

2010—2015 年间，重庆在结构调整方面的表现较为突出。

近年来，重庆市政府采取多项举措，推进结构调整取得突出成就。一是努力推进产业结构优化，实现三次产业的协调发展。重点发展战略性新兴产业的同时，也不断加快现代服务业的发展速度。二是不断优化经济发展的动力结构，推进"三驾马车"共同前进，不断优化投资结构，促进消费升级，优化出口结构，取得不俗成绩。三是优化所有制结构，帮扶中小微企业快速发展。

3. 结论与展望

综合时序指数和截面指数来看，重庆在结构调整和速度效益方面表现均较为突出，但是作为直辖市的重庆在技术创新方面还有一定的发展空间。

未来，提升重庆市技术创新水平，应从以下几个方面做出努力：一是发挥企业的创新主体作用，努力培育一批拥有自主知识产权的创新型企业，构建以企业为主体的创新体系。二是积极发挥政府在创新体系中的服务作用，全面打造良好的创新生态系统。三是深化各类科技体制改革，加快建立和完善各项科技激励制度，不断激发创新活力。四是重点发挥重点领域和重点区域的引领带动作用，提升重庆市整体技术创新水平。

二十三、四川

1. 总体情况

（1）宏观经济总体情况

2016 年，四川实现地区生产总值比上年增长 7.7%，达到 32680.5 亿元。一、二、三产业增加值分别为 3924.1 亿元、13924.7 亿元和 14831.7 亿元，分别增长 3.8%、7.5% 和 9.1%。四川三次产业结构比例由上年的 12.2∶44.1∶43.7 调整为 12.0∶42.6∶45.4。

2016 年，四川全社会固定资产投资达 29126.0 亿元，同比增长 12.1%。第一产业同比增长 32.7%，投资额达 1115.1 亿元；第二产业投资同比增长 10.2%，投资额达 8222.4 亿元，其中工业投资同比增长 10.9%；第三产业投资同比增长 12.0%，投资额达 19788.5 亿元。

（2）工业经济运行情况

2016 年，四川省全部工业增加值达 11569.8 亿元，工业增加值同比增速为 7.6%。对全省经济增长的贡献率达到了 36.2%。其中，重工业和轻工业的工业增加值分别增长 7.7% 和 8.2%。

2016 年，分经济类型看，四川国有及国有控股企业的增加值同比增长了 3.6%，集体企业同比增长了 5.6%，股份制企业同比增长了 8.7%。

2. 指标分析

（1）时序指数

图 10-24　四川工业发展质量时序指数

资料来源：赛迪智库整理计算，2017 年 1 月。

表10-49　2010—2015年四川工业发展质量时序指数

	2010	2011	2012	2013	2014	2015	2010—2015年平均增速（%）
速度效益	100.0	109.5	113.8	108.9	106.3	105.9	1.2
结构调整	100.0	119.5	148.0	183.5	145.6	136.9	6.5
技术创新	100.0	76.8	110.4	119.2	128.6	130.9	5.5
资源环境	100.0	137.1	129.8	159.4	179.0	174.1	11.7
两化融合	100.0	121.9	140.4	152.2	163.9	170.0	11.2
人力资源	100.0	115.0	127.0	141.9	153.1	161.4	10.1
工业发展质量指数	100.0	113.4	129.9	148.3	146.0	145.0	7.7

资料来源：赛迪智库整理计算，2017年1月。

纵向来看，四川工业发展质量时序指数自2010年的100.0上涨至2015年的145.0，年均增速为7.7%，高于全国平均增速。

四川在资源环境和两化融合方面提升较快，年均增速分别达11.7%和11.2%，比时序指数增速分别高出4个百分点和3.5个百分点。资源环境方面，工业主要污染物排放强度高达25.2%，但是其工业固体废物综合利用率的增速为-5.7%。构成两化融合的各指标中，工业应用信息化水平、电子信息产业占比和互联网普及率等均维持了10%以上的增长，共同构成促进该方面快速发展的主要因素。

速度效益方面的增速表现较差，为1.2%，低于平均增速。速度效益方面，总资产贡献率、工业成本费用利润率和工业主营业务收入利润率的增速分别为-4.7%、-5.2%和-4.9%，是导致速度效益发展缓慢的主要原因。

四川在结构调整和技术创新两个方面表现一般，其增速分别为6.5%和5.5%，均低于平均增速。

（2）截面指数

表 10－50 2010—2015 年四川工业发展质量截面指数排名

	2010	2011	2012	2013	2014	2015	2010—2015 年均值
速度效益	12	8	9	14	19	16	12
结构调整	19	17	10	13	10	7	10
技术创新	18	27	16	17	17	14	18
资源环境	25	25	25	25	22	24	25
两化融合	19	15	14	15	11	12	13
人力资源	20	29	23	16	17	24	23
截面指数	22	21	15	16	14	14	15

资料来源：赛迪智库整理计算，2017 年 1 月。

横向来看，四川工业发展质量截面指数连续多年处于全国中等水平。2015 年截面指数为 37.1，排在全国第 14 位。

2015 年，四川在结构调整方面表现相对较好，排名全国第 7 位，属于上游水平。其中，高技术制造业主营业务收入占比和小型工业企业主营业务收入增速在全国的排名分别为第 6 位和第 4 位，处于上游水平。

2015 年，四川在人力资源和资源环境方面均表现相对较差，均排在了全国的第 24 位。其中，人力资源方面的第二产业全员劳动生产率和就业人员平均受教育年限分别排在全国的第 24 位和第 25 位，是拉低此项排名的主要因素。资源环境方面的工业固体废物综合利用率和工业污染治理投资强度分别排在全国第 28 位和第 30 位，尚有很大的提升空间。

（3）原因分析

2010—2015 年，四川在结构调整方面表现较好，处于全国上游水平。

近年来，为了加快结构调整步伐，四川省采取的措施如下：一是加快培育发展战略性新兴产业，努力培育新的经济增长点，不断优化产业结构；二是积极化解重点行业的过剩产能，淘汰落后产能工作取得积极进展，不断提升产业转型升级水平；三是加快发展现代服务业，特别是生产性服务业发展水平不断得到提升。

3. 结论与展望

综合时序指数和截面指数来看，四川在速度效益方面尚有很大发展空间。

为提升四川速度效益方面发展水平，一要科学制定工业发展规划，提升工业发展的速度、质量和效益的协调发展。二要加快培育发展战略性新兴产业，重点培育发展能够带动引领经济发展的新的经济增长点和新的动能。三要在加快扶持地方龙头企业做大做强的同时，引进培育一批具有较高知名度和具有国际竞争力的大企业，特别是引进一批大项目，以大企业和大项目来带动地方经济的快速发展，实现经济发展速度、质量和效益的提升。

二十四、贵州

1. 总体情况

（1）宏观经济总体情况

2016 年，贵州实现地区生产总值 11734.43 亿元，同比增长 10.5%。一、二、三产业增加值分别为 1846.54 亿元、4636.74 亿元和 5251.15 亿元，同比分别增长 6.0%、11.1% 和 11.5%。

2016 年，贵州全省的固定资产投资 12929.17 亿元，同比增长 21.1%。其中，第一、二、三产业增加值分别达到 289.20 亿元、3076.84 亿元和 9563.13 亿元，与上年相比分别增长 29.9%、12.8% 和 23.8%。

2016 年，贵州全省社会消费品零售总额达到了 3708.99 亿元，同比增长了 13.0%。

（2）工业经济运行情况

2016 年末，规上工业企业共计 5047 户，比上年末增加 565 户。贵州规模以上工业增加值 4032.11 亿元，同比增长 9.9%。其中，轻、重工业增加值分别为 1559.37 亿元和 2472.74 亿元，分别增长 10.1% 和 9.8%，占规模以上工业增加值的比重分别为 38.7% 和 61.3%。2016 年，贵州规模以上工业企业主营业务收入 10840.60 亿元，比上年增长 12.9%；实现利润总额 669.80 亿元，比上年增长 5.6%。

2. 指标分析

（1）时序指数

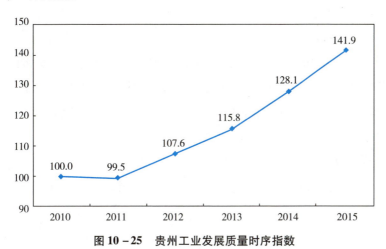

图 10-25　贵州工业发展质量时序指数

资料来源：赛迪智库整理计算，2017 年 1 月。

表 10-51　2010—2015 年贵州工业发展质量时序指数

	2010	2011	2012	2013	2014	2015	2010—2015 年平均增速（%）
速度效益	100.0	113.5	130.7	114.9	113.8	117.8	3.3
结构调整	100.0	103.4	105.7	115.3	142.1	169.8	11.2
技术创新	100.0	60.8	84.0	95.7	106.5	106.3	1.2
资源环境	100.0	110.1	111.0	127.6	133.4	131.5	5.6
两化融合	100.0	102.1	103.5	117.6	131.4	175.5	11.9
人力资源	100.0	113.6	118.8	129.7	136.5	140.8	7.1
时序指数	100.0	99.5	107.6	115.8	128.1	141.9	7.2

资料来源：赛迪智库整理计算，2017 年 1 月。

纵向来看，贵州工业发展质量时序指数自 2010 年的 100.0 上涨至 2015 年的 141.9，年均增速为 7.2%，高于全国平均增速。

贵州在结构调整和两化融合方面发展较好，年均增速都在 11% 以上，比时序指数增速高出 4 个百分点。构成两化融合的各细分指标中，工业应用信息化水平年均增速高达 18.2%，互联网普及率的年均增速为 14.2%，是促进该方面快速发展的主要因素。

贵州在技术创新和速度效益方面表现不太理想，年均增速分别为 1.2% 和 3.3%，分别低于平均增速 4.8 个和 2.7 个百分点。技术创新方面，大中型工业企业 R&D 经费投入强度和大中型工业企业新产品销售收入占比年均增速分别下降了 0.7% 和 10.6%，是导致贵州技术创新年均增速增长缓慢的主要原因；速度效益方面，总资产贡献率、工业成本费用利润率和工业主营业务收入利润率年均增速分别为 −1.3%、−1.6% 和 −1.7%，造成贵州工业经济效益水平不高。

（2）截面指数

表 10 −52　2010—2015 年贵州工业发展质量截面指数排名

	2010	2011	2012	2013	2014	2015
速度效益	21	10	2	6	5	4
结构调整	18	21	11	9	9	14
技术创新	12	25	18	16	14	12
资源环境	28	15	24	28	29	28
两化融合	30	30	30	29	27	24
人力资源	18	23	29	23	22	28
截面指数	25	25	20	17	15	17

资料来源：赛迪智库整理计算，2017 年 1 月。

横向来看，贵州的质量截面指数自 2012 年起开始提升，从全国 20 名之后提高到 2014 年的第 15 名。2015 年截面指数为 28.8，排在全国第 17 位，较 2014 年略有回落，但已进入全国中游水平。

2015 年，贵州在速度效益方面表现突出，排在全国第 4 位。其中，工业增加值增速方面表现最好，排名全国第 2 位；工业成本费用利润率和工业主营业务收入利润率也表现较好，均排名全国第 4 位。

2015 年，贵州在资源环境、两化融合和人力资源方面在全国还处于相对落后水平，实力相对薄弱。资源环境方面，贵州在工业污染治理投资强度和工业固体废物综合利用率方面表现较好，分别排名全国第 15 位和第 17 位；但是单位工业增加值能耗、主要污染物排放强度表现不佳，造成资源环境的整体排名落后。两化融合方面，电子信息产业占比和互联网普及率均处于偏低水平，未来有较大提升空间。人力资源方面，第二产业全员劳动生产率和就业人员平均受教育年限在全国均处于落后位置。

（3）原因分析

2010—2015 年，贵州在两化融合方面表现相对较好，一直保持稳定上升的态势。

近年来，贵州省政府瞄准新兴的大数据产业，走出了一条落后的内陆地区发展信息技术服务业的创新之路。贵州省政府以数据开放为切入点，于 2014 年 7 月启动"云上贵州"系统平台建设。以阿里巴巴、中国软件、浪潮等为代表的信息技术服务企业纷纷来贵州建设大数据基础设施，中国移动、中国联通、中国电信三大运营商等企业来贵州建设数据中心。此外，还实施了电子政务云、工业云等重点应用示范项目在内的"7＋N"云工程，开展了 4 次规模较大的大数据产业招商活动。目前，贵州以大数据为引领的电子信息产业迅猛发展，2015 年全省计算机、平板电脑、智能手机等电子产品制造业增加值同比增长 100.2%。贵州结合自身资源和环境特点，发挥后发优势，用超前的发展意识，引进最先进的技术和企业，迅速占据了领先地位。通过大数据快速发展，带动了互联网金融、网络新媒体、卫星导航、电子商务、呼叫中心等一批新兴业态，这些新兴产业的发展又进一步促进了大数据的应用，形成了良性互动。

3. 结论与展望

综合时序指数和截面指数来看，贵州已经找到了一条适合自身特点的发展道路，工业发展从全国下游进入了中游行列。贵州这个我国西部地区经济不发达的省份不但选择了众多地方争相发展的大数据产业，而且走在了全国的前列。贵州还计划打造大数据全产业链，通过大数据带动相关产业发展。不过，贵州在工业发展的效益、资源环境和人力资源等方面还有较大的发展空间。

未来，主要应在以下方面采取措施：一是有力推进国家生态文明实验区建设，发展绿色经济，推动工业绿色制造，大力发展循环经济，完善绿色制度、筑牢绿色屏障、培育绿色文化；二是深入推进供给侧结构性改革，提升工业发展质量和效益；三是大力引进高层次科技领军人才及其创新团队，加强高技能人才培养体系建设，着力培养一批具有创新精神和现代经营管理经验，能够引领企业参与国内外竞争的优秀企业家。

二十五、云南

1. 总体情况

（1）宏观经济总体情况

2016年，云南实现地区生产总值14896.95亿元，同比增速为8.7%。其中，第一产业的增加值为2195.04亿元，第二产业的增加值为5799.34亿元，第三产业的增加值为6875.57亿元，同比分别增长5.6%、8.9%和9.5%。2016年，全省固定资产投资达15662.49亿元，同比增长19.8%。2016年，云南社会消费品零售总额达4936.71亿元，同比增长12.1%。

（2）工业经济运行情况

2016年，云南省全部工业增加值比上年增长6.5%。全省规上工业实现增加值3668.28亿元，同比增长了6.5%。具体来看，工业行业中的制造业与采矿业发展良好。2016年，采矿业完成增加值328.93亿元，同比增长了17.3%；制造业全年完成增加值为2683.34亿元，同比增长了5.6%。2016年，云南省多数行业保持平稳增长。从云南省38类工业行业增长情况来看，有33个行业相比上年保持增长。

2. 指标分析

（1）时序指数

图10-26　云南工业发展质量时序指数

资料来源：赛迪智库整理计算，2017年1月。

表 10 – 53 2010—2015 年云南工业发展质量时序指数

	2010	2011	2012	2013	2014	2015	2010—2015 年平均增速（%）
速度效益	100.0	98.4	91.6	92.3	85.8	86.8	– 2.8
结构调整	100.0	96.9	109.0	119.0	121.6	130.9	5.5
技术创新	100.0	115.1	124.6	121.9	129.2	139.2	6.8
资源环境	100.0	100.7	114.3	128.7	133.4	140.0	7.0
两化融合	100.0	105.3	113.5	116.2	97.4	117.9	3.4
人力资源	100.0	111.8	122.1	135.2	142.7	153.4	8.9
时序指数	100.0	103.8	112.2	118.8	119.0	128.4	5.1

资料来源：赛迪智库整理计算，2017 年 1 月。

纵向来看，云南工业发展质量自 2010 年的 100.0 上涨至 2015 年的 128.4，年均增速为 5.1%，低于全国 6% 的平均增速。

云南在人力资源方面表现相对较好，工业城镇单位就业人员平均工资增速和第二产业全员劳动生产率年均增速分别达到 10.7% 和 10.8%，但是就业人员平均受教育年限增长缓慢，年均增速只有 2.1%。

云南在速度效益方面表现最差，呈现下降趋势。总资产贡献率、工业成本费用利润率、工业主营业务收入利润率年均增速分别为 – 6.2%、– 14.1% 和 – 12.9%，是导致该指标发展落后的主要原因。

此外，云南在结构调整、技术创新、资源环境、两化融合等方面表现得也不尽如人意，尚有较大的发展和提升空间。

（2）截面指数

表 10 – 54 2010—2015 年云南工业发展质量截面指数排名

	2010	2011	2012	2013	2014	2015
速度效益	16	11	13	17	24	22
结构调整	25	26	18	16	24	24
技术创新	28	24	28	26	27	23
资源环境	24	24	22	26	26	22
两化融合	26	28	28	30	30	30
人力资源	23	27	27	26	28	21
截面指数	28	28	25	27	28	27

资料来源：赛迪智库整理计算，2017 年 1 月。

横向来看，云南工业发展质量截面指数一直处于全国下游水平，整体实力相对薄弱。2015年截面指数为25.7，排在全国第27位。

2015年，云南在人力资源方面相对较好，排在全国第21位。其中，工业城镇单位就业人员平均工资增速、第二产业全员劳动生产率处于全国中等水平，分别排在第12位和第16位。

2015年，云南两化融合方面表现最差，全国排名最后，工业应用信息化水平排名第29位，而电子信息产业占比和互联网普及率均排名全国最后，直接导致云南该指标发展严重落后。

速度效益、结构调整、技术创新和资源环境方面，云南也都处于全国偏下水平，排在第20位以后，表明云南在这四个方面均存在较大的提升空间。

（3）原因分析

2010—2015年，云南省工业始终处于全国下游水平，各方面都需要改进提高。

云南整体工业发展效益不佳，主要面临以下问题：一是部分行业市场需求不足，产品价格下跌幅度较大，如钢铁、铜、铅、尿素、黄磷、水泥等产品。二是企业投资意愿不高，工业投资持续下降。三是企业融资难。四是传统产业比重高，新兴产业发展缓慢。

近年来，云南省不断加强人才队伍建设，取得积极成效。一是省政府印发《关于深化人才发展体制机制改革的实施意见》，提出要补齐人才短板，以人才提升促进发展转型，以人才驱动引领创新驱动；二是围绕符合云南产业发展规划的特色优势产业和战略性新兴产业，以招商引资为抓手，面向境外、省外开展招商引才工作。

3. 结论与展望

综合时序指数和截面指数来看，云南工业发展质量处于全国下游水平。在速度效益、结构调整、技术创新等方面变化不明显，处于全国靠后位置，特别是两化融合水平，制约了新型工业化的发展。

未来，云南在两化融合方面，应加快推进两化融合管理体系贯标、"互联网＋"行动等工作，借助信息化管理和信息化营销，降低企业生产管理成本和营销成本，提高企业生产效率。在结构调整方面，培育具有云南特色的现代产业体系，贯彻落实《中国制造2025》，优先发展现代生物、新能源、新材料、先进装备制造、电子信息、节能环保等新兴产业。在技术创新方面，要加快建设一批国家级、省级实验室和工程（技术）研究中心，围绕产业链部署创新链，围绕创新链完善资金链，推动金融和科技的有机融合。

二十六、陕西

1. 总体情况

（1）宏观经济总体情况

2016年，陕西实现地区生产总值19165.39亿元，比上年增长7.6%。一、二、三产业增加值分别为1693.84亿元、9390.88亿元和8080.67亿元，分别增长4.0%、7.3%和8.7%。2016年，陕西全省固定资产投资20825.25亿元，比上年增长12.1%。在固定资产投资（不含农户）中，第一产业投资1149.79亿元，比上年增长14.2%；第二产业投资5594.63亿元，同比增长1.0%，其中工业投资5585.43亿元，同比增长1.1%；第三产业投资13730.43亿元，同比增长17.5%。基础设施投资6022.24亿元，同比增长31.9%；战略性新兴产业投资2607.24亿元，同比增长16.7%；文化产业投资1464.15亿元，增长55.1%。进出口额为1974.80亿元，同比增长4.2%。其中，出口额为1044.61亿元，进口930.19亿元，分别同比增长13.7%和-4.8%。

（2）工业经济运行情况

2016年，陕西省工业增加值实现7492.63亿元，比上年增长6.8%。规模以上工业增加值同比增长6.9%。其中，规模以上工业中，重工业保持平稳增长，同比增长6.4%，轻工业增长较快，同比增长达9.4%；分工业门类看，制造业和非能源工业保持快速增长，分别同比增长11.5%和13.1%；采矿业和电热水生产及供应业有不同程度小幅增长，分别同比增长0.4%和4.9%；能源工业较上年有所下降，同比下降0.7%；六大高耗能行业同比增长6.8%。2016年，陕西省规上工业主营业务收入实现19776.76亿元，比上年增长7.8%；实现利润1472.38亿元，同比增长8.8%。

2. 指标分析

（1）时序指数

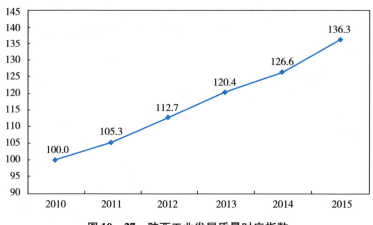

图10－27　陕西工业发展质量时序指数

资料来源：赛迪智库整理计算，2017年1月。

表10－55　2010—2015年陕西工业发展质量时序指数

	2010	2011	2012	2013	2014	2015	2010—2015年平均增速（%）
速度效益	100.0	109.7	107.1	104.4	101.9	90.8	−1.9
结构调整	100.0	102.9	111.8	116.3	132.3	152.3	8.8
技术创新	100.0	101.6	101.2	115.4	114.4	111.1	2.1
资源环境	100.0	90.3	97.9	113.1	116.8	124.8	4.5
两化融合	100.0	118.2	141.0	142.6	150.1	183.0	12.9
人力资源	100.0	119.5	130.1	143.6	152.7	160.5	9.9
时序指数	100.0	105.3	112.7	120.4	126.6	136.3	6.4

资料来源：赛迪智库整理计算，2017年1月。

纵向来看，陕西工业发展质量自2010年的100.0上涨至2015年的136.3，年均增速为6.4%，略高于全国平均增速。

陕西在两化融合和人力资源方面增长较快，年均增速分别为12.9%和9.9%，高于全国平均增速。两化融合方面，工业应用信息化水平和电子信息产业占比两项指标高于全国平均水平，年均增速分别达到13.1%和15%，增长较快。人力资源方面，工业城镇单位就业人员平均工资增速为13.5%，表现最好，第二产业全员劳动生产率年均增速达到10.1%，大大超过全国平均水平。

陕西在结构调整方面表现一般，年均增速为8.8%，与全国平均水平基本持平。其中，小型工业企业主营业务收入指标表现较好，增速高达16.3%；工业制成品出口占比年均增速为12.5%，高于全国平均增速。高技术制造业主营业务收入占比增长缓慢，年均增速只有4.8%。而500强企业占比处于负增长的态势，表现最为不佳，年均增速为 -4.4%，远低于全国平均水平。

陕西在速度效益方面出现下滑趋势，年均增速为 -1.9%。其中，总资产贡献率、工业成本费用利润率和工业主营业务收入利润率三项指标年均增速都出现负增长。

陕西在技术创新方面的年均增速只有2.1%，也低于全国平均水平。其中，大中型工业企业新产品销售收入占比下降幅度较大，年均增速为 -8.9%。

（2）截面指数

表 10 – 56　2010—2015 年陕西工业发展质量截面指数排名

	2010	2011	2012	2013	2014	2015
速度效益	1	1	1	1	1	8
结构调整	20	28	13	14	16	18
技术创新	13	14	14	14	16	18
资源环境	9	10	14	16	17	15
两化融合	24	20	12	19	18	16
人力资源	27	2	17	10	18	14
截面指数	13	11	10	10	13	13

资料来源：赛迪智库整理计算，2017 年 1 月。

横向来看，陕西工业发展质量截面指数基本处于全国中上游水平，2015年截面指数为37.8，排在全国第13位，与2014年持平。

2015 年，陕西在速度效益方面表现最好，处于全国上游，排名全国第8位，但是较前几年的全国第一出现了明显下滑。构成速度效益的四项指标中，工业增加值增速位居全国第 2 位，工业成本费用利润率和工业主营业务收入利润率均排名全国第4位，总资产贡献率相对落后，位居全国第16位左右。

陕西在资源环境和人力资源方面处于全国中游位置，排名分别为第15位和14位。其中，资源环境方面，工业污染治理投资强度和工业固体废物综合利用率分别排名全国第11位和第14位，表现相对较好，但是单位工业增加值能耗和工业主要污染物排放强度处于中等偏下水平，未来有提升空间。人力资源方面，就业人员平均受教育年限表现较好，全国排名第4位。第二产业全员劳动生产率排名第14位，而工业城镇单位就业人员平均工资增速排名第19位，处于全国中等偏下水平。

陕西在结构调整、技术创新、两化融合方面都是处于全国中游偏下位置。结构调整方面全国排名第18位。其中，小型工业企业主营业务收入表现很好，排名全国第5位；高技术产业占比表现较好，排名全国第8位；但是500强企业占比和工业制成品出口占比都属于下游水平，提升空间较大。技术创新方面，全国排名第18位。其中R&D人员投入强度表现较好，全国排名第9位，R&D经费投入强度和单位R&D经费支出的发明专利数都处于中等水平，大中型工业企业新产品销售收入占比排名第24位，拉低了技术创新的整体水平。两化融合方面，全国排名第16位，其中电子信息产业占比和互联网普及率表现相对较好，全国排名第12位和第15位，工业应用信息化水平均处于全国下游水平，发展后劲较大。

（3）原因分析

2010—2015年，陕西发展工业速度效益表现较好，但结构调整、技术创新等方面仍需要继续改善提高。

2013年以来，受国际大宗商品价格下降的影响，陕西工业增长开始逐步下滑，特别是煤炭、石油两大能源价格大幅下跌，对陕西这样的能源大省冲击很大，重点行业利润增速持续下滑，工业产销明显下降，去库存压力不断加大。煤化工是陕西重点支柱产业，但是低端产品过剩，高端精细化工产品不足，由于石油价格的大幅下降，使得陕西化工行业产业结构的不足暴露得更加明显。由于陕西能源和资源型产业增加值占规模以上工业增加值比例过高，在能源和资源性产品价格大幅下跌的情况下，新旧动能转换衔接尚需一个较长的过程，因此，需要着力加快传统产业升级，陕西是科教大省，创新资源丰富，被国家命名为"创新型省份"，但是科技优势还没有充分转化为产业优势。2015 年，陕西省工业企业两化融合发展水平平均得分为 57.08，有省级两化融合典型企业 80 多户。陕西以西咸新区为基地大力发展大数据产业，建设了西部云科技谷园、大数据管理服务中心和中国电信项目，构筑丰富、多元、开放的大数据产业生态体系，推动制造业转型升级。

3. 结论与展望

综合时序指数和截面指数来看，陕西省工业发展质量处于全国中等偏上位置。未来，围绕"追赶超越"战略定位，打造国家级高端能源化工产业基地、绿色先进制造业基地和国防科技工业基地。以提质、增效、升级为中心，以创新、改革、开放为动力。继续发挥资源优势，进一步巩固能源大省地位；加快非能源产业发展，改造提升传统产业；大力培育新兴产业，着力打造制造强省。

结构调整方面，要坚决淘汰落后产能，有序退出过剩产能，积极稳妥处置"僵尸企业"。积极培育一批新业态和新商业模式，形成更多以创新为引领和支撑的工业发展模式，加快推动陕西工业从要素驱动、投资驱动向创新驱动转型；通过改造升级着力做优传统产业，不断延伸资源性工业的产业链，提高资源精深加工产品比重。着力打造汽车、航空航天、3D 打印、智能终端、集成电路、机器人等特色优势产业链。

技术创新方面，加强顶层设计，整合省内高校、科研机构、大型企业研发中心等各方优势资源，围绕 3D 打印、机器人、新能源汽车、节能环保装备、新材料等重点领域，打造陕西国家级制造业创新中心。要积极搭建协同创新公共服务平台，加强创业创新平台建设。

资源环境方面，以建设美丽陕西为目标，协调推进低碳环保技术、节能节水技术、资源综合利用技术、超低、近零和零排放技术等关键成套设备和装备的工程化、产业化应用，重点向陕南循环经济产业聚集区、陕北现代能源化工基地推广先进节能环保技术和装备。依托陕南循环经济产业基地和陕北高端能源化工基地两大载体，构建循环经济产业链，搭建资源共享平台。

二十七、甘肃

1. 总体情况

（1）宏观经济总体情况

2016年，甘肃实现地区生产总值7152.04亿元，比上年增长7.6%。一、二、三产业增加值分别为973.47亿元、2491.53亿元和3687.04亿元，增速分别为5.5%、6.8%和8.9%。

2016年，甘肃完成固定资产投资9534.10亿元，同比增长10.5%。第二产业投资3220.99亿元，同比下降6.2%；第三产业投资5634.81亿元，同比增长21.0%。实现社会消费品零售总额3184.39亿元，比上年增长9.5%。

（2）工业经济运行情况

2016年，甘肃规模以上工业企业完成工业增加值1565.4亿元，比上年增长6.2%。其中，重工业增加值同比增长8.3%，轻工业增加值相比上年下降2.6%。从支柱行业看，煤炭、有色和装备制造增加值增长较快，分别为7.6%、16.1%和10.7%，冶金、食品、电力、建材和石化工业增速较慢。

2. 指标分析

（1）时序指数

图10-28 甘肃工业发展质量时序指数

资料来源：赛迪智库整理计算，2017年1月。

表 10-57 2010—2015 年甘肃工业发展质量时序指数

	2010	2011	2012	2013	2014	2015	2010—2015 年平均增速（%）
速度效益	100.0	99.6	97.9	98.5	90.9	49.3	-13.2
结构调整	100.0	111.6	118.1	131.1	141.6	152.0	8.7
技术创新	100.0	98.8	116.0	114.5	122.4	114.3	2.7
资源环境	100.0	89.4	112.2	114.9	116.3	108.0	1.5
两化融合	100.0	102.6	111.6	123.9	121.5	145.2	7.7
人力资源	100.0	115.7	128.3	138.5	147.4	152.9	8.9
时序指数	100.0	103.0	114.1	120.5	124.4	121.9	4.0

资料来源：赛迪智库整理计算，2017 年 1 月。

纵向来看，甘肃工业发展质量时序指数自 2010 年的 100.0 上涨至 2015 年的 121.9，年均增速为 4.0%，大大低于全国平均增速。

甘肃在结构调整、两化融合、人力资源方面表现相对较好，年均增速分别为 8.7%、7.7% 和 8.9%。结构调整方面，小型工业企业主营业务收入增速增长较快，达 15.8%，高于全国平均水平；500 强企业占比没有变化。两化融合方面，互联网普及率年均增速为 9.4%，表现最好，但工业应用信息化水平增幅略低于全国平均增速。人力资源方面，工业城镇单位就业人员平均工资增速达到 11.3%，基本与全国平均增速持平。

资源环境方面，单位工业增加值能耗和工业主要污染物排放强度明显降低；工业固体废物综合利用率增速为 8.8%，大大高于全国平均水平；工业污染治理投资强度呈现下降趋势，增速为 -2.4%。

甘肃在速度效益、技术创新方面提升比较缓慢，特别是速度效益下降幅度较大，年均增速分别为 -13.2%、2.7%。速度效益方面，工业增加值年均增速为 11.6%，保持较快增长，但其余三项指标表现不佳，均呈现负增长。特别是工业成本费用利润率和工业主营业务收入利润率下降幅度分别达到 -173.7% 和 -174.9%；技术创新方面，只有单位 R&D 经费支出发明专利与全国平均水平基本持平，其余各项指标均低于全国，而大中型工业企业新产品销售收入占比表现不佳，年均增速为 -0.4%。

（2）截面指数

表 10 – 58　2010—2015 年甘肃工业发展质量截面指数排名

	2010	2011	2012	2013	2014	2015
速度效益	30	27	27	29	28	29
结构调整	29	27	15	19	28	28
技术创新	25	28	25	25	24	27
资源环境	12	19	11	24	27	30
两化融合	29	29	29	28	29	29
人力资源	30	19	21	25	25	27
截面指数	30	30	24	28	29	30

资料来源：赛迪智库整理计算，2017 年 1 月。

横向来看，甘肃工业发展质量截面指数多年来都处于全国下游，2015 年截面指数为 16.4，排在全国第 30 位，较 2014 年进一步下滑，处于全国最后。

2015 年，甘肃各项指标均处于全国下游水平，技术创新和人力资源排名都在第 27 位。技术创新方面，多项指标也均处于全国下游水平，只有大中型工业企业 R&D 人员投入强度略好，表明甘肃的技术创新能力不强。人力资源方面，第二产业全员劳动生产率增速表现一般，排名全国第 19 位，而工业城镇单位就业人员平均工资和就业人员平均受教育年限都处于全国偏下水平，全国排名分别为第 25 位和第 26 位。

结构调整方面，处于全国第 28 位。500 强企业占比表现略好，其他各项指标均处于全国下游水平。其中，高技术制造业主营业务收入占比、工业制成品出口占比表现不佳，表明工业发展层次低。

速度效益和两化融合均排名全国第 29 位。速度效益方面，仅工业增加值增速表现相对较好，排名全国第 16 位；但是工业成本费用利润率和工业主营业务收入利润率均处于全国最后，提升空间较大。两化融合水平方面，工业应用信息化水平、电子信息产业占比和互联网普及率均处于较低水平，分别排名第 26 位、第 28 位和第 27 位。

资源环境方面，处于全国第 30 位，其中各项指标均表现不佳，工业污染治理投资强度、单位工业增加值能耗、工业主要污染物排放强度、工业固体废物综合利用率和工业污染治理投资强度排名均处于全国下游水平。

（3）原因分析

2010—2015 年，甘肃人力资源和技术创新发展较好，但是速度效益、结构调整、两化融合、资源环境等方面表现不理想，需要加快发展。

甘肃工业以石化、有色、电力、食品、建材行业为主，自 2013 年以来，受经济增速放缓、需求疲软、主要工业产品价格下行等因素的影响，全省工业经济下行压力逐步增大。

近年来，为破解科技人才短缺的困局，甘肃提出要善借外力，以更加优惠的政策、灵活的方式、超常规的举措，加快引进紧缺高素质人才。2012 年以来，从中国科学院等科研单位引进科技人才 20 名，把挂职服务机制化、长效化，通过定期轮换的方式，解决人才引进机制固化的问题。2014 年出台了《甘肃省人民政府关于支持兰州新区引进高层次人才政策的意见》，从安居、科研、创业、培训、激励、税收、保障七个方面支持引进高层次人才。

科技创新方面，近年来，先后实施了新能源、新材料、先进装备制造、节能及清洁生产关键技术等十个涉及国计民生的科学研究、技术开发重大专项，编制了战略性新兴产业首批 16 家骨干企业技术路线图。2014 年甘肃科技进步水平从 2011 年的全国第 25 位上升至全国第 19 位。科技创新环境日益优化，修订了《甘肃省专利条例》《甘肃省科学技术进步条例》《甘肃省促进科技成果转化条例》等方面的政策法规。全省科技实力继续提升，创新驱动发展成效显著。

资源环境方面，甘肃地处黄土高原，生态环境非常脆弱。面临的主要问题是：水土流失严重、水资源匮乏、天然草地退化严重等。铝冶炼、煤化工等高能耗、高排污强度行业在工业中所占比重还比较大，主要污染减排治理难度大，冬季大气污染形势依然严峻，保护环境的任务艰巨。

3. 结论与展望

综合时序指数和截面指数来看，甘肃工业发展质量较为落后。在速度效益、结构调整、资源环境、两化融合等方面需要采取有力措施，扭转在全国排名落后的局面。

结构调整方面，围绕五大传统产业集群和五大新兴产业集群建设，重点发展先进装备制造、新材料、智能制造、生物医药和信息技术等重点领域，形成比较完整的新能源装备制造产业链，建设河西地区新能源成套装备产业化基地，加快创建国家中医药产业发展综合试验区，推进金昌有色金属新材料产业基地和白银军民结合化工新材料产业化示范基地建设。

资源环境方面，在酒泉、嘉峪关、金昌、白银、平凉、庆阳等地区大力发展循环经济产业，提升矿渣、冶金渣、煤矸石、选矿废石等资源回收分选回用和综合利用水平，构建良性循环耦合的产业布局。加快推动钢铁、有色、化工、建材、轻工等传统制造业清洁生产，实现少排放甚至"零排放"。

技术创新方面，实施制造业创新中心建设工程，支持行业龙头企业联合科研院所和高等院校共建产业技术创新战略联盟（研究院），建设一批促进制造业协同创新的公共服务平台。

两化融合方面，实施"互联网＋制造"行动计划，突出抓好"互联网＋制造"和"互联网＋小微企业"两个应用，实施智能制造工程，加快机械、电子、汽车、轻工、纺织、食品等行业生产设备的智能化改造，提高精准制造、敏捷制造能力，重点建设信息化综合集成、大型装备智能化、业务协同创新、两化融合服务支撑体系。

二十八、青海

1. 总体情况

（1）宏观经济总体情况

2016 年，青海实现地区生产总值 2572.49 亿元，同比增长 8.0%。一、二、三产业增加值分别为 221.19 亿元、1249.98 亿元和 1101.32 亿元，分别增长 5.4%、8.5%和 8.0%。

2016 年，青海省固定资产投资 3533.19 亿元，同比增长 10.9%。其中，第一产业投资为 159.56 亿元，同比增长 7.4%，第二产业投资额为 1302.67 亿元，同比下降 10.9%；第三产业投资额为 2070.96 亿元，同比增长 31.5%。二产中，工业投资额为 1193.44 亿元，同比下降 8.5%。2016 年，青海省社会消费品零售总额 767.30 亿元，同比增长 11.0%；进出口总额为 100.78 亿元人民币，同比下降 15.9%。

（2）工业经济运行情况

2016 年，青海全部工业增加值达到 901.68 亿元，按可比价格计算，比上年增长7.4%，规模以上工业增加值同比增长7.5%。按轻、重工业来分，轻工业保持快速增长，同比增长13.6%，占规上工业增加值的19.1%，比重比上年提高1.7个百分点；重工业增长平稳，同比增长6.2%，占规模以上工业增加值的80.9%。从各主要行业增加值变化情况看，通用设备制造业增长最快，增幅高到64.9%；其次是电气机械和器材制造业，增幅为47.5%；第三位是食品制造业，增幅为26.8%；而医药制造业降幅最大，同比下降了11.0%；其次为黑色金属冶炼和压延加工业，同比下降4.7%。

2. 指标分析

（1）时序指数

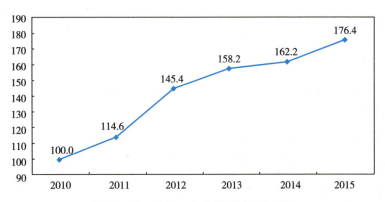

图 10 - 29　青海工业发展质量时序指数

资料来源：赛迪智库整理计算，2017年1月。

表 10 - 59　2010—2015 年青海工业发展质量时序指数

	2010	2011	2012	2013	2014	2015	2010—2015 年平均增速（%）
速度效益	100.0	109.9	91.0	84.4	73.9	66.9	-7.7
结构调整	100.0	127.4	229.8	261.9	189.4	222.5	17.3
技术创新	100.0	73.8	112.6	103.9	126.1	142.6	7.4
资源环境	100.0	145.6	133.0	150.3	234.8	197.8	14.6
两化融合	100.0	111.0	113.8	130.3	162.2	234.9	18.6
人力资源	100.0	111.6	128.0	144.0	156.9	161.5	10.1
时序指数	100.0	114.6	145.4	158.2	162.2	176.4	12.0

资料来源：赛迪智库整理计算，2017年1月。

纵向来看，青海工业发展质量时序指数从 2010 年的 100.0 上涨至 2015 年的 176.4，年均增速为 12.0%，大大高于全国平均增速。

青海在结构调整、资源环境、两化融合方面均保持了两位数以上增长，年均增速分别为 17.3%、14.6% 和 18.6%，均大幅超过全国平均水平。结构调整方面，小型工业企业主营业务收入增幅较大，年均增速高达 22%，工业制成品出口占比年均增速为 26.2%，只有 500 强企业占比增速下降了 7.8%，拖累了结构调整的步伐。两化融合方面，电子信息产业占比呈现高速增长，年均增速为 27.5%，大大高于超过全国 5.5% 的平均水平。互联网普及率表现良好，年均增速为 10.2%。资源环境方面，工业污染治理投资强度年均增速达到 28.3%，而全国年均增速只有 6.5%。工业主要污染物排放强度也出现了大幅降低，远低于全国平均水平。

青海在人力资源方面整体表现明显好于全国平均水平。人力资源方面的提升相对较快，年均增速为 10.1%。工业城镇单位就业人员平均工资和第二产业全员劳动生产率两项指标发展相对均衡，年均增速分别为 15.1% 和 10.1%，高于平均增速 1.4 个和 2.8 个百分点。

青海在速度效益和技术创新方面表现不理想。速度效益方面，除工业增加值增速为 11.1%，高于全国 7.9% 的平均水平之外，其余三项指标均呈现负增长，其中工业成本费用利润率和工业主营业务收入利润率下降幅度分别为 24.8% 和 23.5%。技术创新方面，只有大中型工业企业单位 R&D 经费支出发明专利一项指标呈现大幅增长，其他指标均出现下滑，其中大中型工业企业 R&D 人员投入强度下降幅度最大，年均增速为 -9.7%，使得技术创新的整体增速也呈现负增长趋势。

（2）截面指数

表 10-60　2010—2015 年青海工业发展质量截面指数排名

	2010	2011	2012	2013	2014	2015
速度效益	7	5	12	21	26	26
结构调整	28	10	27	21	17	27
技术创新	30	30	29	30	30	30
资源环境	30	29	29	30	30	27

	2010	2011	2012	2013	2014	2015
两化融合	28	27	26	25	24	27
人力资源	7	25	5	12	9	26
截面指数	29	26	30	30	27	28

资料来源：赛迪智库整理计算，2017年1月。

横向来看，青海工业发展质量截面指数多年来都处于全国落后位置，2015年截面指数为18.9，排在全国第28位，较2014年下降了1个名次。

青海各项指标在全国的排名均处于较后位置。速度效益和人力资源均排名第26位。速度效益方面，工业增加值增速处于中等位置。总资产贡献率、工业成本费用利润率、工业主营业务收入利润率都处于全国下游水平，大大拉低了速度效益方面的整体排名。人力资源方面，第二产业全员劳动生产率排名第10位，工业职工平均工资增速和就业人员平均受教育年限在全国都在20位之后。

青海在结构调整、资源环境和两化融合方面都处于全国第27位。结构调整方面，各项指标均处于全国下游水平，其中工业制成品出口占比排名第30位，表现最差。资源环境方面，工业污染治理投资强度表现最好，排名全国第6位，属于上游水平，但是单位工业增加值能耗、主要污染物排放强度和工业固体废物综合利用率排名均位居全国下游。两化融合方面，互联网普及率表现较好，全国排名第10位，但是工业应用信息化水平和电子信息产业占比则比较落后，分别排在第30位和第23位，基础相对薄弱。

青海在技术创新方面表现较差，处于全国末位。大中型工业企业R&D经费投入强度、大中型工业企业R&D人员投入强度和大中型工业企业新产品销售收入占比三项指标都处于全国最后一位，需要大力提高。

（3）原因分析

2010—2015年，青海工业在两化融合、资源环境、人力资源方面总体表现较好，结构调整方面取得一定成效，技术创新方面仍需要改进。

两化融合方面，青海实施了"互联网＋"工业融合创新重点工程，推动以信息化集成技术应用为主的"智能制造"，开展"互联网＋"工业应用示范、大数据应用，建立了两化融合评估指标体系和统计分析平台，建成全国首个藏文搜索引擎："云藏"。目前，已经有7户企业入选国家级两化融合贯标试点企业。另外，还在加快建设智慧城市云数据平台、光伏电站质量检测大数据应用平台，以及网络舆情、电子政务、智慧旅游等云平台。全省大中型企业信息化应用率达到80%以上，规模以上中小企业信息化应用率达到60%，

结构调整方面，十大特色优势产业比重进一步提升，新能源、新材料、装备制造等产业发展迅速。特别是新材料产业实现新突破，制订了《青海省"十三五"新材料产业发展规划》和《青海省促进新材料产业发展政策措施》，在锂电新材料、金属合金新材料、光电新材料、新型化工新材料、光伏及电子信息新材料等领域不断加大投资，完善产业链条，产业规模和发展水平得到较大幅度提升。同时还出台了《中国制造2025青海行动方案》，西宁市计划申报"中国制造2025"试点示范城市。

资源环境方面，青海工业坚持走绿色低碳循环发展之路，构建绿色低碳循环现代工业体系。实施技术改造、培育节能服务产业、加强监督检查、推进园区循环化改造等措施，加快建设国家循环经济发展先行区。

技术创新方面，突破了一批共性关键技术，加快先进适用新技术、新工艺、新装备加快推广应用。但是青海自主创新能力弱，企业研发水平偏低，创新人才和关键核心技术少，技术研发对产业发展的支持力度不足。

3. 结论与展望

综合时序指数和截面指数来看，青海工业发展质量一直处于全国偏后位置。未来，应加快调整产业结构，发挥资源优势，提升传统产业发展动能，大力发展新兴产业，努力培育经济增长新动力。特别是要在技术创新方面采取有力措施，切实提高创新能力。

结构调整方面，继续发挥盐湖化工、有色冶金、能源化工和建材等传统产业的优势，加快转型升级、提质增效。培育一批有基础、有优势、有竞争力的新兴产业，逐步使其成为引领工业经济发展的主导产业。着力打造锂电、新材料、光伏光热和盐湖资源综合利用4000亿产业，使其成为带动全省工业发展的"新引擎"。

技术创新方面，建立健全以企业为主体、市场为导向、产学研用相结合

的开放型区域技术创新体系。着力突破涉及盐湖化工、有色冶炼、新能源、新材料等领域共性关键技术，为产业向高端化、规模化方向发展提供支撑。大力推动创新平台建设，着力构建"政产学研用金介"协同创新体系。

两化融合领域，落实《关于推动制造业与互联网融合发展的实施意见》，建设一批数字化车间、智能化工厂、智能制造典型示范中心；培育大数据产业，推动智慧交通、智慧医疗、智慧教育、城市地理信息等工程实施，推动全省各基层组织特别是民族地区基层组织信息化建设，提高基本信息化工作能力。

资源环境方面，着力推进产业集聚发展，切实形成区域大循环、产业中循环和企业小循环的循环经济产业发展格局。推动循环经济园区建设，形成"资源—产品—废弃物—再生资源"闭合式循环经济发展模式。推行绿色集约生产方式，增强绿色精益制造能力，大幅降低能耗、物耗和水耗水平。

二十九、宁夏

1. 总体情况

（1）宏观经济总体情况

2016年，宁夏实现地区生产总值3150.06亿元，同比增长8.1%。其中，第一产业增加值239.96亿元，第二产业增加值1475.51亿元，第三产业增加值1434.59亿元，同比增速分别为4.5%、7.8%和9.1%。三大产业的结构比为7.6∶46.8∶45.6。

2016年，宁夏固定资产投资为3835.46亿元，同比增长8.6%。其中，第一产业投资162.21亿元，第二产业投资1641.40亿元，第三产业投资2031.85亿元，同比增速分别为19.9%、-1.3%和17.1%。民间投资达2104.79亿元，同比增长13.8%。2016年实现社会消费品零售总额850.10亿元，同比增长7.7%。全年实现进出口总额216.3亿元，同比下降6.4%。其中，出口总额165.5亿元，进口总额50.8亿元，同比增速分别为-9.4%和6.2%。全年农民人均纯收入9852元，同比增长8.0%；全年城镇居民人均可支配收入27153元，同比增长7.8%。

（2）工业经济运行情况

2016 年，宁夏规模以上工业实现工业增加值 1039.7 亿元，同比增长 7.5%。其中，轻工业增加值 200.7 亿元，重工业增加值 839.0 亿元，同比增速分别为 15.2% 和 5.8%。从重要支柱行业看，煤炭、化工、轻纺和医药增长迅猛，增速分别为 18.3%、10.3%、14.0% 和 29.2%。

2. 指标分析

（1）时序指数

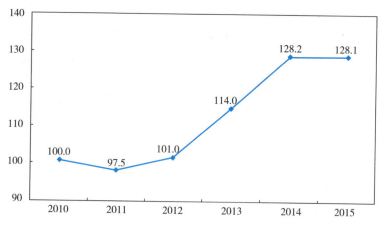

图 10 – 30　宁夏工业发展质量时序指数

资料来源：赛迪智库整理计算，2017 年 1 月。

表 10 – 61　2010—2015 年宁夏工业发展质量时序指数

	2010	2011	2012	2013	2014	2015	2010—2015 年平均增速（%）
速度效益	100.0	103.3	86.0	92.7	80.7	76.6	– 5.2
结构调整	100.0	83.4	76.2	81.5	95.1	107.5	1.5
技术创新	100.0	109.7	124.0	137.7	133.6	154.1	9.0
资源环境	100.0	90.9	113.1	164.3	218.6	142.8	7.4
两化融合	100.0	98.6	102.8	94.2	115.8	165.1	10.5
人力资源	100.0	112.1	120.6	124.6	131.8	134.7	6.1
工业发展质量指数	100.0	97.5	101.0	114.0	128.2	128.1	5.1

资料来源：赛迪智库整理计算，2017 年 1 月。

纵向来看，宁夏工业发展质量时序指数自 2010 年的 100.0 上涨至 2015 年的 128.1，年均增速为 5.1%，略低于全国平均增速。

分类指标中，宁夏在技术创新、资源环境、两化融合方面的表现好于全国平均水平。具体看，技术创新年均增速为 9%，其中，单位 R&D 经费支出的发明专利数年均增速为 11.8%；工业新产品占比的年均增速为 7.9%，大大高于全国平均 2.3% 的水平。资源环境方面，工业主要污染物排放强度、工业污染治理投资强度两项指标发展较好，年均增速分别为 11.5% 和 10.9%。两化融合方面年均增速达到 10.5%，宁夏推进整体较快，互联网普及率的年均增速为 12%，电子信息产业占比的年均增速为 12.7%。

宁夏在速度效益、结构调整、人力资源的表现，低于全国平均水平。速度效益方面，年均增速为 -5.2%，主要指标中，工业成本费用利润率、工业主营业务收入利润率、总资产贡献率年均增速分别为 -19.9%、-19.6% 和 -9.6%，仅有工业增加值的年均增速为 11.6%，略高于全国平均水平。宁夏在结构调整方面表现不佳，年均增速 1.5%，大幅低于全国平均水平（8.9%），其中，高技术产业占比负增长，没有新增 500 强企业，但规上小企业主营业务收入增速较快，达 15.9%。人力资源方面，年均增速为 6.1%，其中，工业企业职工平均工资增速为 7.7%，大幅低于全国平均水平，就业人员受教育水平提升较慢，年均增速仅为 0.4%，比全国低 1.4 个百分点；第二产业全员劳动生产率平均增速为 7.8%。

（2）截面指数

表 10-62　2010—2015 年宁夏工业发展质量截面指数排名

	2010	2011	2012	2013	2014	2015	2010—2015 年均值
速度效益	27	23	28	24	29	27	28
结构调整	26	30	28	28	19	21	28
技术创新	23	19	19	19	19	16	19
资源环境	23	27	18	11	10	12	15
两化融合	23	24	23	27	25	25	25
人力资源	2	15	12	19	10	22	8
截面指数	26	29	29	25	21	24	26

资料来源：赛迪智库整理计算，2017 年 1 月。

横向来看，宁夏工业发展质量截面指数处于全国落后位置，2015 年截面指数为 29.3，排在全国第 24 位，比上一年下降 3 个位次。

2015 年，宁夏资源环境和技术创新处于全国中游水平，分别排在第 12 位和第 16 位。具体来看，资源环境方面，工业污染治理投资强度表现突出，排名全国第 1 位；工业固体废物综合利用率也位居中游水平，排名第 15 位。技术创新方面，单位 R&D 经费支出的发明专利数表现最好，排名全国第 5 位，位居上游水平；工业新产品占比居中等水平，排名第 19 位，R&D 经费投入强度和 R&D 人员投入强度均处于下游水平，分别位于第 23 位和第 21 位。

宁夏在速度效益、结构调整、两化融合和人力资源方面处于全国下游水平。速度效益方面，工业增加值增速排名第 11 位，属于中游水平；但是总资产贡献率、工业成本费用利润率和工业主营业务收入利润率均居全国第 28 位。结构调整方面，规上小企业主营业务收入排名全国第 7 位，属于中等偏上水平；但是高技术产业占比、500 强企业占比和工业制成品出口占比排名都比较落后。两化融合方面，互联网普及率表现相对较好，位次逐年提升至中游水平，2015 年排在第 16 位；但是工业应用信息化水平和电子信息产业占比分别排名第 23 位和第 24 位，属于下游水平。人力资源方面，第二产业全员劳动生产率表现较好，排名第 6 位，但工业职工工资增速和就业人员平均受教育年限均排名落后。

（3）原因分析

2010—2015 年，宁夏在资源环境、技术创新方面的水平不断提高，但是在两化融合、速度效益、结构调整、人力资源等方面仍需努力。

资源环境方面。宁夏回族自治区出台化解产能过剩矛盾实施方案（2013—2017 年），通过采取坚决控制新建项目、清理整顿违规建成产能等措施，限制水泥、电解铝、钢铁等产能过剩行业低水平扩张，化解产能过剩工作取得了一定成效。宁夏已经启动实施环境保护、大气污染防治、节能降耗和宁东基地环境保护 4 个行动计划，单位 GDP 能耗、单位 GDP 二氧化碳排放和化学需氧量、二氧化硫、氨氮、氮氧化物排放完成"十二五"目标任务。

技术创新方面。宁夏实施一批重大科技专项、攻克一批支撑产业发展共性关键技术，以培育一批创新创业典型企业为抓手，引导企业加大科技投入，企业研发经费占全社会 R&D 经费支出比重达到 75%，成为研发投入和技术创新主体。大力培育科技型企业，2015 年宁夏的创新型（试点）企业达到 50 家，科技型中小企业达到 274 家，高新技术企业达到 62 家，高新技术企业总产值达到200多亿元。

两化融合方面。信息技术逐步渗透到工业企业的研发设计、生产制造、生产管理、市场营销、财务管理、经营决策等各个业务环节，但宁夏的量化融合程度不高，2015年企业数字化研发工具使用率达到43.16%，企业关键工序数控化率达到23.5%。

速度效益方面。宁夏出台《关于促进工业经济平稳增长的意见》，提出设立新型工业化担保基金等十条措施，助力工业转型升级和结构优化，促进工业经济平稳增长。但宁夏的传统企业占比高，导致整体增长速度不高。2015年宁夏的工业增加值979.7亿元，比上年增长7.4%，部分行业出现同比下降情况，其中冶金行业同比下降21.9%、建材行业同比下降9.2%、电力行业同比下降3.7%。

结构调整方面。宁夏推进工业转型升级，2015年战略性新兴产业增加值占GDP比重8.2%，轻工业增加值占工业比重提高到17.9%；新能源装机占电力装机的比重达到36%，被列为全国首个国家新能源综合示范区；新型煤化工产能增加2.9倍，宁东成为全国最大的煤制烯烃生产基地。但民营经济活力仍有待提高，非公经济比重不足一般47%。

人力资源方面。高层次创新人才短缺，特别是"两院院士""千人计划"等领军人才更是十分缺乏，严重影响全区科技创新能力提升。科技人才数量少，缺少领军人才，大部分企业存在着"四少一低"现象，即科技投入少、科技创新平台少、科技创新人才少、科技成果数量少和研发水平低，2015年全区1178家规上工业企业中有科研平台的企业不足20%，低于全国同期27%的平均水平。

3. 结论与展望

综合时序指数和截面指数来看，宁夏工业发展质量整体处于全国下游水平。目前，宁夏的工业化、城镇化新动能正在形成，新的增长点和增长动力正在培育，深化改革的红利正在释放，当前，全区要在两化融合、速度效益、结构调整、人力资源等方面加大提升力度。

未来，宁夏要在以下几个方面着手。一是突出提升两化融合的创新能力。持续推动全区企业两化融合管理体系贯标，提升现代化管理水平，形成企业主动参与贯标达标的良好氛围。完善两化融合市场化服务体系，鼓励两化融合应用成效显著的企业或两化融合服务能力强的软件企业、科研院所，开展行业企业两化融合建设研究和咨询，形成两化融合综合解决方案。二是提质增效，全面促进传统产业转型升级。加快信息技术与研发设计、生产制造、企业管理等制造业的关键环节融合，构建龙头企业主导、中小企业配套的产业链协同创新模式，推动冶金、建材、化工等原材料行业，加强产业链上下游企业信息共享和业务协作。三是推动工业园区和产业集群发展。依托新型工业化产业示范基地和工业园区，以宁东基地和五市工业园区为重点，开展智慧园区创新示范，培育两化融合公共服务示范平台，为产业集群和工业园区提供新产品研发、质量检测、硬软件租赁、信息服务、物流服务、金融服务、招商引资、咨询培训等多元化公共服务。

三十、新疆

1. 总体情况

（1）宏观经济总体情况

2016年，新疆实现地区生产总值9617.23亿元，比上年增长7.6%。比全国平均增速高出0.9个百分点。一、二、三产业增加值分别为1648.97亿元、3585.22亿元和4383.04亿元，同比增速分别为5.8%、5.9%和9.7%。

2016年，新疆全区固定资产投资9983.86亿元，比上年下降6.9%。其中，第一产业投资498.01亿元，同比增长35.9%；第二产业投资3879.67亿元，同比下降25.1%；第三产业投资5606.18亿元，同比增长8.1%。2016年新疆货物进出口总额相比上年有所下降。

（2）工业经济运行情况

2016年，新疆实现规上工业增加值2440.94亿元，同比增长3.7%。其中，轻工业366.20亿元，同比增长11.7%，重工业2074.74亿元，同比增长2.5%。公有制经济为1507.78亿元，同比下降1.1%；非公有制经济为933.16亿元，比上年增长13.4%。地方企业为1275.54亿元，比上年增长10.6%；中央企业为1165.40亿元，比上年下降2.2%。

2. 指标分析

（1）时序指数

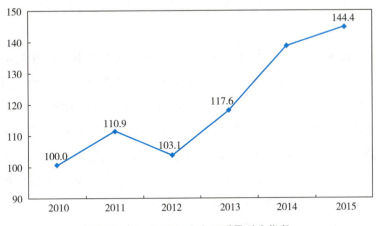

图 10 – 31 新疆工业发展质量时序指数

资料来源：赛迪智库整理计算，2017 年 1 月。

表 10 – 63 2010—2015 年新疆工业发展质量时序指数

	2010	2011	2012	2013	2014	2015	2010—2015 年平均增速（%）
速度效益	100.0	97.9	88.4	83.5	79.1	65.5	−8.1
结构调整	100.0	120.1	97.6	117.8	127.0	143.5	7.5
技术创新	100.0	109.3	97.6	113.8	131.9	150.7	8.5
资源环境	100.0	107.8	94.5	138.1	166.1	136.4	6.4
两化融合	100.0	113.4	131.8	123.6	198.0	235.6	18.7
人力资源	100.0	110.7	123.2	128.0	137.1	142.9	7.4
工业发展质量指数	100.0	110.9	103.1	117.6	138.3	144.4	7.6

资料来源：赛迪智库整理计算，2017 年 1 月。

纵向来看，新疆工业发展质量时序指数自 2010 年的 100.0 上升至 2015 年的 144.4，年均增速为 7.6%，高出全国平均增速 1.6 个百分点。

新疆在两化融合、技术创新和资源环境方面的表现优于全国平均水平，年均增速分别为 18.7%、8.5% 和 6.4%。两化融合方面，2015 年互联网普及率达到 54.9%，在 2010 年该指标仅为 37.9%；电子信息产业占比从 2010 年的 0.3%，上升到 2015 年的 1%。技术创新方面，工业企业单位 R&D 经费支出发明专利数增速明显，年均增速为 19.5%；工业企业新产品销售收入占比年均增速为 6.1%。资源环境方面，工业污染治理投资强度的年均增速为 13.3%，但单位工业增加值能耗、主要污染物排放强度的表现均弱于全国水平。

新疆在结构调整、人力资源方面的表现与全国水平相近，年均增速分别为 7.5%、7.4%。结构调整方面，其中表现最好的是规上小企业主营业务收入，年均增速为 16.9%，500 强企业占比的年均增速为 14.9%；但工业制成品出口占比和高技术产业占比的增速都出现下降，分别为 −2.5% 和 −1.7%。人力资源方面，工业城镇单位就业人员平均工资增速达到 13%，快于全国平均 1.4 个百分点，第二产业全员劳动生产率、就业人员平均受教育年限的年均增速较低，分别为 4.6% 和 1.1%。

新疆在速度效益方面表现弱于全国水平，年均增速为 −8.1%。企业成本上升，利润率明显下滑，2015 年工业成本费用利润率、工业主营业务收入利润率分别为 4.5% 和 4.2%，大幅低于全国水平。仅工业增加值增速为年均 10.4%，比全国平均水平高 2.5 个百分点。

（2）截面指数

表 10 −64　2010—2015 年新疆工业发展质量截面指数排名

	2010	2011	2012	2013	2014	2015	2010—2015 年均值
速度效益	2	4	3	2	7	25	3
结构调整	24	29	25	26	22	22	25
技术创新	29	29	30	29	29	28	29
资源环境	29	28	30	29	28	25	29
两化融合	27	26	24	21	22	23	23
人力资源	12	3	3	9	8	10	5
截面指数	24	20	23	24	24	26	24

资料来源：赛迪智库整理计算，2017 年 1 月。

横向来看，新疆工业发展质量截面指数多年来都处于全国偏下水平，2015 年截面指数为 25.8，排在全国第 26 位，比上一年下降了 2 名。

新疆在人力资源方面领先优势，2015 年排名第 10 位。第二产业全员劳动生产率均表现不错，排在第 3 位；就业人员平均工资增速、就业人员平均受教育年限分别排在第 24 位和第 17 位。

结构调整、两化融合的表现处于全国下游，分别位居第 22 位和第 23 位。结构调整方面，规上小企业主营业务收入排名第 10 位，属于上游水平；但高技术产业占比排名第 30 位，工业制成品出口占比排名第 29 位，基础较差。两化融合方面，互联网普及率表现不错，位居 9 位，属于上游水平；但电子信息产业占比排名 26 位，工业应用信息化水平排名第 24 位，拉低了两化融合整体的排名水平。

技术创新、速度效益和资源环境方面的表现不理想，分别排在第 28 位、第 25 位和第 25 位。技术创新方面，表现相对较好的单位 R&D 经费支出的发明专利数，位居第 12 位，较前一年上升 3 位，但其余三项指标均处于偏低水平。速度效益方面，由于工业成本费用利润率和工业主营业务收入利润率大幅下滑，2015 年排名第 25 位，比前一年大幅下滑 18 位，工业成本费用利润率、工业主营业务收入利润率排名均在第 24 位。资源环境方面，工业污染治理投资强度排在第 3 位，排名靠前，但单位工业增加值能耗、工业主要污染物排放强度、工业固体废物综合利用率分别排在第 29 位、第 29 位和第 24 位，表明新疆的整体环保情况仍然大幅落后全国水平。

（3）原因分析

在大宗商品等重化工产品价格下降影响下，2010—2015 年，新疆在速度效益方面明显下滑，资源环境、技术创新、结构调整等方面有所改善，但软实力明显进步，两化融合、人力资源两个方面的表现较好。

速度效益方面。虽然新能源、新材料等战略性新兴产业成长，但新疆依赖能源资源产业格局基础没有改变。工业发展受到全球大宗商品价格波动影响明显，2010 年以后，工业规模虽然在扩张，但增速明显下滑。2015 年新疆工业增加值 2690.04 亿元，比上年增长 5.4%，较 2010 年下滑 7.2 个百分点。分产业看，重工业 2194.63 亿元，同比增长 4.9%。按石油非石油工业划分，石油工业增加值 876.56 亿元，同比增长 0.8%。

资源环境方面。初步核算，全年能源消费总量 1.57 亿吨标准煤，比上年增长 4.9%。万元地区生产总值能耗比上年下降 3.63%。传统优势产业发展步伐加快；现代化煤矿建设取得成效，电力装机和发电量分别增长 3.5 倍和 3.1 倍。

结构调整方面。新疆推进特色现代产业体系建设，加快新型工业化发展，产业结构调整有了明显进步，其中，非石油工业比重超过60%，彻底扭转石油工业"一业独大"的格局。

技术创新方面。2015年新疆实现了国家重点实验室零的突破，已经培养了一批高层次创新人才、创新团队和少数民族科技骨干，专利申请量突破万件大关，授权量翻了一番，新疆的高新技术企业424家，国家和自治区工程技术研究中心129个。

两化融合方面。新疆出台了信息化和工业化深度融合专项行动计划，推动重点行业大中型企业两化融合水平，加快中小企业应用信息技术开展研发、管理和生产控制，2015年，新疆已有两化融合示范企业310家、两化融合试验区10家。

人力资源方面。政府出台了《新疆维吾尔自治区中长期人才发展规划纲要（2010—2020年)》和《加快人才发展的若干意见》等政策，推出高层次人才选拔培养引进、高技能人才引进激励和建设人才管理改革试验区等一批配套措施，人才开始向新疆聚集。据统计，2014年新疆共需各类紧缺人才16231人，2015年为18849人，较2014年同比上升了16.1%。

3. 结论与展望

综合时序指数和截面指数来看，新疆工业发展质量处于全国下游水平。新疆工业在两化融合、人力资源方面取得一定成绩，资源环境、技术创新、结构调整方面有所改善，但未来，亟待扭转速度效益下滑态势，新疆应加快转变发展方式，推进新型工业化逐步向中高端迈进。

未来，新疆要在以下几个方面着手。一是提升产业链，转换工业经济增长新动力。依托新疆资源优势和现有产业基础，引导企业积极发展石油天然气下游产业，推动煤化工产业加快建设，延伸和完善钢铁、电解铝、铜镍铅锌等有色及黑色金属制品加工产业链。此外，积极推动纺织服装业发展，培育一批全面融入国际纺织服装产业链和供应链体系的"专精特新"企业。二是用好区域政策，提高制造业创新实力。依托新疆作为"丝绸之路经济带"核心区的发展机遇，利用好中央政策，有效承接东部产业转移，鼓励建立以企业为主体、政产学研用相结合的产业技术创新联盟，实施"制造业创新中心建设工程"，尽快形成一批制造业创新中心（工业技术研究基地），形成以大学科技园、各类创业园、创业服务中心等为依托，推动政产学研用合作，建立校企合作研发中心，积极推动产学研联合开发示范基地建设。切实加大政府投入力度，建立创新型企业奖励制度，培育一批国家级、自治区级技术创新示范企业。三是推动"互联网＋制造业"深度融合。新疆围绕重点制造领域关键环节，加快信息技术与装备制造融合创新。发展云制造，开展工业云及工业大数据创新应用试点，支持制造业云平台建设，推进服务型制造和生产性服务业发展，加快开展物联网技术应用示范。实施"两化融合提升工程"，加快企业设计数字化、装备智能化、生产自动化。实施企业信息化提升"1000 家示范、300 家试点、50 家推广应用"计划，推动钢铁、石化、有色、建材等主要耗能设备和工艺流程智能化改造，加强对能源资源的实时监测、精确控制和集约利用。

展望篇

第十一章　机遇与挑战

2016 年，面临严峻复杂的经济形势，我国工业在"十二五"时期工作成果基础上，结合当前世界产业发展新态势、竞争新特点，充分认识我国制造业发展潜力和困难，坚持不懈推进结构调整优化，大力推进融合发展，积极扩大消费需求，化解过剩产能，在工业领域取得了一系列突破性进展，为未来工业发展打下了良好基础，创造了更多机遇。在年底举办的 2017 年全国工业和信息化工作会议上，主要提出以新发展理念为引领，以推进供给侧结构性改革为主线，聚焦市场需求、借鉴国际经验，着力深化简政放权、放管结合、优化服务和财税、金融等重点改革，完善政策支持，并着力把"中国制造 2025""互联网＋"和"大众创业、万众创新"进一步紧密结合起来，形成新动能培育与传统动能改造提升互促共进的良性循环。但仍需了解，2017年仍是我国经济转型结构调整的关键年，工业领域仍面临较大的下行压力，在有效需求、企业生产成本和产品竞争力等方面还存在改进空间。

第一节　机遇

一、工业经济形势企稳，稳增长调结构效果显著

一是工业增速逐渐稳定。同 2015 年相比，2016 年全年工业增速稳中向好，整体增长稳定在 6% 左右。工业生产方面，由于经历工业品价格的反弹和"调结构"政策刺激效果的逐渐显现，工业生产系统性下滑的风险有所缓解，工业企业利润和主营业务收入都实现增长目标。同时得益于 2016 年工业品价格的普遍大幅上涨，主要工业品产量增速在 8 月几乎全部转正，并在之后的

几个月中小幅增长。

二是消费对工业的拉动作用增强。2016 年全年消费增长速度总体保持平稳态势，新的消费热点尚在培育过程中。目前中国经济增长对投资的依赖有所降低，消费增长仍是三驾马车中最为稳定的驱动力，消费对经济增长的贡献率较稳定，全年居民人均可支配收入增长均高于经济增速。从工业细分行业来看，原材料锻钢铁、煤炭等去产能效果显著，缓解了供给过剩情况并增强了健康消费，成品方面汽车消费仍对整体工业消费有巨大的影响。

三是是行业去产能成效明显。2016 年在去杠杆、去产能及 PPP 项目"组合拳"推动下，工业企业效益有所改善，与工业相关的第三产业正在逐渐成为推动经济增长的主导力量。2016 年数据显示企业存货一路下行而主营业收入上行，说明去库存工作基本进入尾声。前三季度，钢铁、煤炭两个行业去产能均已完成全年目标任务量的 80% 以上，部分地区和中央企业已经提前完成全年任务。

二、培育特色产业优势，聚焦产业融合发展

一是多方发力推进"中国制造 2025"工作。伴随"一带一路"、长江经济带、京津冀协同发展等战略的陆续执行和推进，2016 年《中国制造 2025》由文件编制进入全面实施新阶段。从具体工作完成情况来看，与《中国制造 2025》相关的 5 大工程实施指南以及服务型制造、装备制造业质量品牌提升、医药产业发展等 3 个行动（规划）已指南发布实施，并配套出台了中国制造 2025 分省市指南，截至 12 月批复了 5 个城市和 3 个城市群开展城市（群）试点示范工作。

二是"制造业＋互联网"融合发展新业态形成。"十二五"期间，国务院有关部门和地方政府部门大力推进两化深度融合工作，取得初步成效。2016 年围绕供给侧改革需求，两化融合顶层设计逐步加强，不断激发制造业创新活力、发展潜力和转型动力，全国两化融合步入深化应用、变革创新、引领转型新阶段，在改造提升传统产业、培育新模式新业态、增强企业创新活力等方面的作用逐渐增强，为推动我国制造业转型升级、重塑国际竞争新优势奠定了坚实基础。

三是促进特色产业集群发展。为结合地方及产业特色，壮大产业影响力和竞争力，工信部联合财政部深入推广了产业投资基金建设，针对智能制造及其他工业新增长点进行投资，壮大产业集群发展，并按照《工业和信息化部办公厅关于做好 2016 年工业质量品牌建设工作的通知》（工信厅科函〔2016〕104 号）要求，组织开展了首批产业集群区域品牌建设示范区申报工作，同时鼓励地方进行产业园区建设和特色小镇建设，形成了一部分示范试点。

三、创新能力不断提升，带来工业增长新动力

一是研发投入稳步增长。虽然与发达国家相比，目前我国研发投入水平依然较低，但在政府技术创新政策引导作用下，工业企业的研发投入、工业的外部合作研发投入在"十二五"期间均稳步增长，并在 2016 年圆满实现全年计划目标，质量双收。此外，工业研发活动的组织化程度也有所提升，工业企业中有研发活动的企业数量不断增加，企业设立研发机构的数量和机构人员的人数都呈现了较快的增长。

二是企业创新能力显著提升。在不断实践的过程中，坚持产学研紧密结合的产业发展模式，大力推进以企业需求为导向的研发项目立项机制，引导企业在创新链中担当主角，强化企业在技术创新中的主体地位，培育出一批具有国际竞争力的龙头企业，并充分发挥中小企业创新生力军作用，制定和实施中小企业创新成长计划等。同时采取鼓励地方政府对高新技术企业提供必要的资金支持，通过设立专项创新基金等手段支持企业创新发展。

三是大力推进创新公共平台建设。工信部以提高制造业创新能力和基础能力为重点，大力推行开放共享机制，支持成立行业及地区创新公共平台。截至 2016 年底，首个国家动力电池创新中心成立，国家级纳米技术大科学装置等一批重大的、具有一流技术服务水平的公共技术平台相继建设完成，极大地推进公共技术平台的开放共享。同时，联合地方政府积极整合分布在各研究单位、高校和企业的各类实验设备和技术平台，努力实现这部分创新资源的开放共享。

四、供给侧结构性改革不断深化，创造工业发展新格局

一是大力推进新旧动能转换。2016 年是供给侧结构性改革的深化之年，提高供给质量作为供给侧结构性改革的主攻方向，对工业领域产生了深远影响。宏观上，围绕"中国制造 2025"的实施，通过坚定不移化解产能过剩和处置"僵尸企业"，推进企业兼并重组，加大企业技术改造力度，加强质量品牌建设，加快传统产业转型升级，减少无效供给；通过实施创新驱动发展战略，加强关键核心技术攻关，提升工业基础能力，促进产业中高端发展，扩大有效供给。

二是去库存降成本成效显著。2016 年规模以上工业企业产成品库存同比增长 3.2%，增速比同期主营业务收入低 1.7 个百分点，工业产成品存货周转天数为 13.8 天，比上年减少 0.4 天，反映出全年库存稳步下降。在提升科技投入和原材料合理生产带动下，工业领域资产负债率为 55.8%，同比下降 0.4 个百分点，每百元主营业务收入中的成本为 85.52 元，同比下降 0.16 元。

三是大力提升工业生产技术含量。2016 年我国高新技术企业发展迅速，新兴产业对工业增加值的贡献显著提升，同时在传统动能转换方面取得了良好进展。2016 年全年工业技术改造投资同比增长 11.4%，增速比工业投资增速高 7.8 个百分点，占工业投资的比重为 40.6%，较上年提高 2.8 个百分点。技术类企业在我国百强企业中占比提升，同时企业也更加注重研发投入在总投资的占比。

第二节　挑战

一、工业经济增长新旧动能机制亟待构建

一是经济下行压力犹存。2016 年我国整体经济增长速度放缓，三大需求的走势呈现投资趋缓、消费平稳、出口下行的态势，内生增长动力正在逐步形成，预计 2017 年伴随着有效需求的持续萎缩，经济下行压力犹存，致使宏

观经济可能产生经济下行与通货膨胀率上行压力并存的"滞胀"风险。

二是工业产品价格面临走高风险。2016年分行业看，能源、钢铁、有色金属等大宗商品价格走高，一方面带动了PPI回稳，另一方面致使未来生产要素价格普遍上涨的可能性增加，对产业链形成成本压力，致使需求能力削弱，企业购买意愿降低，直接制约了工业经济领域的持续发展。

三是国际企业回归趋势增强。2016年下半年，我国工业产品出口情况并不乐观，原因在于为实现新一轮工业革命的胜出，德国、日本等国纷纷出台措施吸引本国制造企业回流，同时2016年底美国大选中胜选的特朗普要求制造业回归，都对我国制造业投资造成了不利影响，进一步降低了我国有效需求预期。

二、工业生产成本走高，企业进入发展瓶颈

一是劳动力成本优势递减。从2012年开始，我国作为"世界工厂"的劳动力成本优势就在逐年递减，尤其是劳动力工资水平，在超越东南亚国家地区后，逐步与发达国家水平持平。同时目前在我国劳动力工资水平前提下，还面临人口增长速度降低和人口流动性增强等问题，这些都对工业生产造成困局。

二是税费负担过重。2016年本土企业外逃情况引发了对我国企业实际税负问题的重视，同时在"营改增"深入推进阶段，企业税负不降反增等问题都会存在。未来工业结构调整会对整体产业发展情况造成影响，企业利润会在低区间游走，税费负担剥夺企业利润的情况会严重打击企业生产积极性。

三是产能过剩造成库存积压。2016年工业企业利润的回升更多是跟价格回升有关，需求作用相对较弱，表现为工业增加值与投资等没有明显回升。2017年仍面临上游行业产能过剩状况，去库存压力依然存在，同时受到经济下行压力影响，企业投资动力相应较弱，预期通过制造业投资去产能效果并不显著。

三、工业产品同质化，技术水平不高

一是工业产品非合理集聚。伴随着"中国制造2025"在全国范围内展

开，十大重点领域成为各地区和企业的发展重点，出现了同区域雷同技术、相似产品生产状况频发，致使同类工业产品在某区域过度集中，供给失衡，打击了企业创新积极性，同时也削弱了高新技术产品的竞争力。

二是工业技术过度依赖进口。目前我国工业经济发展较为缓慢，处于转型升级的调整期，为提升企业的生产效率，降低研发成本，更多大型生产商选择在国外进口先进设备，而在企业设备研发投入方面缺乏热情，有产品而无技术的企业在利润和生产多方面受到压制，形成恶性循环，导致企业无法实现独立创新。

三是工业生产仍处于产业链低端。虽然我国大力推行产融结合、积极实施制造业转型升级，但从整体来看，我国工业生产仍处于产业链中下游，产品附加值不高，技术含量不高，这就直接导致了工业企业利润水平遭遇瓶颈。

四、有效投资收窄，中小企业融资困难

一是工业投资增长受限。近几年我国工业投资增长呈阶梯状下行趋势，自 2011 年以来年均增速回落 2—3 个百分点。受当前制造业企业盈利能力下降、生产经营成本较高影响，制造业投资个位数增长已成中长期趋势，短期内难以实现投资增幅的明显回升，这就直接影响了新兴产业和高技术产业的高速发展，同时也将对优势产业保持强势造成风险。

二是企业投资风险走高。受我国整体经济软着陆和供给侧结构性改革等因素的影响，目前我国社会投资环境隐性风险增加，工业生产类企业资金流入房地产，导致实体经济虚假繁荣，生产能力被削减。同时受央行货币政策收紧影响，企业贷款需求将被进一步控制，投资风险评估也将更加严格。

三是中小企业融资困难。2016 年调查显示资金紧张的小型企业比例接近六成，达到近年来高位，融资难、融资贵是困扰中小型企业生产经营的主要阻力。受利率和信贷政策影响，目前国有银行和股份制银行对中小企业融资门槛也在不断提升，融资租赁等新型融资方式虽解决了中小企业单一融资渠道难题，但仍存在投资风险和融资隐患。

第十二章 政策展望

2017 年是实施"十三五"规划的重要一年，是供给侧结构性改革的深化之年。在过去的 2016 年，经济形势总体缓中趋稳、稳中向好，经济运行保持在合理区间，质量和效益均有所提高，实现了"十三五"的良好开局。在工业领域，产业结构转型升级工作有序推进，两化融合工作大力推动，相关文件陆续出台，多方发力实施"中国制造2025"。目前，"1 + X"规划体系编制完成，五大工程率先启动实施，钢铁等行业过剩产能化解以及"僵尸企业"处置等政策文件相继出台，2017 年预期将加强前期政策与发展规划的落实，细化相关指导意见的实施细则，推动分省"中国制造2025"规划的制定与落实。改革必然带来阵痛，我国工业经济面临当前"三期叠加"的国内背景与日益严峻的国际经贸环境，以绿色工业、工业智能化为特征的产业结构升级离不开相关的财税和金融体制改革与政策扶持。面对"逆全球化"呼声的日益高涨，预期我国将面临外部贸易环境的恶化，出口压力加大，也需要相应贸易政策调整。

第一节 扎实推进"中国制造2025"，促进新旧动能转换

国际金融危机爆发后，以美国、德国为首的发达国家开始实施"再工业化"战略，谋求抢占制造业制高点，强化高端制造业的竞争优势。另外，印度、越南等发展中国家也开始积极参与全球产业再分工，发挥劳动力等方面的成本优势，承接产业及资本转移。我国制造业面临这种"双向挤压"的严峻挑战，但同时也孕育了机遇。伴随着《中国制造2025》的出台，高端装备制造、智能制造、互联网及物联网等相关产业以及新的区域经济带孕育的优势产业将成为未来中国工业发展的中坚力量。

一、加快产业结构调整优化，化解过剩产能

根据中央经济工作会议判断，当前产能过剩和需求结构升级矛盾突出，将继续以"三去一降一补"五大任务为抓手，深化供给侧结构性改革。在去产能方面，将继续推进钢铁、煤炭以及其他产能严重过剩行业的过剩产能化解工作。一方面，依托市场、法治办法，严格执行环保、能耗、质量、安全等方面的相关法律法规和标准，通过提高行业门槛淘汰落后产能，对于不适应转型升级的"僵尸企业"，创造条件推动企业兼并重组等方式予以处置。另一方面，结合"一带一路"倡议，鼓励工业企业"走出去"，预期国家将出台更多的政策措施加强对外开放，我国对外开放内容也将发生变化，转变原有以招商引资、扩大进出口贸易为主的开放形式，积极支持中国工业企业对外交流，输出产能与技术，提高出口产品附加值。此外，吸取既往化解钢铁、煤炭等行业产能过剩的经验，要慎防因为价格波动引发的已化解产能死灰复燃。

二、坚持创新驱动发展，推进"1＋X"体系细化落实

"1＋X"规划体系包括"中国制造2025"规划本身以及相关配套规划及政策。目前，制造业创新中心、智能制造、工业强基、绿色制造及高端装备等五大工程实施指南已经发布。根据全国工业和信息化工作会议对2017年的工作部署，将重点推进制造业创新中心，围绕产业链部署创新链，围绕创新链完善资金链，打造创新生态系统，建设新型创新载体。推进工业强基工程，弥补核心基础零部件（元器件）、先进基础工艺、关键基础材料和产业技术基础等工业基础能力的短板，大力拓展重大技术装备及工业"四基"应用。实施高端装备创新工程，抓好高档数控机床与基础制造装备、大飞机、"两机"等国家科技重大专项。上述工程的核心在于创新能力的提升，创新已成为中国由工业大国向工业强国转型的必由之路，只有通过创新驱动才能实现工业产品质量和工业企业效益的双重提升，创新激励将成为未来政策工具的核心着力点。

三、推动制造业与互联网融合，制造强国政策体系成型

新一代信息技术的发展为工业转型升级提供了契机。一方面可以促进制造业的生产智能化，发展智能制造；另一方面可以促进制造业服务能力的提高，发展服务型制造。为推动制造业与互联网融合，加快新旧发展动能和生产体系转换，2016 年 5 月，《关于深化制造业与互联网融合发展的指导意见》（国发〔2016〕28 号）出台。该文件与此前出台的《中国制造 2025》《关于积极推进"互联网＋"行动的指导意见》形成了制造强国战略政策体系。预期未来将以激发制造企业创新活力、发展潜力和转型动力为主线，通过构建基于互联网的大型制造企业"双创"平台与为中小企业服务的第三方"双创"服务平台，培育壮大新业态新模式。在生产方面，深入实施智能制造工程，持续推进智能制造专项；在服务方面，利用互联网、物联网等信息技术，加强生产厂商与消费者的互动，针对消费端需求提供个性化定制型服务，推进服务型制造发展。

第二节　深入推进市场化改革，激发经济发展活力

党的十八届三中全会明确提出市场在资源配置中起决定性作用，是对政府与市场关系认识的进一步深化，将深入推进市场化改革作为改革的重要内容。在"供给侧结构性改革"思路的引领下，一方面通过推动"大众创业、万众创新"打造经济增长的新引擎，另一方面通过推动"放管服"改革，减少行业准入门槛，简化行政审批手续，减轻企业的体制成本。

一、推动"双创"发展，激发市场活力

当前我国面临产能过剩与需求升级的突出矛盾，产业结构转型升级要求迫切。传统国有大型企业拥有较强的技术创新能力，但同时存在体制僵化、创新束缚较多、市场需求反应灵活性差等弊端。推动"大众创业、万众创新"是培育和催生经济社会发展新动力、激发各类市场主体活力的必然选择，推

动"双创"发展，将会在如下方面发挥重要作用：一是推动体制机制改革，大众创业培育了大量新兴市场主体参与竞争，这批市场主体具有体量小、灵活性强等特点，体制约束少、管理模式创新空间大，同时对市场需求反应快速灵活，有助于新业态新模式培育；二是激发技术创新活力，万众创新有助于激发全社会的创新活力，大型企业可以利用互联网开展技术研发的外包，广泛调用社会创新资源，同时，在互联网等信息技术领域，大批创新人才可以通过"双创"平台完成技术研发，提供多样化产品。围绕"大众创业，万众创新"，未来政策还会有如下侧重点：一是继续加快"众创空间"等平台建设，以现有的国家自主创新示范区、国家高新区、创业孵化园区为依托，加强高校及社会科研人员与企业的交流及工作对接，一方面通过技术、产品等研发外包，提高企业调动全社会创新资源的能力，另一方面降低新的科技成果的转化成本。二是加强体制创新，完善平台双创服务，理顺科技成果转化渠道，切实做好知识产权保护工作。通过推动"双创"发展，期望在工业领域实现良好的创新环境，既要有制造业创新中心等工程在重点领域攻坚克难，又可以依托大型制造企业"双创"平台与服务于中小企业的"双创"服务平台，激发全社会创新潜能，实现创新驱动发展。

二、深化"放管服"改革，降低体制成本

2017 年中央经济工作会议强调，要深入推进简政放权、放管结合、优化服务改革。2016 年 5 月，国务院发布《2016 年推进简政放权放管结合优化服务改革工作要点》，文件指出，"放管服"改革内涵包括：简政放权，深化行政审批改革，继续加大放权力度，深入推进投资审批改革，扩大企业自主权，持续推进商事制度改革等；加强监管创新，构建事中事后监管体系，促进各类市场主体公平竞争；优化政府服务，提高"双创"服务效率，提高公共服务供给效率，提高政务服务效率，加快推动形成更有吸引力的国际化、法治化、便利化营商环境。具体到工业领域，预期未来将加快政府职能转变和"放管服"改革，探索编制工业和信息化部权力清单和责任清单，落实法治政府建设实施纲要，开展制造强国战略、网络强国战略配套立法研究。

第三节 稳妥推进财税金融体制改革，着力振兴实体经济

中国工业的转型升级，既要有效发挥市场机制的作用，同时也离不开政府产业政策的支持，其中财税、货币政策是政府宏观调控的有力工具。必要的财税扶持政策与金融体制的完善，将有助于减轻企业在转型升级中的负担，振兴实体经济。

一、推进结构性减税，降低工业企业税收负担

随着全面"营改增"的完成，地方税主体税种缺失，抓紧提出健全地方税体系方案已成为下一阶段财税体制改革不容回避的任务。随着经济增速的回落，企业税负感日益加剧，结构性减税的压力加剧。另外，美欧等发达国家开展"再工业化"，通过减税吸引外部资本。上述国际国内环境导致国内企业税负感过重，甚至出现"死亡税率"的舆论观点并引发广泛关注。在这一大背景下，为促进中国工业的进一步发展，需要调整国内企业的税费负担，完善增值税税制，简并税率，降低税率水平。整理税收优惠政策，落实研发费用加计扣除、高新技术企业等所得税优惠政策，积极研究完善科技企业孵化器税收政策。

二、加大财政支持力度，发挥政府引导作用

在当前"三期叠加"，经济进入新常态的条件下，中国工业转型升级面临着改革阵痛，其应对不仅需要有效发挥市场机制的作用，同时也离不开财政资金的支持。一是通过财政补贴，发挥政府引导作用，例如对高端装备制造企业引进国外的先进技术和高端设备予以财政补贴；制造业创新中心首次商业化的技术装备列入《首台（套）重大技术装备推广应用指导目录》的，通过首台（套）重大技术装备保险补偿政策，支持应用推广。二是通过财政相关基金支持，预期未来产业投资基金将发挥重要作用，要完善产业投资基金

对于提升工业质量的目标，一是要规范政府在产业投资基金出资中的行为，制定政府出资的标准和方式，并建立退出机制；二是要对不同产业投资基金进行区分，通过政府资金撬动民间资本投入战略性新兴产业以及先进制造业领域；三是要对政府财政资金与产业投资基金的支持领域进行划分，避免财政金融资源的过分集中。

三、推进产融合作，为工业升级提供融资支持

当前，实体经济与虚拟经济发展不平衡，振兴实体经济已成为未来的政策方向。工业企业，尤其是中小企业、民营企业融资难、融资成本高也要求相关金融领域改革推进。2016年7月，产融合作试点城市申报工作开展，拟通过3年左右的时间，实现如下目标：产业信息与金融机构对接机制基本建立并有序运转，金融服务产业的能力进一步提高，产业与金融互动良好，重点产业健康发展，企业核心竞争力有效提升。扎实推进重点城市和重点企业开展产融合作试点工作，支持开展信用贷款、融资租赁、质押担保等金融产品和服务创新，为工业升级提供融资支持。未来将鼓励金融机构利用"双创"平台提供结算、融资、理财、咨询等一站式系统化金融服务，进一步推广知识产权质押，创新担保方式，积极探索多样化的信贷风险分担机制。

四、完善PPP模式，撬动社会资本

近年来大力推动的PPP模式，极大程度上缓解了地方政府的债务压力，为地方政府开展基建投资，撬动社会资本提供了有效渠道。截至2016年底，我国PPP项目总入库数达11260个，总投资额13.5万亿元，其中项目落地率达31.6%。从PPP项目投资方向看，交通运输与市政工程分别占总投资额的29.3%和28%，片区开放占比10.36%，75%以上的投资用于基础设施建设领域。伴随新型城镇化的推进，我国还需继续开展基础设施建设，2016年3月的《交通基础设施重大工程建设三年行动计划》涉及了4.7万亿投资额，预期未来PPP模式在基建领域将继续发挥作用。但为保障PPP模式的可持续运行，相关政策还需完善：一是法律保障政策衔接有待完善，PPP模式与现行法律法规及项目审批存在冲突，导致项目面临合规问题；二是PPP模式投资

对象所处的体制机制有待深化改革，如供水、管网等市政工程管理体制亟待改善，市场化程度较低，项目的预期回报难以有效吸引社会资本进入；三是项目实施有待规范，明股实债、小股大债等灰色操作蕴藏风险。

第四节　积极应对国际经济环境变化

在当前全球经济持续低迷下，世界面临的不确定性上升，虽然全球化仍是国际社会的主流共识，但"反全球化"思潮抬头，英国"脱欧"、特朗普当选美国总统等都是去全球化潮流下的表象。去全球化浪潮下，我国出口贸易环境可能面临恶化，需要提出相应对策。

一、紧密跟踪国际经贸环境变化，相机进行政策调整

国际金融危机以来，美国、欧盟等对华贸易摩擦加剧，贸易保护主义抬头。美国新任总统特朗普政策主张具有明显的去全球化色彩，预期未来中美贸易摩擦可能加剧，考虑到美国对华政策的示范效应，我国的出口贸易环境不容乐观。未来应跟踪美欧等贸易政策变化，为国内产业发展和对外经贸关系做好准备。对于美欧日等国对华发起的贸易调查，做好诉诸 WTO 争端解决机构的准备，维护自身权益。

二、推进"一带一路"倡议，构建多边贸易体制

虽然美国退出 TPP，但不意味着美国放弃"重返亚太"的战略，因此我国推进"一带一路"倡议仍不容乐观。预期新一届美国政府将随后通过双边谈判的形式重新与相关国家商议协定。但这一期间我国将获得提出新的更大范围的多边贸易投资协定的机会。我国将大力建设共同发展的对外开放格局，推进亚太自由贸易区建设和区域全面经济伙伴关系协定谈判，构建面向全球的自由贸易区网络。我国将继续推进"一带一路"倡议，扩大"一带一路"的"朋友圈"。

参考文献

［1］工业和信息化部赛迪智库工业经济发展形势分析课题组：《2017 年我国工业经济发展形势前瞻》，2016 年 12 月。

［2］于卫宁、赵彦云：《中国工业增长质量指数的构建与评价》，《现代管理科学》2016 年第 5 期。

［3］张同斌、马丽园、高铁梅：《中国工业企业增长质量的分布特征变动与差异分解研究》，《数量经济技术经济研究》2016 年第 8 期。

［4］林忠钦：《中国制造 2025 与提升制造业质量品牌战略》，《国家行政学院学报》2016 年第 4 期。

［5］梁达：《新产业、新业态孕育经济增长新动力》，《宏观经济管理》2016 年第 10 期。

［6］王必香：《云南省工业经济运行质量评价体系构建研究》，云南大学博士学位论文，2015 年。

［7］戴翔：《中国制造业出口内涵服务价值演进及因素决定》，《经济研究》2016 年第 9 期。

［8］毛其淋、许家云：《中间品贸易自由化与制造业就业变动——来自中国加入 WTO 的微观证据》，《经济研究》2016 年第 1 期。

［9］丁黄艳：《新世纪下我国工业经济运行效率及提升机制研究》，重庆工商大学博士学位论文，2014 年。

［10］江飞涛、武鹏、李晓萍：《中国工业经济增长动力机制转》，《中国工业经济》2014 年第 5 期。

［11］净莉：《中国工业全要素生产率研究》，重庆大学博士学位论文，2014 年。

［12］向书坚、郑瑞坤：《中国绿色经济发展指数研究》，《统计研究》2013 年第 3 期。

［13］王军、耿建：《中国绿色经济效率的测算及实证分析》，《经济问题》2014年第4期。

［14］钱争鸣、刘晓晨：《我国绿色经济效率的区域差异及收敛性研究》，《厦门大学学报》2014年第1期。

［15］齐建国：《中国经济"新常态"的语境解析》，《西部论坛》2014年第12期。

［16］工信部赛迪研究院工业经济形势分析课题组：《内生增长动力正形成，工业增速有望小幅提升》，《中国工业报》2016年3月11日。

［17］黄慧群、贺俊等：《真实的产业政策——发达国家促进工业发展的历史经验与最新实践》，经济管理出版社2015年版。

［18］吴敬琏等：《供给侧改革：经济转型重塑中国布局》，中国文史出版社2016年版。

［19］王鹏、秦海林：《从2016年工业运行看经济增长新动能》，《中国经济时报》2017年2月16日。

［20］于晓琳、戚扬学、宗慧等：《制约东北创业创新体制机制问题研究——以辽宁为例》，《地方财政研究》2017年第2期。

［21］周禛：《资源税改进行时：水资源、矿产资源入列》，《现代物流报》2016年6月17日。

［22］张晓哲：《以优良营商环境为外企创造更大发展空间》，《中国经济导报》2017年2月15日。

［23］孙先锋：《吸引外资20条拓宽外资发展空间》，《中国联合商报》2017年1月18日。

［24］张伟伦：《一大波外资利好接踵而至》，《中国贸易报》2017年2月9日。

［25］张思远：《中国特色新型工业化道路下工业经济效率统计评价研究》，北京交通大学硕士学位论文，2015年。

［26］朱启贵：《新常态发展考核评价体系探究》，《上海交通大学学报（哲学社会科学版）》2016年第7期。

［27］赵升吨、贾先：《智能制造及其核心信息设备的研究进展及趋势》，《机械科学与技术》2016年第12期。

［28］杨红英：《回看 2016 系列高端装备获重大突破》，《中国工业报》2017 年 1 月 24 日。

［29］张厚明：《加快培育我国世界级工业品牌》，《中国经济时报》2016 年 9 月 6 日。

［30］韩力：《工业全要素生产率增速"滞涨"的原因及对策》，《中国经济时报》2016 年 11 月 21 日。

［31］秦海林、李佳璐：《全面推进"营改增"助力产业优化升级》，《中国经济时报》2016 年 5 月。

［32］辛仁周：《供给侧改革与稳增长仍为经济重点》，《中国黄金报》2016 年 12 月。

［33］郭政、林忠钦、邓绩等：《中国制造品牌发展的问题、原因与提升研究》，《中国工程科学》2015 年第 7 期。

［34］赫荣亮、宋琪、秦海林：《加强制度建设推动 PPP 模式健康发展》，《中国证券报》2016 年 5 月 9 日。

［35］赫荣亮：《车多桩少：政企如何突破充电设施建设困境》，《国资报告》2016 年第 10 期。

［36］陈菁雅：《城市轨道交通 PPP 项目的风险分担研究》，北京交通大学硕士学位论文，2016 年。

［37］王淑艺：《新形势下城市建设融资模式改革及 PPP 融资探讨》，《科技创新与应用》2016 年第 6 期。

［38］张厚明、秦海林：《破解长江经济带"重化工围江"难题》，《中国经济时报》2016 年 10 月 28 日。

［39］韩建飞：《探索协同创新的发展路径》，《中国工业评论》2015 年第 12 期。

［40］王昊、秦海林：《智能制造的实践探索：施耐德打造"透明工厂"》，《中国工业评论》2016 年第 10 期。

［41］孙郁瑶：《新旧动能加速转换　今年工业增速预计 6%》，《中国工业报》2017 年 2 月。

［42］刘宝亮：《2017：激活民间投资有三"法门"》，《中国经济导报》2017 年 1 月。

［43］经晓萃：《机械工业整体趋稳向好今年预计增速7%》，《中国工业报》2017年2月。

［44］何珺：《2016年机械工业经济运行形势好于预期结构调整积极推进》，《机电商报》2017年2月。

［45］李丽萍：《探寻新动能再迎新挑战》，《中国企业报》2017年2月。

［46］张倩：《今年必答题：增长新动能何在？》，《中国纺织报》2017年1月。

［47］赵武壮：《今年有色工业运行将筑底企稳》，《中国有色金属报》2017年2月23日。

［48］史亚楠：《黑龙江省城镇化建设中生态环境保护问题研究》，东北林业大学硕士学位论文，2014年。

［49］何斌锋、方晟、冯劲：《基于工业行业要素密集度的节能减排与稳增长的实证研究》，《工业技术经济》2017年第1期。

［50］王玲：《我国西部地区人才引进问题研究》，首都经济贸易大学硕士学位论文，2016年。

［51］乔宝华：《我国工业经济将呈现"前高后稳"走势》，《中国电子报》2017年3月8日。

［52］徐豪：《智能制造是新一轮工业革命的核心》，《中国经济周刊》2017年第1期。

［53］工信部赛迪研究院工业经济形势分析课题组：《内生增长动力正形成工业增速有望小幅提升》，《中国工业报》2016年3月3日。

后　记

　　赛迪智库工业经济研究所长期跟踪研究工业经济，在对工业经济发展环境、各工业行业发展趋势研判、工业经济政策导向、工业领域前沿技术创新的基础上，历时半载，经广泛调研、详细论证、数次修订和完善，完成了《2016—2017 年中国工业发展质量蓝皮书》。

　　本书由王鹏担任主编，秦海林和关兵担任副主编，负责书稿框架设计和审稿，梁一新、关晓旭负责统稿。全书共分为四篇，其中：综合篇由张亚丽、孟凡达（第一章），秦海林（第二章），乔宝华、韩力、张文会（第三章），乔宝华（第四章），关兵（第五章），李佳璐（第六章）编写；行业篇由张文会（第七章），周祺、张凯、秦婧英（第八章）编写；区域篇由乔宝华（第九章），韩力、韩建飞、王昊、张淑翠、徐铭辰、张厚明、刘世磊、赫荣亮（第十章）编写；展望篇由李佳璐（第十一章）孟凡达（第十二章）编写。同时，本书在研究和编写过程中得到了工业和信息化部各级领导以及行业协会和企业专家的大力支持与指导，在此一并表示衷心的感谢。

　　随着我国供给侧结构性改革的不断深化，我国工业经济将有效化解内外部诸多挑战。同时，希望我们的研究能够为探索国家工业转型升级，新旧动能平稳接续转换的路径提供一些思考，为"中国制造 2025"战略的进一步落实提供一种新的监测和评估视角。

面向政府　服务决策

思想，还是思想
才使我们与众不同

《赛迪专报》　　　《两化融合研究》　　　《财经研究》

《赛迪译丛》　　　《互联网研究》　　　《装备工业研究》

《赛迪智库·软科学》　《网络空间研究》　　《消费品工业研究》

《赛迪智库·国际观察》《电子信息产业研究》《工业节能与环保研究》

《赛迪智库·前瞻》　《软件与信息服务研究》《安全产业研究》

《赛迪智库·视点》　《工业和信息化研究》　《产业政策研究》

《赛迪智库·动向》　《工业经济研究》　　《中小企业研究》

《赛迪智库·案例》　《工业科技研究》　　《无线电管理研究》

《赛迪智库·数据》　《世界工业研究》　　《集成电路研究》

《智说新论》　　　《原材料工业研究》　　《政策法规研究》

《书说新语》　　　　　　　　　　　　《军民结合研究》

编 辑 部：赛迪工业和信息化研究院

通讯地址：北京市海淀区万寿路27号院8号楼12层

邮政编码：100846

联 系 人：刘颖　董凯

联系电话：010-68200552 13701304215
　　　　　010-68207922 18701325686

传　　真：0086-10-68209616

网　　址：www.ccidwise.com

电子邮件：liuying@ccidthinktank.com

面向政府 服务决策

研究，还是研究
才使我们见微知著

信息化研究中心	工业化研究中心	规划研究所
电子信息产业研究所	工业经济研究所	产业政策研究所
软件产业研究所	工业科技研究所	军民结合研究所
网络空间研究所	装备工业研究所	中小企业研究所
无线电管理研究所	消费品工业研究所	政策法规研究所
互联网研究所	原材料工业研究所	世界工业研究所
集成电路研究所	工业节能与环保研究所	安全产业研究所

编 辑 部：赛迪工业和信息化研究院
通讯地址：北京市海淀区万寿路27号院8号楼12层
邮政编码：100846
联 系 人：刘颖　董凯
联系电话：010-68200552 13701304215
　　　　　010-68207922 18701325686
传　　真：0086-10-68209616
网　　址：www.ccidwise.com
电子邮件：liuying@ccidthinktank.com